# 德意志研究

2021

## German Studies

谭渊　林纯洁　主编

WUHAN UNIVERSITY PRESS
武汉大学出版社

**图书在版编目（CIP）数据**

德意志研究.2021/谭渊，林纯洁主编 . —武汉：武汉大学出版社，
2022.11

ISBN 978-7-307-23175-7

I.德…　Ⅱ.①谭…　②林…　Ⅲ.德语—教学研究—文集　Ⅳ.H339.3－53

中国版本图书馆 CIP 数据核字（2022）第 132826 号

责任编辑:邓　喆　　　责任校对:李孟潇　　　版式设计:韩闻锦

出版发行:**武汉大学出版社**　（430072　武昌　珞珈山）
（电子邮箱：cbs22@ whu.edu.cn　网址：www.wdp.com.cn）
印刷:武汉邮科印务有限公司
开本:787×1092　1/16　印张:18　字数:398 千字　　插页:1
版次:2022 年 11 月第 1 版　　2022 年 11 月第 1 次印刷
ISBN 978-7-307-23175-7　　　定价:54.00 元

# 德意志研究
# German Studies

# 卷首语

　　我们所经历的一切都正在变成历史，有的历史会被遗忘，有的历史则会以多种形式被记录下来。我们的语言以及写成的文本记录了这些历史，而其本身也成为历史的一部分。无论是历史学家撰写的史书，或是官方或民间所编撰的神话，还是文学作品，都是人类历史或人类思维活动的痕迹，历经时间的洗刷和拣选后，对当代和未来仍产生着影响。本卷《德意志研究》关注的正是德国历史上的边疆神话、宗教改革时期的《圣经》翻译、西方世界对东方经典的改编等主题，收录了相关的研究论文和翻译文本。很多文献是首次被译为中文，具有重要的文学价值和学术史意义。

　　历史是在地理空间中展开的，而在这个过程中，地理也会变成一种神话和意识形态的载体。自11世纪起，神圣罗马帝国的诸侯开始向易北河以东地区扩张，开拓了大量领地，延伸到波罗的海东岸。到了1945年，德国在第二次世界大战中战败，东部殖民者的后代被连根拔起，被迫迁回德国。这一历史进程持续近千年，在历史上由此形成了独特的面向东部的边疆神话。王惠的《历史·神话·现实——德意志民族的边疆神话》一文分析了德国历史上边疆神话的演变，阐述了边疆神话与历史上东部殖民活动的现实相互交织和影响的过程，揭露了德国边疆神话下东部殖民的历史现实。

　　宗教改革家马丁·路德是德意志文化和德意志精神的奠基性人物之一。1521年，马丁·路德避居瓦特堡，他意识到德语作为民族语的重要性，开始将《新约》翻译为德语，并在1522年出版。2021年是路德开始翻译《圣经》500周年。宣瑾和谭渊教授的《路德〈圣经〉译本语言影响研究》一文阐述了路德在翻译《圣经》过程中，打破了罗马教会的精神霸权和拉丁语的文化霸权，对德语和德国历史产生了深刻的影响。

　　值得纪念的是，2021年还是中国与普鲁士建立外交关系160周年。1860年，普鲁士外交使团代表德意志关税同盟多个邦国出访中国、日本和泰国，在1861年与清政府谈判，于1861年9月签订了《通商条约》，这是中国与德意志的邦国首次建立正式的外交关系，开启了中德文化交流的新纪元。据笔者研究，"德意志"这个经典的汉语译名就出现在1861年中普外交谈判期间。1871年，普鲁士统一德国，建立德意志帝国，中普关系升级为中德关系，距2021年正好是150周年。

　　中德之间的文化交流则早于官方的外交关系。17世纪以来，大量中国传统经典被引进欧洲，"东学西传"丰富了人类的思想宝库。在文学领域，西方学者对东方文学经典的翻译和改编，促进了东西方文化的交流和世界文学的诞生。本卷《德意志研究》中有多篇论文涉及这个主题。

18世纪，中西"礼仪之争"的背景下，《诗经》等中国文学经典被翻译为法语、德语等欧洲多种语言，掀起了文学领域的"中国热"。本卷收录了李晓书从《中华帝国全志》翻译整理的《诗经》德译本节选，将《诗经》的德语版、德语回译和汉语原文进行了对照，并注明了德译本对法译本的改动，从他们对《诗经》文本不同处理和细微改动中可以看出18世纪欧洲各国学者对"礼仪之争"的不同态度。

《赵氏孤儿大报仇》是第一部传播到西方的中国戏剧作品，先是在1731年被译为法语，再被德语、英语和意大利语地区的作家改编。谭渊教授的《"赵氏孤儿"故事在18世纪德语世界的传播与改编》一文重点研究了该剧在德语世界的传播，通过比较分析多个改编版本，探究了"赵氏孤儿"这一母题在欧洲文学世界的多重演绎。本卷中在论文之后刊载了张桐瑜翻译的改编自"赵氏孤儿"故事的《中国英雄》和《中国人或命运的公正》两剧的译文。

德意志从广义上包括德国、奥地利和瑞士等德语区，奥地利也是中国与德意志文化交流的重要地区。奥地利著名作曲家古斯塔夫·马勒根据汉斯·贝特格翻译的唐代诗集《中国之笛》创作了《大地之歌》，其中包含了大量中国文化意象，经过多次改译（Nachdichtung）后，与原诗已经有了很大的差别。1998年，德国的一支交响乐团访问北京，演奏了《大地之歌》的6个乐章，其中包含几首改译后的"唐诗"。为了弄清这些"唐诗"的作者和原文，很多日耳曼学者曾进行过研究，这成为中国与德意志文学交流史研究日益兴盛的一个注脚。冯翰轩的《〈大地之歌〉与古斯塔夫·马勒的中国幻想》一文从文本出发，将《大地之歌》与其改编来源《中国之笛》和唐诗原文进行比较，对马勒的改编之处进行分析，探讨了马勒对中国文化的理解。本卷还收录了《中国之笛》与《大地之歌》的德语原文和冯翰轩的汉语回译的对照版本，具有独特的文本价值。

德国著名文学家布莱希特一直致力于尝试新的剧作形式。他在1930年创作的短剧《说是的人·说不的人》改编自日本能剧《谷行》借鉴了东方文学的素材。针对将病人抛入山谷的陋习，布莱希特设计了"说是"和"说不"两种结局，将之先后展现给观众，从而具有强烈的启蒙意义。谭渊教授的论文《做盲从者还是思考者——布莱希特教育剧〈说是的人·说不的人〉解读》对布莱希特在戏剧创作方面的这种大胆创新进行了分析。1933年，布莱希特与魏尔合作创作了歌舞剧《小市民的七宗罪》，借助基督教的"七宗罪"概念，讽刺了资本主义对人性的扭曲。谭渊教授的论文《对资本主义社会的反讽之歌——布莱希特歌舞剧〈小市民的七宗罪〉解读》对这部作品的思想含义和艺术特点进行了分析。本卷收录了谭渊教授翻译的《说是的人·说不的人》和《小市民的七宗罪》，希望能有助于推进国内学界对布莱希特的研究。

除了改编东方文学经典，德语作家通过观察中国社会或通过对中国的幻想，也创造了很多文学作品，对中国文学或中国形象产生了重要影响。

埃贡·艾尔温·基希（Egon Erwin Kisch）是捷克的德语作家和新闻记者，在中国常常被称为报告文学的开拓者。基希 1933 年发表的作品《秘密的中国》可以算作中国报告文学的启蒙作品，对中国报告文学的发展具有重大意义，同时也是当时中国社会的真实写照，所以它也成为日后研究 20 世纪 30 年代中国社会的重要文献资料。本卷收录了冯翰轩翻译的《秘密的中国》最后一章《屋顶花园》（Der Dachgarten），这是基希根据 1932 年 6 月 10 日在北平演出的两幕手拉木偶讽刺剧改编的剧本。

德国儿童作家凯斯特纳能够深刻洞察儿童的心理和语言特征，创作了大量优秀的儿童文学作品。胡练羽的《童声的蜕变——论凯斯特纳小说中的儿童成人化语言》一文从儿童语言学的角度，对凯斯特纳的《埃米尔擒贼记》《两个小洛特》《小不点和安东》《袖珍男孩》《5 月 35 日——康拉德骑马前往南海》这几部作品中儿童的成人化语言进行了深刻的分析，探讨了社会和家庭对儿童语言的影响，对当代的儿童教育仍具有借鉴意义。

让我们把目光再转向当代。《最后的时光——秋日谈话录》是德国诺贝尔文学奖获得者君特·格拉斯在 2015 年逝世之前与好友兼德国毕希纳文学奖评委会主席海因里希·戴特宁教授进行的谈话"断片"。本卷刊载了张小燕博士为该书撰写的书评《最后一次袒露心扉的君特·格拉斯》。书评指出：它延续了欧洲文化史上的"谈话"传统，以格拉斯艺术创作中广为人知的争议焦点为出发点，探讨了格拉斯人生、创作、政治观三者之间的互动关系，具有很高的文学史料价值。

在学术资讯栏，本卷对 2021 年国家社科、教育部社科基金德语国家研究项目进行了盘点。本卷还推荐了华中科技大学德语系近三年出版的 6 部专著——《歌德与中国才女》（谭渊、海因里希·戴特宁）、《德国〈明镜〉周刊中国形象生成实证研究：涉华报道背后的话语策略分析》（谭渊、张小燕、胡清韵、宣瑾）、《德意志之名：德国国名国号及其汉译研究》（林纯洁）、《德国职业教育缘起与发展路径研究》（李超）、《重复与转化：克尔凯郭尔与里尔克对生存现实的叙事性沟通》（*Wiederholung und Verwandlung：Narrative Mitteilung der Existenzwirklichkeit bei Kierkegaard und Rilke*，朱可佳）和《跨文化交际能力的培养与发展：商务德语教学法模型——以引入教学视频为例》（*Entwicklung interkultureller Handlungskompetenz：Ein didaktisches Konzept für den Wirtschaftsdeutschunterricht in China am Beispiel des Einsatzes von Lernvideos*，杨元），在中德文学关系、德国职业教育、德国国家名称、德语文学、跨文化教育等领域取得了新的进展，恳请学术界的各位同仁予以批评指正！

希望《德意志研究》能在各位学界同仁的支持下越办越好！

林纯洁

2022 年 5 月 22 日

# 目　录

## 文化研究

## 文学研究

# 翻译研究

# 学术资讯

文化研究

# 历史·神话·现实

## ——德意志民族的边疆神话

华中科技大学　王　惠

**摘要：** 神话往往包含着一个民族的胜利崇拜与牺牲精神，同时暗含国家对于政治和精神引领的要求。在很长一段时间内，德国东部一直作为"处女地""白板"存在，人们相信日耳曼民族将使这些地区复兴。伴随着德国人对荒野地区的开拓与征服，边疆这一概念不断被美化、理想化乃至神化，由此逐渐衍生出德国的边疆神话，而这一神话又反过来引导了国家的行动与方向。本文对德国边疆神话的历史、构成与功能进行解读，从而揭露神话的本质，揭示神秘面纱之下的现实、焦虑与意识形态。

**关键词：** 神话；边疆理论；生存空间

神话往往包含着一个民族的胜利崇拜与牺牲精神，同时暗含国家对于政治和精神引领的要求，是本民族富有象征意义的精神财富。赫尔弗里德·明克勒（Herfried Münkle）的《德国人和他们的神话》（*Die Deutschen und ihre Mythen*）便以神话为线索，描绘了德意志民族的历史命运与精神品格，再现了神话被酝酿、塑造与发展的过程及其对国家产生的历史影响，折射出德意志民族在不同时期的诉求与心态。[1] 对于德国人来说，边疆是一个有着丰富色彩与内涵的概念，也是德意志民族吃苦耐劳、发奋进取的民族精神的象征。伴随着德国人对荒野地区的开拓与征服，边疆这一概念不断被美化、理想化乃至神化，由此逐渐衍生出德国的边疆神话，而这一神话又引导了国家的行动方向，并在不同时期发挥着特定作用。

沃尔夫冈·基尔（Wolfgang Kil）认为："边境地区的景观成为一个特殊地带，每一个进入的人无不焦虑万分。"[2] 19、20 世纪的历史学家热衷于引用日耳曼人对东部土地征服与定居的故事，来塑造他们对当代帝国主义幻想的神话。就德国的边疆神话而言，它以边疆理论和生存空间为依托，对于增强民族特性、彰显民族精神起到一定作用，但却通过掩盖与美化现实逐渐沦为纳粹战争宣传和种族清除的工具；它受到美国边疆神话的影响，将德国东部与美国西部相提并论，但它仍在德意志民族历史的长河中有着自身的

---

① 赫尔弗里德·明克勒：《德国人和他们的神话》，李维等译，北京：商务印书馆，2017 年。

② 大卫·布莱克本：《征服自然：水、景观与现代德国的形成》，王皖强等译，北京：北京大学出版社，2019 年，第 349 页。

根基，并发展成民族的集体记忆。本文将对德国边疆神话的历史、构成与功能进行解读，从而揭露神话的本质，揭示神秘面纱之下的现实、焦虑与意识形态。

## 1. 边疆神话的渊源：向东扩张

在中世纪与近代早期，朝气勃勃的日耳曼人征服蛮荒，把疆界不断向前推进。这些历史成为边疆神话的源泉，供东部边疆的鼓吹者不断地从中汲取养分。每当现实令人失望时，特别是第一次世界大战以后，就会有人将目光投射到过去，从而重新获得征服与扩张的信念与动力。就时间而言，德国边疆神话的历史渊源主要根植于两个时期：一是11—14世纪日耳曼人的东扩，二是哈布斯堡王朝以及霍亨索伦王朝在东部的殖民。

"日耳曼人在中世纪的大事业，是日耳曼族征服斯拉夫族而向东扩展，从而增添了近代德意志的五分之三的领土。"①通过殖民扩张，日耳曼人在易北河与奥得河之间的土地上与斯拉夫人相遇。在这一时期，东扩的动力源于自由与土地。自11世纪以来，欧洲人口激增，人地矛盾激化，土地价值迅速升高，现有的土地资源无法满足庞大人口的生存需要，德意志也不例外。"据估计德意志土地的价格，在10世纪到14世纪之间，上涨了40%，特别是在摩塞耳河和莱茵河的肥沃地区内。"②因此，许多农民离开家园，来到东部中央山脉、谷底、河流，以及沿海沼泽地进行垦殖，将湿地与荒地变为德意志的农田。在这一过程中，成群结队的德国定居者源源不断地"渗透"到东部的土地上，"从亚得里亚海到波罗的海的整个东部……都被日耳曼移民淹没和覆盖"③。

德国对东部边疆的开发始终伴随着斯拉夫人的顽强抵抗。1125年萨克森的洛泰尔三世接任德意志王位之后，日耳曼人向东北部的开拓再次迅猛推进，从而导致了当地斯拉夫人独立社会组织的彻底垮台。在封建贵族与基督教会的推动下，东部殖民成为有着"固定方向、形式和权力的新殖民进程"④。在这场东进运动中，大批德意志移民带着牛马、耕犁、货车涌入易北河以东地区，使得文德人被迫屈服。到了13世纪，成立于第三次"十字军东征"时期的条顿骑士团又为德意志东进注入了新的力量，并占据了从易北河到波罗的海之间几乎所有的斯拉夫人地区。这场运动在14世纪中叶到达顶峰之后速度放缓，只在红俄罗斯(Red Russia)、东普鲁士的一些偏远的地方延续下来。

奥得布鲁赫(Oderbruch)是奥得河西岸的沼泽，在18世纪中叶以前还是一片荒芜的水乡泽国，而对这片土地的开垦最早可以追溯到条顿骑士团与西多会修士。1500年，霍亨索伦王朝在此建立统治，在通过联姻和购买土地开疆扩土的同时，也对这片沼泽进行开垦。

---

① 汤普逊：《中世纪经济社会史》下册，耿淡如译，北京：商务印书馆，1997年，第102页。
② 汤普逊：《中世纪经济社会史》下册，耿淡如译，北京：商务印书馆，1997年，第104页。
③ Karl Lamprecht, *Deutsche Geschichte*, *Band* 3. Berlin: R. Gaertner, 1893: 399.
④ 波斯坦主编：《剑桥欧洲经济史(第一卷)》，郎立华等译，北京：经济科学出版社，2002年，第389页。

1653 年，大选帝侯腓特烈·威廉引入荷兰移民开发东部地区，却也因资源匮乏而收效甚微。1736 年，普鲁士国王腓特烈·威廉一世派工程师黑莱姆(Simon Leohard Haerlem)前往奥得布鲁赫修复干流河堤，他的儿子，也就是后来的腓特烈大帝，曾在写给伏尔泰的信中提道："国王以慷慨和热忱的方式在这片荒漠上进行殖民，并使之变得肥沃和有用，这是一种英雄的行为。"①1747 年，腓特烈大帝接受黑莱姆的方案下令开凿运河对沼泽进行排水，以完成父亲在位时未完成的任务，最终于七年后驯服了奥得布鲁赫，并在新开垦的土地上安置了移民。而这次征服也成为普鲁士对于东部开发的"狂热"的起点。

18 世纪 70 年代，普鲁士的垦荒工程到达高潮，普鲁士的版图不断扩张。开发与移民往往相伴相随，移民潮既为这片土地带来机遇与挑战，也孕育了拓荒者传奇。据编年史家赫尔摩德记载，边疆地区的居民要有坚强的毅力与随时流血的准备，他们坚决果断、勤奋刻苦，对荷兰人等外来者抱有很大的敌意。② 这种对于拓荒者精神与性格的叙述奠定了德国边疆精神的基调。此外，东部地区则被作为"勤劳移民的热土"③大肆宣传，无数关于贫瘠之地变为喜乐富足的田野的故事在大街小巷流传。这些故事从历史的长河中沉淀下来，愈发饱满和光鲜，从而孕育出德意志民族的边疆神话。

## 2. 边疆神话的构成：迷人的东部

在论及边疆的神话中，德国东部一直作为"处女地(virgin land)""白板(tabula rasa)"④而存在，这样的边疆却以自由和机遇吸引着勤劳勇敢、奋发进取的移民，人们相信日耳曼民族的开拓将使之复兴，成为德意志民族活力的源泉。

### (一)理论基础

边疆神话以边疆理论为支撑，它由美国历史学家弗雷德里克·杰克逊·特纳(Frederick Jackson Turner)于 1893 年提出。在论文《边疆在美国历史上的重要性》中，特纳笔下的边疆是野蛮与文明的会合处，移民从东部和欧洲为原始的美洲西部荒原带去文明，并衍生为美国独特的文明和美国人民独特的性格。"边疆使美国民族摆脱'旧社会'的思想束缚，使美国社会有着强烈的'拓荒者'精神，因而边疆是美国式民主的产生地；

---

① Giles MacDonogh, *Frederick the Great*: *A Life in Deed and Letters*. New York: St Martin's Press, 1999: 127.

② 汤普逊：《中世纪经济社会史》下册，耿淡如译，北京：商务印书馆，1997 年，第 106 页。

③ Carroll P. Kakel, *The American West and the Nazi East*: *A Comparative and Interpretive Perspective*. New York: Palgrave Macmillan, 2011: 116.

④ Christian Ingrao, *Believe and Destroy*: *Intellectuals in the SS War Machine*. Cambridge: Polity Press, 2015: 117.

边疆为美国社会发展提供了'安全阀'。"①特纳强调，"西部人相信他们国家的天定命运"，其边疆理论将美国的移动边疆与"天定命运论"联系起来，认为西部人应该自觉担当起这一"使命"。② 不只是美国，特纳的边疆理论还在欧洲引起了较大反响，尤其是在德国。充满活力的边疆所带来的潜力是德国政治地理学家腓特烈·拉策尔（Friedrich Ratzel）19 世纪研究的一个重点，他强调广阔的空间感将为民族带来乐观与活力。就边疆的重要性而言，拉策尔认为特纳指出了欧洲和美国边疆之间的根本区别："特纳敏锐地将美国西进移民的边疆、前进的浪潮、条件不断改变的增长空间，与位于人口稠密区的欧洲边疆线作了对比。"③德国地理学家奥托·毛尔（Otto Maull）也赞赏了美洲大陆上白人种族的创造力，强调边疆的自由和荣耀。④ 第一次世界大战以后，德国一直对美国西部边疆念念不忘，并在其影响下逐渐发展与完善着本民族的边疆观。

20 世纪 30 年代，地缘政治思想在德国占据主导地位，"空间"这一词汇也遭到了滥用，以至于被神化，成为时代的渴求，拉策尔的生存空间（Lebensraum）理论便是这一现象的体现。1901 年，拉策尔在文章《生存空间论：生物地理学研究》中首次使用了这一词汇，该理论认为国家有机体的生存和发展需要空间，生存环境会对国家特征产生影响，因此生活在其中的民族集体应不断寻求边界外移与空间扩展，即不断扩大领土和殖民地。这一主张与特纳的边疆理论不谋而合。纳粹主义分子曾说过，美国人有广阔的空间感，这是他们所缺乏的。⑤ 在纳粹的宣传下，民族和空间的概念逐渐统一起来，而地缘政治学也从侧重土地的自然环境转向强调人类创造的文化景观。生存空间理论与边疆理论的结合，共同为德国边疆神话的孕育提供了理论依托，并在后来成为对外领土扩张的合法纲领。

### (二)"绿色"的边疆

神话有增强民族特性的作用，"它不仅简单地区分了民族间的差别，还唤醒了德国人的优越感和统治欲"⑥，从而满足了民族集体性的尊严需求。人们喜欢通过叙述上的鲜明对比来与"敌人"划清界限，从而彰显自我。在德国的边疆神话体系中，始终存在

---

① 孙宏年：《相对成熟的西方边疆理论简论(1871—1945)》，《中国边疆史地研究》，2005 年第 2 期，第 17 页。

② 于沛：《全球化境遇中的西方边疆理论研究》，北京：中国社会科学出版社，2008 年，第 145-156 页。

③ Keith Bullivant, *Germany and Eastern Europe：Cultural Identities and Cultural Differences*. Amsterdam：Rodopi, 1999：61.

④ Keith Bullivant, *Germany and Eastern Europe：Cultural Identities and Cultural Differences*. Amsterdam：Rodopi, 1999：62.

⑤ Adolf Hitler, *Monologe im Führerhauptquartier* 1941-1944, herausgegeben von Werner Jochman. Hamburg：Albrecht Knaus Verlag, 1980：343.

⑥ 赫尔弗里德·明克勒：《德国人和他们的神话》，李维等译，北京：商务印书馆，2017 年，第 5 页。

关于德国移民与边疆原住民的对比性论述，以此将德国移民作为神话的主人公加以歌颂。德国人喜欢用色彩来形容景观，通常情况下，斯拉夫民族地区的荒漠和沼地是灰色①，而与之对应的是翠绿的德国。东普鲁士诗人阿格内斯·米格尔（Agnes Miegel）的作品中便充满了对绿色平原的赞美。② 这背后暗含了 19 世纪的陈词滥调与德国优越性的主流话语：斯拉夫人是软弱、被动的，因而无力改造环境；德国人则是强壮、进取的。先进的德国边区部落通过历代移民的努力征服荒地，将斯拉夫人的沼泽改造成生机盎然的牧场，他们在边疆地区创造了绿色的田野和牧场、城镇与行会，成为文化的使者与承载者。古斯塔夫·弗赖塔格（Gustav Freytag）的小说《借方与贷方》（Soll und Haben）便展现了 19 世纪波兰荒野与德国耕地的鲜明反差。书中的波兰被描绘成一片广阔的荒地，没有任何现代人类干预的迹象，主人公安东·沃尔法特通过在波森开沟挖渠，安置移民，为这片土地带来绿色。③ 19 世纪以来，这类故事在民间广泛流传，由此德国边疆定格成为人们想象之中的"花园"。人们认为，边疆的沼泽就像试金石一样，证明了技艺精湛的德国人的优越性。

正是通过灰色与绿色的对比，德国移民相对于东部原住民的优越性从景观延伸到民族特性，进而衍生出针对斯拉夫民族的种族成见。19 世纪末，考古学家古斯塔夫·科辛纳（Gustav Kossinna）提出条顿民族理论，将条顿民族的谱系延伸到公元前两千年，并将第一次横跨欧洲的迁移归于他们，认为条顿部落最先踏上北欧平原，而他们正是现代德国人的直系祖先。④ 该理论到 20 世纪 30 年代已经作为德国正统观念的一部分而存在，成为证明德意志民族"优越性"的有力支撑。与此相对的是，斯拉夫人被认为生活在欧洲最落后、最原始的地区，他们过着浑浑噩噩的生活。弗赖塔格的小说中写道："没有哪个种族比斯拉夫人更加缺乏让人进步的东西了，他们通过资本在人性和修养上的提升寥寥无几。那里的人通过纯粹的蛮力在闲散中积累起来的财富，被他们在幻想的诡计中挥霍殆尽。"⑤这些论述都为德国边疆神话增添了针对斯拉夫人的种族成见，在历史文化上进一步否定了斯拉夫民族，成为彰显德意志民族优越性的有力工具，为文明征服野蛮的理论以及种族主义的蔓延埋下隐患。

### （三）民族精神

早在塔西佗的《日耳曼尼亚志》中，便包含了有关日耳曼人特性、民族精神的叙述，德国人被认为是有着光荣祖先的优越种族的成员，对于德国人来说，塔西佗的作品是

---

① Rolf Wingendorf. *Polen，Volk zwischen Ost und West*. Berlin：Steiniger-Verlage，1939：89.

② Anni Piorreck，*Agnes Miegel：Ihr Leben und ihre Dichtung*. Düsseldorf：Diederichs，1967：118-119.

③ Gustav Freytag，*Soll und Haben*. Frankfurt a. M：Outlook Verlag，2020.

④ Ben Kiernan，*Blood and soil：A world history of genocide and extermination from Sparta to Darfur*. New Haven：Yale University Press，2007：419.

⑤ Gustav Freytag，*Soll und Haben*. Frankfurt a. M：Outlook Verlag，2020：282.

"他们民族自信的大宪章"①。德国人的特质与精神寓于景观之中。除了擅长垦荒与耕种的现代性，德国边疆神话还向我们传递出这样的信息：正是德意志人民勤劳勇敢、不畏艰险的精神，才让他们在这片土地上获得了自由与机遇。

边疆神话提供了德国东部移民吃苦耐劳的理想化形象。乌多·弗罗泽（Udo Froese）在论及腓特烈大帝拓殖的著作中指出，德国东部移民群体形成了独特的"拓荒精神"（Pionier-Geist），他们受到征服精神的鞭策和激励，在东部开拓更广阔的空间。② 卡尔·汉普（Karl Hampe）在《向东方的迁移：中世纪德意志民族的殖民化壮举》（*Der Zug nach dem Osten: die kolonisatorische Großtat des deutschen Volkes im Mittelalter*）中对中世纪德国人的集体努力进行了自豪的论述，指出德国人已经在东部实现了其他欧洲国家试图在海外实现的目标：获取空间和资源，征服当地居民，从而服务于进步事业。③ 而在汉斯·费纳蒂尔（Hans Venatier）的小说《福格特·巴尔托德》（*Vogt Bartold*）中，13 世纪西里西亚地区的德国移民坚忍不拔，在"世界的边缘"通过艰苦奋斗最终驯服了这片荒野。④ 为了赋予东部移民冒险的精神与特质，19 世纪的人们常常将波兰平原描绘成"狂野东部"，而弗赖塔格则进一步将其塑造成肩负民族责任与使命的场所，以此反对移居美国的浪潮，从而在这条路上走得更远。总之，中世纪在 19 世纪被塑造成无数传说的发源地，故事都围绕着德国定居者史诗般的迁移、英勇的条顿骑士团对土地的征服，以及日耳曼人对蛮荒地区的勇敢开垦。

对东部边疆的开拓同时意味着"秩序、节制和纪律"，而沼泽的存在却是对秩序的一种挑战。对位于多沼泽的北欧平原上的普鲁士而言，边界拓展与垦荒的过程相辅相成。腓特烈大帝曾说道："改良土壤，开垦荒地，排干沼泽，就是征服野蛮。"⑤古斯塔夫·霍夫肯（Gustav Höfken）指出，向东流动的德国移民潮将为被斯拉夫人淹没的地区带来团结、秩序和活力，导致"东方的再日耳曼化"⑥（Wiederverdeutschung des Ostens）。海因里希·冯·特雷茨克（Heinrich von Treitschke）在《普鲁士的德意志秩序》中率先将德国东扩称作"德国精神在北部和东部撕裂式涌现"，同时宣称"最崇高的德国人的血液已经使这片土地肥沃起来"⑦。这类故事频繁出现在德国的学校教材、历史文学以及政

① Walter Goffart, *Barbarian Tides: The Migration Age and the Later Roman Empire*. Philadelphia: University of Pennsylvania Press, 2006: 48.

② Udo Froese, *Das Kolonisationswerk Friedrichs des Grossen: Wesen und Vermächtnis*. Heidelberg: Kurt Vowinckel Verlag, 1938: 116.

③ Kristin Kopp, *Germanys Wild East: Constructing Poland as Colonial Space*. Ann Arbor: University of Michigan Press, 2012: 161-162.

④ Hans Venatier, *Vogt Bartold: Der große Zug nach Osten*. Leipzig: Schwarzhäupter Verlag, 1944.

⑤ Max Beheim-Schwarzbach, *Hohenzollernsche Kolonisationen: Ein Beitrag zu der Geschichte des Preußischen Staates und der Kolonisation des östlichen Deutschlands*. Leipzig: Duncker & Humblot, 1874: 266.

⑥ Gustav Höfken, *Deutsche Auswanderung und Kolonisation mit Hinblick auf Ungarn*. Wien: Carl Gerold's Sohn Verlag, 1850: 13.

⑦ Heinrich von Treitschke, *Das deutsche Ordensland Preußen*. Leipzig: Insel, 1862: 19.

党宣传材料中，从而更加深化了人们心中的日耳曼种族优越论。

## （四）对美国边疆神话的吸收

在白人移民到达初期，美国的边疆便开始了被美化、被神化的过程，并作为一片适宜耕种的乐土吸引着欧洲移民。在 17 世纪殖民时代，德国移民便出于宗教原因来到英属北美殖民地，并随后在宾夕法尼亚建立起德裔社区。独立战争前，美国德裔人口达到 30 万；19 世纪移居美国的德国人甚至超过了 500 万。① 在德国人眼中，美国西部有着广袤的土地和较国内更加丰富的物产，为了拥有属于自己的农场，19 世纪初期的德国移民像他们的先辈一样一路向西，梦想能在北美的农业花园通过劳动获得财富与尊重。伴随着德国人向美洲的大规模迁移，一大批德籍作家创作了丰富的描述美国生活的德语作品，其中便有许多涉及西部的开放边疆，美国边疆因而在 19 世纪进入了德意志民族的想象空间，这在许多虚构作品、游记以及面向潜在移民的指南书中得以体现，而这些热情洋溢的故事也进一步吸引了来美的移民。

美国边疆出现在近代德国视野中以后，逐渐成为德国东部开发与扩张的榜样，并对德国边疆神话的塑造产生影响。德国经济学家马克斯·泽林（Max Sering）是将美国边疆神话搬到德国东部的直接运输者。他于 1883 年被普鲁士政府委以重任，前往德国人正大量移民的北美边疆进行调研，探寻有利于德国东部农业生产的成功经验。泽林给出的答案是：沿着北美的开发路线，向德国东部普鲁士地区引进移民，该计划不仅能阻止德国人口的大量流失，同时有利于阻挡东部"斯拉夫洪流"的威胁，从而促进德意志民族的振兴。泽林将边境开发视作一个国家成长和强大的关键，认为美国人通过在西部地区的扩张和定居成为崛起的巨人，他们理应成为德国人开拓边疆的榜样；② 他的老师古斯塔夫·施莫勒（Gustav Schmoller）也直接将德国东部与美国西部相比较。由此可见，在德国人心中，德国东部是同美国西部一样充满机遇与挑战的空间。

在 19 世纪的边疆神话中，德国人始终将斯拉夫人与印第安人相提并论，二者都被视为残忍、野蛮的化身，亟待被先进的文明拯救。有普鲁士政治学家宣称，波兰人注定要像北美印第安人一样走向毁灭，在荒无人烟的土地上自生自灭。③ 尤利乌斯·曼（Julius Mann）在其《美洲的移民》中指出，"面对文明的欧洲人的优势，野蛮人要后退到更远的地方"④，从而使得对波兰人与印第安人的负面情绪达到了顶峰。这种带有种族

① 托马斯·索威尔：《美国种族简史》，沈宗美译，北京：中信出版社，2011 年，第 52、58、61 页。

② Robert L. Nelson, From Manitoba to the Memel. Max Sering, inner colonization and the German East. *Social History*, 2010（04）：440.

③ Wolfgang H Fritze. *Slawen und Deutsche zwischen Elbe und Oder—Vor 1000 Jahren：Der Slawenaufstand von 983*. Berlin：Berliner Gesellschaft für Anthropologie, Ethnologie und Urgeschichte, 1983：70.

④ Wynfrid Kriegleder, The American Indian in German Novels up to the 1850s. *German Life and Letters*, 2000（04）：490.

成见的思想还被纳粹吸收，成为日后在欧洲扩张的有力武器。1941 年 10 月，希特勒宣称德国东部原住民为劣等民族，应将其视为印第安人，并通过引入日耳曼人，将这片土地从沉睡中唤醒。① 这些言论造成的结果便是，1942 年至 1943 年冬，纳粹暴力驱逐了10 万名波兰人，东部的土地上诞生了一个流离失所的阶层。对原住民的驱逐和种族主义的蔓延也为边疆神话蒙上了一层阴翳。

## 3. 边疆神话的功能：被掩盖的现实

赫尔弗里德·明克勒认为，"神话是富有象征意义的精神资本的积累"②，能够给人指引方向，增添信心。作为一种思想的复合体，神话代表的是国家和民族的期望与想象，边疆神话也由此表达了德国在历史进程中对权力和地位的诉求。19 世纪 40 年代，德国移民进程加速，大量人口移居美国。1846 年，约有 7 万名德国人移居美国，次年，这一数字上升到 10 万。而一些学者则建议在普鲁士以及波美拉尼亚的大片土地上安置移民，这些地区由荒地、森林以及废弃的定居点组成，较美国西部而言有着更低的人口密度和更大的发展潜力，德国移民的到来将取代当地波兰人的主体地位，同时有利于加强德国对该地的控制。为了提高德国东部对移民的吸引力，与北美"狂野西部"相对应的"狂野东部"应运而生，东部领土因而被注入了更多的自由和冒险精神，"人们想象出一片广阔而空旷的草原景观，其中充满了游牧的波兰'印第安人'"③。在 19 世纪的帝国主义意识形态中，核心内容是在东欧获得与德国相邻的土地，特别是波兰和波罗的海地区。与此相伴的是定居者殖民主义的盛行，其运作方式是定居者移入后取代原住民，从而逐渐形成独特的身份和主权，该理论提供了生存空间帝国主义意识形态的关键因素。在这一理念下，定居在东部的德国农民将成为民族性格的基础，他们将"形成由种族和文化情结维系的群体"④。

随着现实需求的改变，政治神话会不断被改写，以适应新的政治目标。神话幻象的力量在于，它可以突破时间限制来服务于各个目的。第一次世界大战期间，德国人对东部边疆的构想从"土地和人民"转变为"种族和空间"⑤，东部不再是一个由不同语言、种

---

① Adolf Hitler, *Monologe im Führerhauptquartier* 1941-1944, herausgegeben von Werner Jochman. Hamburg：Albrecht Knaus Verlag, 1980：71.

② 赫尔弗里德·明克勒：《德国人和他们的神话》，李维等译，北京：商务印书馆，2017 年，第 3 页。

③ Robert L. Nelson, *Germans, Poland, and Colonial Expansion to the East*：1850 *Through the Present*. New York：Palgrave, 2009：20.

④ Carroll P. Kakel, *The American West and the Nazi East*：*A Comparative and Interpretive Perspective*. New York：Palgrave Macmillan, 2011：25.

⑤ V. G. Liulevicius, *War Land on the Eastern Front*：*Culture, National Identity, and German Occupation in World War I*. Cambridge：Cambridge University Press, 2000：252.

族和历史构成的多元化区域，而是成为一个无差别的混乱肮脏的空间，神话也随之成为对暴力进行美化与合法性诠释的工具。伴随着德国征服扩张的愿望，边疆神话的影响力在"一战"结束后日益壮大，人们将现实中向东扩张的期待寄托于神话之中，要求推翻《凡尔赛条约》重振德国在东部的势力。德国的地缘政治学家卡尔・豪斯霍费尔（Karl Haushofer）认为，该条约划定了所谓的"人造边疆"，将对欧洲政治的稳定带来不利影响。到了纳粹德国时期，边疆神话成为纳粹占领中欧这一未来德国发展的"命定空间"①（space of destiny）的宣言，集中体现了他们的民族主义和帝国主义野心。1936 年发表于《地缘政治学刊》上的一篇文章写道："一个种族、民族、国家、帝国的发展真实地反映在边疆的确立、运动上……一个民族在种族和政治上的发展很大程度上依靠边疆运动的动力学原理，即国家边界向前或向后的推移、变动。"②这种观念将东部变为德国的实验场，成为纳粹侵略扩张的精神武器。德国边疆神话逐渐沦为统治者的政治工具，从自然手中夺取土地的故事也披上了新的政治外衣，成为一种合法的意识形态。它把神话背后的现实深深掩埋，将东部边疆神话中最具破坏性的部分付诸实践，参与到对德国社会政治行动的引导当中。

边疆神话既是托词，也是伪装，现实也被掩盖在这种"幻象"背后巨大的力量之下。开拓进取的东部神话背后隐藏的是边疆生活的艰辛苦难、对女性在拓荒中贡献的否定以及鼓吹者对神话功能的怀疑。罗兰・巴特（Roland Barthes）将神话理解为"一种被某些特定的社会政治集团使用的元语言""一种停滞的信息，把历史上已经发生的固定下来，政治反对派就没法再利用它了"③。边疆移民被塑造为"精力充沛的拓荒者""优秀的日耳曼人""民族复兴的希望"，他们看似在东部过着"优等民族"的生活，但代价却是自主性的丧失。纳粹德国时期，东部新移民被要求"有组织地服从大日耳曼帝国的秩序和纪律"④，在前往"边疆"之前，他们身上带着有编号的标签，在不同营地间接受盘查与甄别。在新的家园，他们靠党卫队提供的物资生活，其家务、婚育以及"精神面貌"都受到安置研究中心的密切监视，彻底丧失了独立性。此外，在无数关于德国拓荒者通过艰苦奋斗打造出美好的边疆乐园的故事中，英雄般的主人公毫无例外都是男性，似乎找不到女性在这片土地上奉献过的痕迹。事实却是，边疆的女性与男性一同承担艰辛与苦难，共同孕育出东部的拓荒者传奇。神话叙事上的伪装一旦被揭开，便会暴露其意识形态的本质以及隐藏其中的利益关系，从而彻底丧失力量。

---

① 于沛：《全球化境遇中的西方边疆理论研究》，北京：中国社会科学出版社，2008 年，第 130 页。

② 于沛：《全球化境遇中的西方边疆理论研究》，北京：中国社会科学出版社，2008 年，第 130 页。

③ 赫尔弗里德・明克勒：《德国人和他们的神话》，李维等译，北京：商务印书馆，2017 年，第 14 页。

④ 大卫・布莱克本：《征服自然：水、景观与现代德国的形成》，王皖强等译，北京：北京大学出版社，2019 年，第 301 页。

纳粹德国的领导人对于德国东部移民有着乐观的设想。1941 年夏天，希特勒发出"让伏尔加河变成我们的密西西比河"的呼喊。在他看来，欧洲将取代美洲成为孕育无限机遇的地方，① 东部富饶的景观将在未来 20 年以内吸引大量来自欧洲的农民。而在乐观自信的背后，却是无边的焦虑。早在"一战"前后，德国人已经对现状表达出失望的情绪，"日耳曼化"运动并未成功地阻挡"斯拉夫洪流"，普鲁士的东部定居计划被很多人认为是失败的，"德国人定居的 22000 个农场不足以完全阻挡所谓的'斯拉夫洪流'"②，许多农场也被出售给波兰人，且他们仍保持着较高的出生率。1942 年，阿图尔·冯·马丘伊( Artur von Machui) 在关于东部景观塑造方式的文章中指出，向东部输出日耳曼民族的活力洪流需要改变工作标准、家庭模式以及古老习俗，而在人们看来这是一项难以完成的任务。③ 这些焦虑与担忧为纳粹时期的边疆神话增添了一份悲情。

通过对真相的揭露，不难看出，边疆神话是政治和宣传的产物。恩斯特·卡西尔( Ernst Cassirer) 在《国家的神话》中写道："新的政治神话并非自由成长的；它们不是丰富想象力的自然结果。它们是人造之物，是由非常熟练高明的工匠制成的。"④人类正是通过叙述来征服与之敌对的世界。因此，人们选择发挥神话的宣传功能，通过叙述性的阐述，将自己所处的世界蒙上一层解释性的叙述，从而获得信心与力量。神话的叙述方式使得德国的东部扩张在感知上被"合理化"，同时消除了人们心中对于偶然性的恐惧，编织出一幅欧洲东部空间的幻象。伴随着纳粹德国的毁灭，这种幻象终究在遥远的土地、未完成的定居、错位的历史记忆与未来展望的交织下走向破灭。

## 4. 结语

德国边疆神话从历史的积淀中延续下来，有人将其视为名副其实的推动力量，也有人认为纯属虚构。不管怎样，它都对一个时代产生了深远的影响，并留在了人们的集体记忆中。在不同的社会环境中，神话会起到推动或阻碍的作用，因而必须辩证地看待政治神话，抓住神话背后隐藏的事实，看清神话的本质。就德国边疆神话而言，尽管它强调积极进取、勤劳勇敢的优秀品质，但其中蕴含的种族主义与殖民主义思想却在 20 世纪带来一系列灾难。只有把握边疆神话的本质，揭露其神秘外衣之下的意识形态，才能"驯服"神话背后的强大力量。

---

① 大卫·布莱克本：《征服自然：水、景观与现代德国的形成》，王皖强等译，北京：北京大学出版社，2019 年，第 293 页。

② Robert L. Nelson, From Manitoba to the Memel: Max Sering, inner colonization and the German East. *Social History*, 2010 (04)：451.

③ 大卫·布莱克本：《征服自然：水、景观与现代德国的形成》，王皖强等译，北京：北京大学出版社，2019 年，第 302 页。

④ 赫尔弗里德·明克勒：《德国人和他们的神话》，李维等译，北京：商务印书馆，2017 年，第 16 页。

# 参 考 文 献

［1］Beheim-Schwarzbach, Max. *Hohenzollernsche Kolonisationen：Ein Beitrag zu der Geschichte des Preußischen Staates und der Kolonisation des östlichen Deutschlands* ［M］. Leipzig：Duncker & Humblot, 1874.

［2］Bullivant, Keith. *Germany and Eastern Europe：Cultural Identities and Cultural Differences* ［M］. Amsterdam：Rodopi, 1999.

［3］Freytag, Gustav. *Soll und Haben* ［M］. Frankfurt a. M.：Outlook, 2020.

［4］Froese, Udo. *Das Kolonisationswerk Friedrichs des Großen：Wesen und Vermächtnis* ［M］. Heidelberg：Kurt Vowinckel, 1938.

［5］G. Liulevicius, Vejas. *War Land on the Eastern Front：Culture, National Identity, and German Occupation in World War I* ［M］. Cambridge：Cambridge University Press, 2000.

［6］Goffart, Walter. *Barbarian Tides：The Migration Age and the Later Roman Empire* ［M］. Philadelphia：University of Pennsylvania Press, 2006.

［7］H. Fritze, Wolfgang. *Slawen und Deutsche zwischen Elbe und Oder-Vor* 1000 *Jahren：Der Slawenaufstand von* 983 ［M］. Berlin：Berliner Gesellschaft für Anthropologie, Ethnologie und Urgeschichte, 1983.

［8］Hitler, Adolf. *Monologe im Führerhauptquartier* 1941-1944［M］. Herausgegeben von Werner Jochman. Hamburg：Albrecht Knaus Verlag, 1980.

［9］Höfken, Gustav. *Deutsche Auswanderung und Kolonisation mit Hinblick auf Ungarn* ［M］. Wien：Carl Gerold's Sohn Verlag, 1850.

［10］Ingrao, Christian. *Believe and Destroy：Intellectuals in the SS War Machine* ［M］. Cambridge：Polity Press, 2015.

［11］Kiernan, Ben. *Blood and Soil：A World History of Genocide and Extermination from Sparta to Darfur* ［M］. New Haven：Yale University Press, 2007.

［12］Kopp, Kristin. *Germanys Wild East：Constructing Poland as Colonial Space* ［M］. Ann Arbor：University of Michigan Press, 2012.

［13］Kriegleder, Wynfrid. The American Indian in German Novels up to the 1850s ［J］. *German Life and Letters*, 2000(04).

［14］L. Nelson, Robert. From Manitoba to the Memel：Max Sering, Inner Colonization and the German East ［J］. *Social History*, 2010(04).

［15］L. Nelson, Robert. *Germans, Poland, and Colonial Expansion to the East：1850 Through the Present* ［M］. New York：Palgrave Macmillan, 2009.

［16］Lamprecht, Karl. *Deutsche Geschichte, Band* 3 ［M］. Berlin：R. Gaertner, 1893.

［17］MacDonogh, Giles. *Frederick the Great*：*A Life in Deed and Letters*［M］. New York：St. Martin's Press, 1999.

［18］P. Kakel, Carroll. *The American West and the Nazi East*：*A Comparative and Interpretive Perspective*［M］. New York：Palgrave Macmillan, 2011.

［19］Piorreck, Anni. *Agnes Miegel*：*Ihr Leben und ihre Dichtung*［M］. Düsseldorf：Diederichs, 1967.

［20］Venatier, Hans. *Vogt Bartold*：*Der große Zug nach Osten*［M］. Leipzig：Schwarzhäupter, 1944.

［21］von Treitschke, Heinrich. *Das deutsche Ordensland Preußen*［M］. Leipzig：Insel, 1862.

［22］Wingendorf, Rolf. *Polen*，*Volk zwischen Ost und West*［M］. Berlin：Steiniger-Verlage, 1939.

［23］Wippermann, Wolfgang. *Die Deutschen und der Osten*：*Feindbild und Traumland*［M］. Darmstadt：Primus Verlag, 2007.

［24］波斯坦, 主编. 剑桥欧洲经济史（第一卷）［M］. 郎立华, 等译. 北京：经济科学出版社, 2002.

［25］大卫·布莱克本. 征服自然：水、景观与现代德国的形成［M］. 王皖强, 等译. 北京：北京大学出版社, 2019.

［26］丁建弘, 等. 德国文化：普鲁士精神和文化［M］. 上海：上海社会科学院出版社, 2003.

［27］付成双. 处女地假说与北美印第安人的命运［J］. 史学集刊, 2021（02）.

［28］侯璐璐, 刘云刚. 政治地理学中生存空间概念的演变［J］. 地理科学进展, 2019（05）.

［29］沃伦·霍莱斯特. 欧洲中世纪简史［M］. 陶松寿, 译. 北京：商务印书馆, 1988.

［30］赫尔弗里德·明克勒. 德国人和他们的神话［M］. 李维, 等译. 北京：商务印书馆, 2017.

［31］杰弗里·帕克. 地缘政治学：过去、现在和未来［M］. 刘从德, 译. 北京：新华出版社, 2003.

［32］孙宏年. 相对成熟的西方边疆理论简论（1871—1945）［J］. 中国边疆史地研究, 2005（02）.

［33］托马斯·索威尔. 美国种族简史［M］. 沈宗美, 译. 北京：中信出版社, 2011.

［34］汤普逊. 中世纪经济社会史：下册［M］. 耿淡如, 译. 北京：商务印书馆, 1997.

［35］王亚平. 从德意志骑士团到普鲁士公国［J］. 经济社会史评论, 2019（01）.

［36］杨生茂, 编. 美国历史学家特纳及其学派［M］. 北京：商务印书馆, 1983.

［37］于沛. 全球化境遇中的西方边疆理论研究［M］. 北京：中国社会科学出版社, 2008.

文 学 研 究

# "赵氏孤儿"故事在18世纪德语世界的传播与改编[①]

## ——以《中国英雄》和《中国人或命运的公正》为核心

华中科技大学　谭　渊

**摘要：**《赵氏孤儿大报仇》是第一部传播到西方的中国戏剧作品。1731年，来华耶稣会传教士马若瑟将其译为法文。1735年，《赵氏孤儿》法译本在杜赫德编撰的《中华帝国全志》中出版。随后，德国、英国、法国、意大利作家纷纷以此为蓝本，创作了各具特色的"中国孤儿"的故事，在18世纪欧洲戏剧舞台上掀起了一股"中国热"。在德语世界，1736年，耶稣会首先在英戈施塔特排演了戏剧《召公》。1752年，意大利剧作家梅塔斯塔西奥在维也纳宫廷上演歌剧《中国英雄》。1772年，德国启蒙文学家维兰德在小说《金镜》中将"中国孤儿"的故事与"重返自然"的启蒙思想融为一体。1774年，哥廷根大学的弗里德里希发表《中国人或命运的公正》，宣扬了善恶有报的思想。这些作品从不同角度吸收了《赵氏孤儿》中的中国思想元素，推动了中国文化和价值观念在西方的传播。

**关键词：**《赵氏孤儿》；《中国英雄》；梅塔斯塔西奥；《金镜》；维兰德；中学西传

在中西文化交流史上，元杂剧《赵氏孤儿大报仇》（简称《赵氏孤儿》）占有极其重要的地位。该剧讲述春秋时晋国上卿赵盾遭大将军屠岸贾的诬陷，被诛灭全族，只有一名刚刚出生的男孩赵武幸免。为救出赵氏孤儿，赵家门客程婴献出自己的儿子，瞒过了奸臣。而韩厥、公孙杵臼等义士则先后献出生命。二十年后，赵武长大，向新国君禀明冤情，平反了冤狱，带兵杀死了屠岸贾，终于为全家报仇。《赵氏孤儿》不仅是第一部被译成西方文字的中国戏剧作品，而且在18世纪的欧洲引发了强烈反响。1735年《赵氏孤儿》法译本发表后，英国、法国、德国、奥地利至少出现了6部以"中国孤儿"故事为基础改编而成的戏剧和小说。法国启蒙思想家伏尔泰（Voltaire）、德国启蒙文学代表人物维兰德（Christoph M. Wieland）均加入了改编"中国孤儿"故事的行列。同一时期，耶稣会也在欧洲多地上演了以"中国孤儿"为主题的戏剧。本文将重点探讨《赵氏孤儿》在德语世界的传播和接受，并就"中国孤儿"故事"走出去"背后的文化软实力因素展开

---

①　基金项目：本文系国家社科基金一般项目"中国文学在17—18世纪德国的传播与'中国故事'的多元建构研究"（项目编号18BWW069）的阶段性成果。

分析。

# 1. 马若瑟的汉语研究与《赵氏孤儿》法译本的产生

在中学西传历史上，法国耶稣会士马若瑟(Joseph Marie de Prémare，1674—1736)是一位颇具影响力的人物。1698 年，他随同奉康熙皇帝之命到欧洲招募人才的传教士白晋(Joachim Bouvet)来到中国。怀着对中国文化的浓厚兴趣，他在长达 38 年的来华岁月中对中国典籍、文字、文学进行了广泛研究，著述颇丰，曾用汉语撰写过《六书实义》《儒教实义》《儒交信》等著作，被 19 世纪法国著名汉学家雷慕沙(Jean Pierre Abel-Rémusat)赞誉为欧洲第一位"从书本了解中国而成功地掌握了有关中国深广知识的学者"①。马若瑟 1728 年完成的拉丁文《汉语札记》(*Notitia Linguæ Sinicæ/Notice sur la Langue chinoise*)虽然到 1831 年才在马六甲出版，但该书对汉语语法的研究，尤其是对汉语白话和文言语法的区分仍影响了欧洲几代汉学家，被汉学界誉为"19 世纪前欧洲最完美的汉语语法书"②。

在编辑《汉语札记》的过程中，马若瑟"力求越出欧洲传统语法的范畴"，努力从中国文献中找出其语法规律，例句多达 13000 条，所引用的古典小说不下 50 部，元杂剧、南曲、传奇等多种体裁的文学作品也进入其征引之列③，纪君祥的《赵氏孤儿大报仇》便是其中之一。因此，马若瑟当之无愧地被后世学者赞誉为"中国古典文字与文学研究领域的开拓者"④。

此时，欧洲汉学才刚刚起步。为了让自己对汉语语法的研究成果早日引起法国学界的关注，马若瑟从 1725 年起将自己的论著陆续寄给同时代法国科学院铭文与美文研究院院士傅尔蒙(Étienne Fourmont)，希望能借助后者在法国文化界的影响力打开局面。但傅尔蒙本人此时也正在进行汉语研究，并在中国旅法学者黄嘉略的帮助下于 1729 年 9 月完成了《汉语论稿》(*Meditationes Sinicæ*)。因此在 1730 年 1 月收到马若瑟的《汉语札记》后，傅尔蒙非但没有热心地帮助其出版，相反却对这位竞争对手进行了打压⑤，使其著作被埋没长达一百余年。但远在中国的马若瑟对此并不知情，为了进一步引起傅尔蒙的重视，1731 年 12 月 4 日，马若瑟向其寄上了自己刚刚完成的元杂剧《赵氏孤儿》译

① 马伯乐：《汉学》，载阎纯德主编：《汉学研究》(第三集)，北京：中国和平出版社，1999 年，第 48 页。
② 李声凤：《中国戏曲在法国的翻译与接受(1789—1970)》，北京：北京大学出版社，2014 年，第 54 页。
③ 戴密微：《法国汉学史》，耿昇译，载戴仁主编：《法国当代中国学》，北京：中国社会科学出版社，1998 年，第 15-16 页。
④ 唐果：《18 世纪法国翻译理念框架下元杂剧〈赵氏孤儿〉法译本研究》，《法语国家与地区研究》，2019 年第 3 期，第 55 页。
⑤ 龙伯格：《清代来华传教士马若瑟研究》，李真、骆洁译，郑州：大象出版社，2009 年，第 133-135 页。

本和作为底本的《元人杂剧百种》。表面上看马若瑟是希望傅尔蒙能"指正"他的译作，实际上则是希望对方能够意识到《汉语札记》对理解《赵氏孤儿》一类汉语原著的重要价值①。相较于《汉语札记》的命运，马若瑟的《赵氏孤儿》译本无疑要幸运得多，因为这一译本的部分片段被发在了 1732 年巴黎的《信使》(Mercure) 杂志上。此时的法国正处于"中国风"的热潮中②，对中国文化展现出了全方位的兴趣，因此中国戏剧的译本一出现就立刻引起了法国文化界的兴趣，短时间内就以手抄本形式流传开来③。此后，因编撰《耶稣会士书简集》(Lettres édifiantes et curieuses) 而与马若瑟早有书信往来的耶稣会神父杜赫德 (Jean-Baptiste du Halde) 不顾傅尔蒙的阻挠，于 1735 年将马若瑟译本公开发表在他编辑的巨著《中华帝国全志》(Description géographique, historique, chronologique, politique, et physique de l'empire de la Chine et de la Tartarie chinoise，下文简称《全志》)第三卷中，使《赵氏孤儿》成为历史上第一部被译介到欧洲的中国戏剧。《全志》问世后不久，法国德·阿尔让侯爵 (Marquis d'Argens) 立即发表了一篇对《赵氏孤儿》的评论，而且在 1739 年开始发表的《中国人信札》(Lettres chinoises) 中引述了这个故事(第 23 封信)，足见当时法国社会对该剧的关注。

根据马若瑟 1731 年 12 月 4 日写给傅尔蒙的信件和他在《全志》中所作的说明，他翻译《赵氏孤儿》时所使用的底本为 40 卷本《元人杂剧百种》第 85 种《赵氏孤儿大报仇》。从耶稣会的角度来看，《赵氏孤儿》通篇宣扬的都是儒家的"忠义"思想，内容上没有任何可以被指责为有伤风化的地方，剧中众多人物舍生取义的悲壮之举也正符合欧洲悲剧的审美，这与耶稣会当时在各地上演的道德说教剧有异曲同工之妙④。杜赫德在为《赵氏孤儿》所加的按语中也指出这部戏剧可以促使观众"产生对道德的热爱和对罪恶的厌恶之情"⑤。对于要在礼仪之争中树立正面中国形象的耶稣会士来说，这实在是一部十分契合己方立场的剧目⑥。

在翻译过程中，马若瑟略去了《赵氏孤儿》中的大部分唱曲，其原因主要在于他没有认清元杂剧"曲白相生"的特色，认为对白中出现的唱词破坏了戏剧表现的连贯性：

---

① 李声凤：《中国戏曲在法国的翻译与接受(1789—1970)》，北京：北京大学出版社，2014 年，第 57 页。

② 参见许明龙：《欧洲十八世纪中国热》，北京：外语教学与研究出版社，2007 年。

③ 李声凤：《中国戏曲在法国的翻译与接受(1789—1970)》，北京：北京大学出版社，2014 年，第 11-12 页。

④ 谭渊、张小燕：《礼仪之争与〈中华帝国全志〉对中国典籍与文学的译介》，《中国翻译》，2021 年第 4 期，第 49-56 页。

⑤ Du Halde, Jean-Baptiste, *Description géographique, historique, chronologique, politique, et physique de l'empire de la Chine et de la Tartarie chinoise*, Vol. III. Paris：P. G. Le Mercier, 1735：341.

⑥ 鲁进，魏明德：《舞在桥上——跨文化相遇与对话》，北京：北京大学出版社，2016 年，第 147-148 页。

"人物正在对话的时候，演员突然唱起了歌。"①而杜赫德也赞成这种节译处理，认为当时的法国读者还没有能力领略唱曲中晦涩难懂的隐喻和修辞法。但马若瑟实际上并未删去《赵氏孤儿》中的所有唱词，而是保留了一些表现"忠""义"主题的佳句。如在第一折中，程婴扮作草泽医生将赵氏孤儿放在药箱中夹带出宫，负责在宫门盘查的将军韩厥见程婴行色匆匆，于是将他叫回，通过一段唱词道破了天机："〔正末唱〕你道是既知恩合报恩，只怕你要脱身难脱身。前和后把住门，地和天那处奔？若拿回审个真，将孤儿往报闻，生不能，死有准。"②马若瑟完整地译出了韩厥的这段唱词，一方面渲染了程婴所面临的巨大风险，另一方面也从韩厥的视角点明了程婴救孤的动力来源于"知恩图报"的心理。但是程婴随后在对白中指出：赵氏一家是晋国的忠良贤臣，而屠岸贾残害忠良满门，众多义士不惜牺牲生命来搭救赵氏孤儿归根结底是为国尽忠，而韩厥到底是助纣为虐还是与他一起匡扶正义则只在一念之间。程婴所说的大义名分打动了韩厥，他随后在一曲《金盏儿》中唱道："你既没包身胆，谁着你强做保孤人？可不道忠臣不怕死，怕死不忠臣。"③最后，韩厥受到感动，放走了程婴和孤儿，并为保守秘密而自杀明志。马若瑟将这段唱词完整地保留下来，从而准确传达了原作所要弘扬的"忠""义"观念，强化了耶稣会所要塑造的正面中国形象。

此外，从马若瑟给傅尔蒙的信中可以看出，为了赶上最近一班返回法国的船期，他当时只剩不到十天时间。因此，马若瑟在信中表示，如果自己能有"闲暇"，将乐于为其解释曲文中的全部典故和细微之处。中国台湾著名学者李奭学进一步指出，当时耶稣会恰值礼仪之争的"生死关头"④，杜赫德在编撰《中华帝国全志》的工作上不得不与时间赛跑，以求能通过该书的出版达到"请中国作证"，进而影响最终裁定的目的⑤。由此可见，礼仪之争的时代背景深深影响了《赵氏孤儿》的翻译与传播。

## 2. 《中国英雄》——维也纳宫廷中的"中国孤儿"故事

从《赵氏孤儿》在欧洲产生的影响来看，马若瑟对唱曲的删节丝毫没有影响到该剧在18世纪欧洲的传播。法国启蒙运动的代表人物伏尔泰就曾盛赞《全志》中的《赵氏孤儿》剧本，认为它"使人了解中国精神，有甚于人们对这个庞大帝国所曾作和所将作的

---

① 唐果：《18世纪法国翻译理念框架下元杂剧〈赵氏孤儿〉法译本研究》，《法语国家与地区研究》，2019年第3期，第57页。

② 纪君祥：《赵氏孤儿》，载臧晋书编：《元曲选》，北京：商务印书馆，1958年，第1481页。

③ 纪君祥：《赵氏孤儿》，载臧晋书编：《元曲选》，北京：商务印书馆，1958年，第1482页。

④ 1741年，教皇本笃十四世颁布谕令《自上主圣意》(*Ex quo singulari*)，最终否定了耶稣会在礼仪之争中对中国文化的解读。

⑤ 李奭学：《马若瑟与中国传统戏曲——从马译〈赵氏孤儿〉谈起》，《汉风》，2018年第3期，第61-63页。

一切陈述"①。它作为难得的东方戏剧范本和中国传统伦理价值观念的体现很快成为欧洲文学家关注的焦点，在 18 世纪欧洲引发了对"中国孤儿"故事的改编热潮。

1736 年，《赵氏孤儿》译本刚一发表，耶稣会就在德国南部城市英戈施塔特上演了戏剧《召公》(*Chaocungus*)。该剧讲述的是与《赵氏孤儿》类似的西周召公舍子救宣王的故事，依据的是《史记·周本纪》中的相关记载："(厉)王行暴虐侈傲……国莫敢出言，三年，乃相与畔，袭厉王。厉王出奔于彘。厉王太子静匿召公之家，国人闻之，乃围之。召公曰：昔吾骤谏王，王不从，以及此难也。今杀王太子，王其以我为雠而懟怒乎？夫事君者，险而不雠懟，怨而不怒，况事王乎！乃以其子代王太子，太子竟得脱。……共和十四年，厉王死于彘。太子静长于召公家，二相乃共立之为王，是为宣王。"②1659 年，耶稣会士卫匡国(Martinus Martini)在《中国上古史》(*Sinicae Historiae Decas Prima*)中首次记述了这段历史，1735 年的《中华帝国全志》转载了这部分内容，耶稣会士改编的《召公》便是取材于此。尽管《召公》的剧本没有流传下来，但从当时印发的剧目单中仍可看到故事的主要内容。该剧共分三幕，按拉丁语的拼写方法，将召公称为 Chaocungus，被救的孤儿(后来的周宣王)被称为西维努斯(Sivenius)，召公自己的儿子则叫坦古斯(Tangus)。全剧情节如下：厉王(Lius)统治残暴，导致国都(Sigan)发生暴动，结果厉王逃走，起义者便转而追杀太子。危急时刻，大臣召公将太子西维努斯救回家中，并让自己那相貌与之相仿的儿子坦古斯与西维努斯交换了纹章，使西维努斯得以悄悄逃走。起义者随后赶到，由于他们一定要杀死皇室成员泄愤，顶替太子的坦古斯在起义者面前自杀，平息了众人的怒火。最后真相大白，起义者被召公的牺牲精神所打动，于是让西维努斯登基为王③。在 18 世纪，此剧曾在德国多地上演④，使"中国孤儿"故事在德语世界迅速传播开来。

此时，受"中国风"影响，奥地利也兴起了一股中国热。1735 年，作为维也纳宫廷御用文人的意大利剧作家彼埃德罗·梅塔斯塔西奥(Pietro Metastasio, 1698—1782)创作了以中国为背景的戏剧《中国女子》(*Le Cinesi*)，宫廷中的许多贵族应邀在戏中出演角色，当时身为神圣罗马帝国皇位继承人的玛丽亚·特蕾西娅公主(Maria Theresia, 1717—1780)就在剧中扮演了一位中国公主。此剧主要讲述一个中国人在回家后如何介

① 伏尔泰：《中国孤儿》，载范希衡编著：《〈赵氏孤儿〉与〈中国孤儿〉》，上海：上海古籍出版社，2007 年，第 5 页。

② 司马迁：《史记》第一册，北京：中华书局，1959 年，第 142-144 页。

③ *Chaocungus. Tragoedia. Das ist: Heldenmüthige Treu Des Chaocungus Ersten Reichs-Mandarin An Dem Chinesisch-Kayserlichen Hof, Vorgestellet Auf der Schau-Bühne Von Dem Churfürstlichen Academischen Gymnasio der Gesellschafft Jesu zu Ingolstadt. Den 4. und 6. Herbstmonath 1736.* Jngolstadt: Johann Paul Schleig, 1736.

④ Adrian Hsia, "The Jesuit Plays on China and Their Relation to the Profane Literature", *Mission und Theater. Japan und China auf den Bühnen der Gesellschaft Jesu*, ed. by Adrian Hsia and Ruprecht Wimmer, Regensburg: Schnell & Steiner, 2005: 218.

绍他在欧洲的所见所闻。剧中有一场是三位中国女子登场，借"他者"的视角夸张地展现欧洲人的戏剧，以营造出一种喜剧的效果。1748年，梅塔斯塔西奥再次接受玛丽亚·特蕾西娅皇后的创作委托，于是他将《赵氏孤儿》的故事与《召公》结合在一起，改编创作了以"中国孤儿"为母题的《中国英雄》(*L'Eroe Cinese*)。该剧于1752年春在维也纳美泉宫的花园剧院进行了首演，参演人员均为优秀的年轻宫廷贵妇与骑士，观众也是宫廷贵族。该剧用意大利语写成，其中有多个咏叹调，配有博诺(Bonno)创作的音乐。该剧本在18世纪重印过多次，后译成德语，1771年曾出版过一个双语对照本，本研究便主要参考这一版本。在梅塔斯塔西奥笔下，全剧虽然有中国布景，但所有人物都取了拉丁语的名字，其中孤儿的名字Siveno与1736年版的《召公》中的Sivenius几乎一样，只有词尾按意大利语规则进行了一点改变，这恰恰是两剧之间具有承继关系的重要标志。但剧中前后情节的跨度达到了20年，舍子救孤也发生在孤儿还在襁褓中时，这又明显不同于《召公》，而与《赵氏孤儿》相近。作者在创作中显然并非只单纯参考了一个"中国故事"，而是对多样化的蓝本进行了综合。

与纪君祥原作运用绝大多数篇幅对主人公忠肝义胆、自我牺牲精神的讴歌不同，《中国英雄》将重点放在了亲情与友情的冲突上，仅仅通过第一幕第六场中的一段独白道出了二十年前皇族惨遭屠戮、主人公利昂戈"舍子救孤"的义举。其主要内容如下：在一场暴动中，皇帝利维亚诺(Livanio)为自保而被迫出逃，皇室成员大多被赶尽杀绝。面对暴民的残暴搜杀，忠臣利昂戈(Leango)设计了一场骗局：他将自己的亲生儿子裹进襁褓并交给刽子手，从而保全了皇家遗孤西维文戈斯。利昂戈眼见刀剑砍到婴儿颈上，却强忍着丧子之痛，将尚在襁褓的小王子隐藏起来，改名西维诺(Siveno)在身边养大，并且20年来一直保守着秘密。而被利昂戈所牺牲的亲生儿子蒙代奥(Minteo)其实也并未丧命，而是被大臣阿尔辛格斯所救，当成皇室遗孤悄悄抚养成人。蒙代奥长大后与西维诺结为好友，对身为摄政王的利昂戈也很忠诚。由于原来的皇帝已死，皇位不能长期空悬，所以让利昂戈继位的呼声很高。西维诺也来劝父亲登基，但却被斥退。而阿尔辛格斯坚信他收养的蒙代奥才是真正的皇子，并想为他夺回皇位。但由于蒙代奥钦佩利昂戈作为摄政王所展现的高尚品德，同时也由于他与西维诺结为好友，因此他不仅拒绝发动政变夺回皇位，而且还发誓忠于友情，在骚乱中救下了好友的性命。最后，利昂戈从皇宫大庙中取出先皇的手谕，证明西维诺才是被他救下的真正皇子。蒙代奥也通过颈上的伤疤与父亲利昂戈相认。全剧最终以真相揭开、误会解除、亲人团聚、西维诺继承皇位圆满结束。从剧情可以看出，标题中的"中国英雄"主要是歌颂利昂戈牺牲个人幸福，拯救孤儿并让出皇位，但也可理解为是在赞扬品格高尚的蒙代奥等人。总之，《中国英雄》在赞颂利昂戈的忠诚和牺牲精神的同时，也赞颂了朋友间的忠诚。但是由于剧中并无屠岸贾那样让人憎恶的反面人物登场，故事只能从"孤儿大报仇"变成"报恩"。同时，作者还插入了西维诺、蒙代奥与两位鞑靼公主间的恋情，使剧中充满了种种对"爱"的刻画，既讴歌了品格高尚的"中国英雄"，也赞美了恋人间、友人间的忠诚与博爱。

从内容来看，梅塔斯塔西奥笔下的《中国英雄》并未能逃出欧洲戏剧的常见套路，英雄人物之间的情感冲突、个人与国家利益之间的矛盾、英雄人物所遭受的误解、主角出于高尚目的而采取的隐忍、恋人之间的感情纠葛、父子通过倒叙和伤疤的相认、大团圆的结局等欧洲戏剧中司空见惯的主题都被插入其中，这显然是维也纳宫廷以及当时上流社会的审美观所决定的。

与此同时，作为宫廷剧作家，梅塔斯塔西奥对"中国孤儿"故事中的人物关系、情节发展都做了欧洲式的处理。在元杂剧中占据大部分篇幅的核心情节——"舍子救孤"——由于与后面的情节有 20 年的时间差，按照欧洲当时流行的"三一律"被压缩成对话中的内容，这令故事减色不少。故事高潮也从"舍子救孤"变成了众人误解忠臣而导致的皇位之争。在将剧情压缩至一天之内的同时，他放弃《赵氏孤儿》"忠奸斗争"的线索，建构起了"孤儿之谜"和"皇位归属"的新悬念，使剧情变得更为紧凑、更具吸引力。

在人物形象塑造方面，该剧聚焦于英雄人物利昂戈为国为君的忠肝义胆和自我牺牲精神，在歌颂他和周边人物的忠诚、英勇、舍己为人品质时，也营造了一种正面的价值引领，这与原著中所歌颂的"忠义"精神完全一致，也符合 18 世纪"中国风"时期欧洲社会对儒家思想的理解，向欧洲社会传播了一个正面的中国形象，故事中所蕴含的道德教育意义也与儒家思想吻合。在舞台布景上，作家特意设置的中式工艺品、建筑园林、宫殿寺庙无不折射出 18 世纪"中国风"对欧洲社会的影响。总而言之，《中国英雄》以舞台表演的形式向欧洲社会传递了一幅极富异域情调的中国风情画，也传播了儒家的道德观念。

《中国英雄》的发表进一步提升了"中国孤儿"故事在欧洲的知名度，1755 年，法国启蒙思想家伏尔泰将《赵氏孤儿》改编为《中国孤儿：五幕孔子道德剧》(*L'Orphelin de la Chine：la morale de Confucius en cinq actes*)时就提到了梅塔斯塔西奥前作的影响力。他在《中国孤儿》(1755)献词中这样写道："著名的麦塔斯塔西约(梅塔斯塔西奥)长老曾为他的一篇诗剧选了一个差不多和我相同的题材"[1]，指的便是这部《中国英雄》。

伏尔泰在将《赵氏孤儿》改编为《中国孤儿》时进一步在故事中融入了启蒙主义精神，设计出一个征服者被文明所征服的情节，宣扬文明对野蛮的胜利，传输仁爱精神。他将故事背景设定为成吉思汗率领蒙古大军征服中原，孤儿则变成皇室的后裔，被大臣臧悌保护下来。随着情节的推进，征服者成吉思汗一步步被臧悌和他妻子伊达美所代表的中华文明所征服，最终，成吉思汗被他们表现出来的坚贞不屈、自我牺牲等美德所打动，放弃了杀死孤儿的打算。伏尔泰设计出这样一个征服者被文明所征服的情节，不仅是来源于他对中国历史的了解，更是为了在剧中注入启蒙思想，宣扬文明对野蛮的胜利，传输仁爱精神[2]。在《中国孤儿》序言中，伏尔泰明白无误地宣称要用这部"五幕孔子道德

---

① 伏尔泰：《中国孤儿》，载范希衡编：《〈赵氏孤儿〉与〈中国孤儿〉》，上海：上海古籍出版社，2007 年，第 88 页。

② 陈宣良：《伏尔泰与中国文化》，北京：首都师范大学出版社，2010 年，第 154 页。

戏"在欧洲舞台上"大胆传授孔子的道德"①。在全剧最后，当成吉思汗被问到是什么使他放弃了野蛮的屠杀时，他承认是被"你们的道德"所征服。由此可见，《赵氏孤儿》在客观上传递了积极的中国形象，推动了中国文化和传统价值观念在启蒙时代欧洲的传播。

1755 年 8 月 20 日，伏尔泰的《中国孤儿》在巴黎法国大剧院成功上演，此后一连演出十六场，为伏尔泰和"中国孤儿"故事赢得了很高的声誉，马若瑟翻译的《赵氏孤儿》也得以于同年以单行本形式在巴黎出版②。《中国孤儿》演出后，法国印度公司武官布晒（Boucher）模仿该剧创作了《中国瓷菩萨·戏拟〈中国孤儿〉——独幕诗剧》，于 1756 年 3 月 19 日首演。

在伏尔泰剧本的基础上，1756 年，爱尔兰剧作家亚瑟·墨菲（Arthur Murphy）也创作了他的《中国孤儿》（The Orphan of China），但他改变了孤儿的年龄和后半部分的情节走向，以英勇的孤儿与忠臣义士奋起抵抗侵略，最终杀死侵略者作为结局。墨菲侧重突出民族矛盾，以爱国精神激励国民。该剧于 1759 年上演，在英国获得巨大成功，并且被搬上了爱尔兰和美国舞台③。此外，1741 年，英国人威廉·哈切特（William Hatchett）还根据《赵氏孤儿》改编出版了《中国孤儿：一出历史悲剧》（The Chinese Orphan：An Historical Tragedy），突出了首相弄权、朝政腐败，旨在讽刺英国权相沃尔波尔（Sir Robert Walpole）的统治④。

## 3.《金镜》与《中国人或命运的公正》

1772 年，德国启蒙思想家维兰德（Christoph M. Wieland）在著名国事小说《金镜或谢西安的国王们》（Der goldene Spiegel oder die Könige von Scheschian，1772）中也将"中国孤儿"故事吸纳了进去。维兰德为小说所选取的舞台是一个半虚构的亚洲国家，他在前言中宣称作品原本是用所谓谢西安语写成，后由一个中国人译成汉语献给太祖皇帝，再由一个传教士从汉语译成拉丁语，最后由他本人从拉丁语译成德语。故事主线是印度宫廷哲学家达尼士曼为苏丹盖巴尔讲述谢西安王国的兴衰史，期望以此为鉴，为苏丹提供治国理政的参考。维兰德选"金镜"作为小说标题，显然是取"以史为镜，以鉴得失"之意。维兰德在《金镜》开头处所谓"中文译者给太祖皇帝的献辞"中也写道，君王要得到一双慧眼，最为稳妥有效的办法便是"到人类世世代代的历史之中去领悟智慧与愚蠢、睿见与激情、真理与欺骗之道"，而眼前这部谢西安王国的兴衰史实在与众不同，"在

---

① 孟华：《伏尔泰与孔子》，上海：中国书籍出版社，2015 年，第 153 页。
② 范希衡编著：《〈赵氏孤儿〉与〈中国孤儿〉》，上海：上海古籍出版社，2007 年，第 41 页。
③ 范存忠：《中国文化在启蒙时期的英国》，上海：上海外语教育出版社，1991 年，第 142 页。
④ 范存忠：《中国文化在启蒙时期的英国》，上海：上海外语教育出版社，1991 年，第 142-145 页。

这面镜子的强光照耀下，智慧与愚蠢所招致的自然后果以清晰的特征和温和的色彩呈现出来"，这将有益于君主对"王者之学"的探究，故而中国最高警务部门赋予它"金镜"之名并将其进呈君主①。

维兰德在小说《金镜》中虚构了一位按照儒家思想培养起来的贤明君主梯方，他早年就有一段类似"赵氏孤儿"的经历："依斯方达登基后不久，便把自己所有的弟兄以及他父亲阿佐尔唯一的兄弟特莫尔留下的子孙铲除殆尽，梯方便是其中的幼子，当时年仅七岁左右，由他父亲非常喜爱的一位老臣照看。人们称这位大臣为成吉思，他有一个独生子，恰好和特莫尔亲王的这位小儿子同龄；为了拯救年幼的梯方，他唯一的办法就是将自己的儿子假扮成梯方献给依斯方达派来的刺客。成吉思做出的这般巨大牺牲，其行为堪称勇气可嘉。"②此处的"成吉思"并非直接来自一代天骄成吉思汗的大名，而更可能是受声名赫赫的伏尔泰版《中国孤儿》影响。但伏尔泰为表现"道义战胜暴力，理性征服野蛮"的主题，故而放弃了孤儿被残杀的情节，因此维兰德的故事肯定还是主要来源于杜赫德编撰的《中华帝国全志》。从维兰德在书中所加的一些注解来看，他也确实非常熟悉《中华帝国全志》一书中的内容，"赵氏孤儿"故事成为小说中梯方的原型丝毫不足为奇。

维兰德笔下的"孤儿"故事与《赵氏孤儿》在侧重点上有相当大的不同。《赵氏孤儿》中的草泽医生程婴是出于道义献出自己的独子、救下襁褓中的赵氏孤儿，《金镜》中的成吉思则是以忠心耿耿的老臣形象出现，他为拯救年幼的王室遗孤，毅然牺牲了自己年纪相仿的儿子，表现出的是对故主一家的"忠"。同时，维兰德对孤儿如何被救只有上面所提的短短一句话，对父亲献出孤儿时的心理活动也只字未提，只是最后用一句话赞扬了他的美德与勇气。《赵氏孤儿》有一半以上的篇幅在描写"搜孤"与"救孤"，通过一个又一个小高潮凸显忠奸斗争和义士们舍生取义的高大形象，与《金镜》形成鲜明对比。而《赵氏孤儿》对程婴在此后 20 年中如何抚养孤儿则只是在第四场开头一笔带过，其间提到孤儿化名程勃，被仇家屠岸贾当成程婴之子养在府中，因为能文能武还颇受屠岸贾看重。相比之下，《金镜》中对孤儿成长的描写则可谓不遗余力。首先，富于牺牲美德的老臣成吉思为躲避暴君，带着梯方隐居到了谢西安国南部边陲"一座肥沃但尚未开垦的山谷"中，而小说中以"讲故事者"身份登场的哲学家达尼士曼认为这种蛮荒的环境恰恰是梯方最幸运的地方，因为他从中国的例子看到："中国皇帝中最优秀的那位正是在草房中长大的……而那位道德高尚的农夫舜又怎会不成为最好的帝王呢？关键在于：他的起点就决定了他培养的方向是成为一个人。那些从摇篮开始就被朝着统治者方向培养的君主中，有几个能夸耀这样的优点！"据司马迁的

---

① Christoph M. Wieland, *Der goldene Spiegel oder die Könige von Scheschian*, Band. 1. Reuttlingen: Johann Georg Fleischhauer, 1774: X-XVI.

② Christoph M. Wieland, *Der goldene Spiegel oder die Könige von Scheschian*, Band. 3. Reuttlingen: Johann Georg Fleischhauer, 1772: 143-144.

《史记·五帝本纪》记载，"舜耕历山，渔雷泽……年二十以孝闻，年三十而帝尧问可用者，四岳咸荐虞舜"①。在《中华帝国全志》第一卷对中国历代帝王的介绍中，青年时代的舜也被描写为一个具有各种美德的"普通农民"，维兰德在小说中以编者身份为"舜"所作的注解即明确指向该书中的此处内容。随后，小说以舜为榜样，让未来的明君梯方同样在远离宫廷的农园——一块"大自然本身所铸就的圣地"里成长起来："梯方——国家的重建者、法律的制定者、英雄、智者、人民的慈父，是所有帝王中最受爱戴和最幸福的一位。……他在大自然自己的怀抱中接受了教育，远离了大千世界阴霾的污染，在近乎荒野的环境里，生活在一群纯真朴实、勤劳能干，并且温良恭俭的人所组成的社会小团体中，哪怕面对地位最低微的人也没有一丝优越之感，他就在这种状态下度过了自己人生的前三十年，不知不觉之中，他的内心中也孕育出了所有君王当具备的美德。"②从这段描写中我们可以看到，维兰德受到了同时代启蒙思想家卢梭的名著《爱弥儿：或论教育》(Émile ou De l'Éducation)的影响，将"重返自然"、让孩童受到天性的指引、顺性发展为善良的人视为了培养未来明君的途径。也正因为维兰德本人也是德国启蒙运动中的重要思想家，笃信教育对一个良好社会的意义，所以他才不厌其烦，对"孤儿"成长为一代明君的历程进行了详尽描写。至于孤儿长大后为家族"报仇"的故事则干脆被《金镜》抛弃了。

1774 年，德国哥廷根大学还有一位笔名弗里德里希的大学生根据《赵氏孤儿》改编完成了《中国人或命运的公正》(Der Chinese, oder die Gerechtigkeit des Schicksals)。全剧用六步抑扬格写成，并加入了女性角色。作者在前言中写道："中国人是东方最为文明的一个民族，他们自古以来就有了戏剧……其大多都是悲剧，他们那丰富的历史为此提供了大量素材。他们借此重新证明了一件事，即良好的礼仪和美好的未来是分不开的，总是彼此促成的。"作者显然曾阅读过杜赫德的《中华帝国全志》，从中了解了中国戏剧艺术的特点，他除引用了一段《赵氏孤儿》的例子证明中国戏剧"不乏理性和真情实感"之外，还用中国小说《吕大郎还金完骨肉》中的情节介绍了中国人对"天命不可违""善恶有报"的理解。而杜赫德也曾在《中国人对诗歌、故事和戏剧的品味》一文赞扬过中国小说"充满训诫，包涵非常适合用于教化品行的格言，并几乎总是教导人践行美德"。③ 他所选入的三个来自小说集《今古奇观》的故事也都带有教人向善的道德训诫色彩，与儒家的道德观念有着不可分割的关系，并体现了儒家将"天"视为至高神灵、其道德律令无所不在的观念。④ 这些因素都对《中国人或命运的公正》一剧产生了影响。而也许是看

---

① 司马迁：《史记》第一册，北京：中华书局，1959 年，第 32-33 页。

② Christoph M. Wieland, *Der goldene Spiegel oder die Könige von Scheschian*, Band. 3. Reuttlingen：Johann Georg Fleischhauer, 1774：142-143.

③ Jean-Baptiste du Halde, *Description géographique, historique, chronologique, politique, et physique de l'empire de la Chine et de la Tartarie chinoise*, Vol. III. Paris：P. G. Le Mercier, 1735：291-292.

④ 谭渊、张小燕：《礼仪之争与〈中华帝国全志〉对中国文学与典籍的译介》，《中国翻译》，2021 年第 4 期，第 49-56 页.

到剧中赵氏一家被诛杀时连小孩子也不被放过，作者对君主专制制度的残暴一面留下了深刻印象，因此他宣称要在改编的剧本中"更多地保留该戏剧场景所处国家的特征，尤其是东方专制主义的风俗习惯"。不过值得指出的是，其实启蒙时代思想家恰恰认为，中国所属的"东方专制制度"是一种"开明专制"，《金镜》中所提到的舜帝正是这方面的代表①。

《中国人或命运的公正》对《赵氏孤儿》故事的情节进行了很大改动。剧中主人公坎布尔是奸臣韩同的养子，并与韩同之女莉莉发相爱。由于这两层关系他一度助纣为虐，陷害朝中大臣。尤其是因为大臣兰福要与他争夺莉莉发，他抢先诬告了兰福，以至于后者被皇帝赐下"三班朝典"，勒令其立即自尽，并将其官职授予坎布尔。但坎布尔良心未泯，目睹兰福的惨状后内心深感痛苦。而他所谓的生父苏伦年事已高，在去世前告知坎布尔，他其实是赵氏家族遗孤，而杀害他全家的仇人则正是韩同，全靠苏伦用襁褓中的亲生儿子顶替坎布尔，坎布尔才没有被韩同的利剑穿心。得知真相后，坎布尔找到韩同，假称自己发现赵氏孤儿未死，当韩同解下匕首，要坎布尔去除掉孤儿时，坎布尔却将刀刺进了韩同躯体，为家人报了仇。但是坎布尔也无法承受命运的重压，也无颜面对莉莉发，于是逃出韩府，莉莉发在得知父亲正是被未婚夫所杀时也无法承受打击，最终用同一把匕首结束了自己的生命。

正如该剧副标题"命运的公正"所彰显的那样，改编者显然十分欣赏中国文学作品中善恶有报、天网恢恢的观念，因此转而着力描写命运的公正安排，让奸臣韩同在反复呼喊"命运啊！上天！"中死去②，渲染了天理昭昭、善恶有报的主题。但在人物刻画方面，作者进行了完全欧洲化的改写，坎布尔不断哀叹自己的命运，在感情与复仇之间犹豫徘徊，使人不由得联想起莎士比亚名剧《哈姆雷特》中优柔寡断的主人公，而莉莉发也与同一剧中哈姆雷特的恋人奥菲利亚相似，后者也是从对婚礼的憧憬一下落入父亲被恋人所杀的痛苦，最后发疯落水而死。可以说，剧中人物已经完全欧洲化，大段慷慨激昂的独白具有典型的欧洲舞台剧特点，给人以希腊式的命运悲剧之感，但却弱化了"中国孤儿"故事对"忠义"的推崇，也使原剧在儒家"忠义"价值方面的训诫意义基本荡然无存。

## 4. 结语

总体来看，上述改编自"中国孤儿"故事的欧洲文学作品虽各有侧重，但都以歌颂正义、倡导美德为主题。归根结底，《赵氏孤儿》在 18 世纪欧洲的成功传播首先要

---

① Friedrichs, "Vorrede", *Der Chineser oder die Gerechtigkeit des Schicksals. Tragödie*. Göttingen: Victorinus Boßiger, 1774.

② Friedrichs, *Der Chineser oder die Gerechtigkeit des Schicksals. Tragödie*. Göttingen: Victorinus Boßiger, 1774: 99.

归功于中华文化和传统美德的强大感召力，而戏剧这种在当时最为喜闻乐见的表演形式则是推动中华美德在异域得到有效传播的极佳载体。有研究者就指出，戏剧的形式使得儒家伦理道德观念在《赵氏孤儿》中"得到生动体现"，甚至"比教条式的儒家经典更通俗明白和富有感染力"①，这也是杂剧《赵氏孤儿》在欧洲取得巨大成功的决定性因素。

作为第一部传播到西方的中国戏剧作品，元杂剧《赵氏孤儿大报仇》在 18 世纪欧洲文学界掀起的"中国故事"改编热潮至今仍值得我们深入反思。宏观地看来，"中国故事"是对中华民族这个多族群共同体生活的记录，凝聚着中国人共同的思想观念和精神气质，除文学意涵外还包含有丰富的历史和政治意涵。而西方文学所改编和传播的"中国故事"一方面传递着"中国声音"，是中华文化走出去、传播中国核心价值观的重要途径，另一方面"中国故事"的传播也受到同时代欧洲政治、宗教、文化等因素的影响，折射出西方在他者视角下对中国文化的理解。综合分析"中国孤儿"故事在 18 世纪的西传历程不难看出：耶稣会士对《赵氏孤儿》的翻译固然并非偶然，但也与中国"文以载道"的优良传统密不可分，与儒家文化强调文学的道德训诫功能有着密切关系。正因为耶稣会士与儒家文人一样将戏剧作品视为宣传道德教化的有力工具，所以他们在礼仪之争中引入中国文学作品作为"他山之石"，肯定了"中国孤儿"故事弘扬道德、批判罪恶的立场，向西方读者传播了一组作为道德榜样的中国英雄形象。同时，《赵氏孤儿》也向 18 世纪欧洲人揭开了中国戏剧的面纱，在宣扬道德训诫的同时传播了积极正面的中国形象，激发了欧洲知识分子对儒家思想和中国文学的兴趣，促进了中国文化和价值观念在西方的传播。

## 参 考 文 献

[1] *Chaocungus：Tragoedia. Das ist：Heldenmüthige Treu Des Chaocungus Ersten Reichs-Mandarin An Dem Chinesisch-Kayserlichen Hof*，*Vorgestellet Auf der Schau-Bühne Von Dem Churfürstlichen Academischen Gymnasio der Gesellschafft Jesu zu Ingolstadt. Den 4. und 6. Herbstmonath* 1736 [M]. Ingolstadt：Johann Paul Schleig, 1736.

[2] Du Halde, Jean-Baptiste. *Description géographique，historique，chronologique，politique，et physique de l'empire de la Chine et de la Tartarie chinoise：Vol. I-III* [C]. Paris：P. G. Le Mercier, 1735.

[3] Friedrichs. *Der Chineser oder die Gerechtigkeit des Schicksals. Tragödie* [M]. Göttingen：Victorinus Boßiger, 1774.

[4] Hsia, Adrian. "The Jesuit Plays on China and Their Relation to the Profane Literature"

---

① 张国刚、吴莉苇：《启蒙时代欧洲的中国观》，上海：上海古籍出版社，2006 年，第 215 页。

［A］. Adrian Hsia & Ruprecht Wimmer（eds.）, *Mission und Theater. Japan und China auf den Bühnen der Gesellschaft Jesu*［C］. Regensburg：Schnell & Steiner, 2005.

［5］Von Collani, Claudia *P. Joachim Bouvet S. J.—Sein Leben und sein Werk*［M］. Nettetal：Steyler, 1985.

［6］Wieland, Christoph Martin. *Der Goldene Spiegel, oder die Könige von Scheschian, eine wahre Geschichte*［M］. Leipzig：M. G. Weidmanns Erben und Reich, 1772.

［7］Wieland, Christoph Martin. *Der goldene Spiegel oder die Könige von Scheschian*［M］. Reuttlingen：Johann Georg Fleischhauer, 1774.

［8］陈伟. "不忠的美人"和"古今之争"——古典时期的法国翻译思潮［J］. 中国法语专业教学研究. 2015（6）.

［9］陈宣良. 伏尔泰与中国文化［M］. 北京：首都师范大学出版社, 2010.

［10］戴密微, 耿昇, 译. 法国汉学史［A］. 戴仁, 主编. 法国当代中国学［C］. 北京：中国社会科学出版社, 1998.

［11］范存忠. 中国文化在启蒙时期的英国［M］. 上海：上海外语教育出版社, 1991.

［12］伏尔泰.《中国孤儿》作者献词［A］. 范希衡, 译. 钱林森, 编. 法国汉学家论中国文学——古典戏剧和小说［C］. 北京：外语教学与研究出版社, 2007.

［13］伏尔泰. 中国孤儿［A］. 范希衡, 编著.《赵氏孤儿》与《中国孤儿》［C］. 上海：上海古籍出版社, 2010.

［14］哈特曼. 耶稣会简史［M］. 谷裕, 译. 北京：宗教文化出版社, 2003.

［15］纪君祥. 赵氏孤儿［A］. 臧晋书, 编. 元曲选［C］. 北京：商务印书馆, 1958.

［16］李声凤. 中国戏曲在法国的翻译与接受（1789—1970）［M］. 北京：北京大学出版社, 2015.

［17］李奭学. 马若瑟与中国传统戏曲——从马译《赵氏孤儿》谈起［J］. 汉风, 2018（3）.

［18］李真. 马若瑟《汉语札记》研究［M］. 北京：商务印书馆, 2014.

［19］龙伯格. 清代来华传教士马若瑟研究［M］. 李真, 骆洁, 译. 郑州：大象出版社, 2009.

［20］鲁进, 魏明德. 舞在桥上——跨文化相遇与对话［C］. 北京：北京大学出版社, 2016.

［21］马伯乐. 汉学［A］. 汉学研究（第三集）［C］. 阎纯德, 编. 北京：中国和平出版社, 1999.

［22］孟华. 伏尔泰与孔子［M］. 北京：中国书籍出版社, 2015.

［23］钱林森. 18世纪法国传教士汉学家对《诗经》的译介与研究——以马若瑟、白晋、韩国英为例［J］. 华文文学, 2015（5）.

［24］司马迁. 史记［M］. 北京：中华书局, 1959.

［25］谭渊、张小燕. 礼仪之争与《中华帝国全志》对中国文学与典籍的译介［J］. 中国翻译, 2021（4）.

［26］唐桂馨.18 世纪法国启蒙思潮与中国明清小说的传播［J］.外语教学与研究，2019
（5）.

［27］唐果.18 世纪法国翻译理念框架下元杂剧《赵氏孤儿》法译本研究［J］.法语国家与
地区研究，2019（3）.

［28］王宁，钱林森，马树德.中国文化对欧洲的影响［M］.石家庄：河北人民出版
社，1999.

［29］许明龙.欧洲十八世纪中国热［M］.北京：外语教学与研究出版社，2007.

［30］张国刚，吴莉苇.启蒙时代欧洲的中国观［M］.上海：上海古籍出版社，2006.

［31］张西平.欧洲早期汉学史：中西文化交流与西方汉学的兴起［M］.北京：中华书
局，2009.

# 中国英雄[①]

[意]梅塔斯塔西奥　著

张桐瑜　译

## 中文译者前言

1752 年，意大利著名剧作家梅塔斯塔西奥（Pietro Metastasio）创作了《中国英雄》（*L'Eroe Cinese*）一剧，与梅氏其他作品所涉情节比较来看，该剧主题仍未能逃出"情感与国家义务之间的矛盾冲突""英雄人物及行为描述""牵涉重大历史事件""两对恋人的情爱纠葛""皆大欢喜的完满结局"等意大利歌剧中常见的主题窠臼。

如梅氏所言，该剧灵感主要来源于 1735 年出版的《中华帝国全志》中有关"召公舍子救宣王"的相关历史记载，它同时也吸收了同样收录于该书的"赵氏孤儿"译本，为后续的"中国孤儿"改写热潮埋下了种子，如伏尔泰在他那部著名的《中国孤儿》（1755）献词中便提到"著名的梅塔斯塔西奥大师曾为他的一篇诗剧选了一个差不多和我相同的题材"。

梅氏身为宫廷剧作家，他需要创作的显然是一部符合上流社会审美并且能够在宫廷舞台上演的剧作，故此必须让剧本符合当时流行的"三一律"的要求。因此，他对原"孤儿故事"中的纷杂人物、时间上的跳跃与跨度、频繁转换的场景地点，以及情节的递进发展都作了相应的削减与改动。剧中对"人民暴起屠杀王室""厉王奔逃在外""孤儿长大成人"……这二十年间的翻天覆地只作了背景交代与口头陈述，从而将剧情压缩至一天之内。而就在这极其有限的框架内，梅氏建构起了"两族联姻—情感纠纷—民众起义—继位仪式—谜底解开"的发展脉络，使剧情变得集中且紧凑，大大增加了单位时间内的戏剧反转张力。

在主题与价值结构的塑造上，该剧的整个主题带有纯洁化、理想化、浪漫化的倾向，它聚焦于个体英雄人物，重在渲染主人公利昂戈（即"召公"）为君为国的耿耿忠心与不朽的英雄事迹，歌颂一位位英雄人物身上所展现出来的英勇、忠诚、坚贞、慷慨无私、舍己为人等道德品质。该剧保留且专注于凸显原中国故事背后所体现出的传统儒家

① 基金项目：本文系国家社科基金一般项目"中国文学在 17—18 世纪德国的传播与'中国故事'的多元建构研究"（项目编号 18BWW069）的阶段性成果。

道德如忠、义、孝、选贤举能，同时还特别增添了对爱情坚贞及兄弟情深的描写，并借奢华工艺品、中式建筑与园林等描绘出一幅极富异域情调的"中国图景"，从一定程度上注入了更多的人性温暖与感性审美层面的旨趣。

本篇译文根据 L. L. von C. 的德译本（*Der Chinesische Held：ein Musicalisches Schauspiel*，1755）转译而来，同时对照 1752 年于维也纳首次上演的意大利原文剧本（*L'Eroe Cinese*）稍作修补，疏漏之处，望请指正。

## 原著前言

受奥地利皇后之命创作于维也纳，1752 年春首演于美泉宫花园剧院，参演人员为优秀杰出的年轻宫廷贵妇与骑士，全剧由博诺（Bonno）配乐，国君当时也莅临现场观演。

## 内容提要

在中国历代王朝中，老利昂戈①的英勇赤诚即便在数世纪后仍然为人所传颂。

在一次民众造反期间，利昂戈的君主——皇帝利维亚诺（Livanio）②为自保而被迫出逃，其余的皇室成员也大多被赶尽杀绝。面对暴民的残暴搜杀，利昂戈设计了一场值得称道的骗局：他将自己的亲生儿子裹进王室襁褓并交给刽子手，以保全皇家遗孤西维文戈斯③。就这样，这位慈父强忍着锥心的丧子之痛，亲眼看见其子在眼前被杀害，却仍然坚守住了这个秘密④。

## 剧中主要人物

| | |
|---|---|
| 利昂戈（Leango） | 该朝摄政王。 |
| 西维诺（Siveno） | 被认为是利昂戈的儿子，莉森加的情人。 |
| 莉森加（Lisinga） | 鞑靼公主，中国人的奴隶，西维诺的情人。 |
| 乌拉尼娅（Ulania） | 莉森加的妹妹，蒙代奥的情人。 |
| 蒙代奥（Minteo） | 一名武将⑤，乌拉尼娅的情人，西维诺的好友。 |

① 即《史记》中的召公（Tchao Kong）。——原注
② 此处指厉王。——译注
③ 此处指宣王。——译注
④ 情节取自杜赫德《中华帝国全志》卷 I"中国帝王年鉴"一节及其他相关记载。——原注
⑤ 即中国贵族，中国人称其为"官"（Quoan），意为"治理"，是其所在省份的行政长官，多为学者或律官；自孔子学派（Confacii Sécte）中最有学识的人之间选出，也有一部分是指挥军队的武将。——德译本注

## 次要人物

中国贵族男孩、鞑靼贵族男孩、鞑靼奴隶、鞑靼贵族、武将、内阁大臣、和尚、中国士兵

## 人物关系图
### （译者制作）

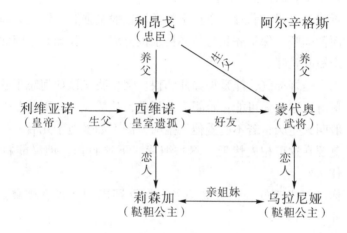

该故事发生在陕西省（Chensì）西安城（Singana）的渭河（Veio）河畔的皇宫高墙内。

## 第一幕

### 第一场

皇宫中鞑靼俘虏的房间；屋内饰有奇特画作、透明坛瓶、奢华纺品与艳丽地毯，以及其他一切尽显中国人的奢华与情趣的物什；房内一侧放置着桌椅。

莉森加　乌拉尼娅　一众鞑靼贵族

贵族中的一人上前，跪于莉森加面前，递上一封信。

莉森加：　[接过信]谢主隆恩，我等必谨遵吾皇圣旨。你们何时回去见他，我便何时再与你们回话；现在先退下罢。[鞑靼人行国礼后退场，莉森加将信放于桌上]哦老天爷啊！

乌拉尼娅：姐姐呀，读来看看罢！父皇有何旨意？

莉森加：　啊，亲爱的乌拉尼娅！唉！不必看我也知道信中内容，我无时不在担心离别时刻的到来，毫无疑问——这封信带来的便是这般酷令，看来今日传来的和平消息使我担惊受怕并非没有缘故。

乌拉尼娅：如此这般，那我们的奴隶生活就要结束：我们将重回祖国与父亲的怀抱。你将如众国所期许那般，以鞑靼王位继承人的身份重头来过，你也将重获名誉、重拾心中荣尊。

莉森加：　是的，这没错，但我就要离开西维诺了。

乌拉尼娅：你可知他与你的皇室身份并不相配么？你可知他生来便是敌人，便是臣民？

莉森加：　我知道的是，我爱他，他也配得上我的爱：他是我爱情的开端、我的唯一，也将是我的归属。这残酷的命令却叫我与他分别，父亲的无心简直是要了我的命。[坐下]

乌拉尼娅：听我一言罢，莉森加呦！学着像我这般坚强罢。蒙代奥尚还不知我因他而苦闷哩，保不齐我与他亦将永世分离——我却并未因此寻死觅活，也未短叹长吁。

莉森加：　你真是好福气，能爱得如此痛快！啊！我又该如何忘了我的西维诺——啊呀！这绝无可能；希望天公相助，让我免遭此困厄；失去他的生活这般叫人生厌，若不能爱他于生前，倒不如爱他于死后。

乌拉尼娅：莫要在这里杞人忧天，不妨细读一下这封信：谁又能料到里面写了些什么？

莉森加：　你又何尝不知我已万念俱灰，好歹疑虑中还尚存慰藉。[拿起信并拆开]

### 第二场

西维诺　莉森加　乌拉尼娅

西维诺：　告诉我，我的爱人，我真的要失去你了么？

莉森加：　这信上写的便是我父皇的命令，我至今仍不敢相信我的命运，你拿去看罢！[将信递过]若这就是我一直以来的宿命，便让它从你嘴里说出来罢，至少让它听上去不再那般残忍。

西维诺：　[念道]女儿！现一切已太平，你我与鞑靼一族再无仇敌；我将予你以和亲之荣，以换取两国的和平缔结。皇位继承人将会是你的丈夫，而你亦将以统治者的身份掌揽大权；你将不再为奴。此外利昂戈知晓一件天大的秘密，他自会向你坦白真相。好乎！老天有眼！

乌拉尼娅：这是怎么回事！

莉森加：　也许你[起身]搞错了这信的内容。

西维诺：　并没有！你来，公主！你自己读来便知。[递过信]

莉森加：　[念道]皇位继承人将会是你的丈夫——可这人是谁？这简直是胡扯！西维诺呀！这悲苦的故事情节实在老套，你说话呀！随便说些什么！

西维诺：　你想要听什么？我的心肝！要我说什么？说我竟忘了操心你还有这样一

个不知名的追求者？

乌拉尼娅：利维亚诺皇帝早已被叛乱的民众赶下了皇位。

西维诺：　算起来这桩事至今也已过了二十年。

莉森加：　便是他也在那困厄中了结了此生。

西维诺：　也正是那天，你败给了我们的兵器，而我则沦为公主你美貌的阶下囚。

乌拉尼娅：那这皇家的血脉——

西维诺：　一个也不剩了，便是皇家仅存的子嗣也丧身襁褓之中。

莉森加：　那又会是谁坐上继承人的位子？

乌拉尼娅：兴许是个冒牌货。

莉森加：　西维诺！你的父亲利昂戈可是也参与了这场骗局？啊呀，快去到你父亲那里，去问个清楚罢。哦，西维诺！随后莫忘了向他提起你我心中所存的疑惑。

西维诺：　哦，公主！我们之间将会是怎样呢？

**咏叹调（唱词）**

苍天无情弃我去，

满腔愁绪与谁叙？

惨惨戚戚黄泉命。

噫！辰星向来久慈悲！

如若不赐佳人来，

毋宁夺我性命去。

伊人垂眸流光转，

眼波急速绘深情，

我恳请：万万不可离我去，

此情本该永相护，

因它本是由你造。［退场］

**第三场**

莉森加　乌拉尼娅

莉森加：　妹妹啊！如此这般，我接下来的日子是否会就此黯淡呢？

乌拉尼娅：总会守得云开见月明的。

莉森加：　何以见得？

乌拉尼娅：为何总是把你畏惧的不幸与你受用的欢愉混为一谈呢？

莉森加：　我现在怕是连欢愉的影子都指望不上了。

乌拉尼娅：指望不上？你不会离开这里的，西维诺还在这里，那可怕的继承人也尚未现身——哪怕就一次，为自己想件高兴事罢！比如期盼这个继承人就是西维诺。

莉森加： 啊呀！那除非是我昏了头。

乌拉尼娅：皇位到现在还没人坐哩，皇家已然绝了种，西维诺又是伟大的利昂戈之子，利昂戈又代表着中国的基柱、门面及善德，他至今都是朝廷元老，定当被选为新任的统治者。

莉森加： 那又是为何他至今未被选定？此事应随时都可办成，便是作为一介臣民，他也已经独自承受了这普天下过多的忧虑，但是皇位——

乌拉尼娅：利昂戈为那被驱赶下台的皇帝保留了皇位，这是其臣职所在；但现在，既然皇帝已死，这皇位又是为谁而留呦？

莉森加： 哦！很显然，某位不知名的继承人将会登上皇位。

乌拉尼娅：那便准备好，尽量全身心地去爱这个人罢。

莉森加： 你是在说我？

乌拉尼娅：是呀！试想一下，万一他是一位热忱且友善——

莉森加： 别说了。

乌拉尼娅：一段新恋情终将成形——

莉森加： 你闭嘴！我的心都要被你刺穿了。

## 咏叹调（唱词）

此事徒增心头怨，

直教我心空悲切。

人间之义今何在，

不由千嗟叠万叹。

心血燃沸只为他，

此情独属他一人，

倘若移情又别恋，

必遭寒刑夜来袭。[退场]

## 第四场

乌拉尼娅上，蒙代奥随后

乌拉尼娅：瞧啊，那不是蒙代奥么，我应躲开他。啊！他又何时能明白？至今我佯装出多少的绝情——[欲离去]

蒙代奥： 你是在躲着我么，美丽的乌拉尼娅？留下罢，如果蒙代奥的倒霉面孔让你如此不快，那他理应避让，留你独享安宁。[欲回避]

乌拉尼娅：慢着，[蒙代奥转过身，远距离站着][自言自语]多么深情的样貌，多么富有教养的谈吐！[走向对方][同时蒙代奥带着敬意靠近]我不是已经禁止你回避我了么？[语气严肃]

蒙代奥：　那我就恭敬不如从命了。[带着敬意]

乌拉尼娅：你来是要做什么？

蒙代奥：　还请原谅，我来是要打听一下我那亲爱的好友西维诺，为的是应付那些个急性子的官员。

乌拉尼娅：所以你并非是来找我？

蒙代奥：　不是。

乌拉尼娅：可别忘了律例不许你爱我。

蒙代奥：　我自然知道！

乌拉尼娅：那你便去找西维诺罢。[百感交集]

蒙代奥：　哦！老天啊！你这么快便要无情地赶我走？

乌拉尼娅：既然你已不再爱我，抱怨又是何故？

蒙代奥：　哪怕我不再爱你，我也会暗自敬慕你，却丝毫不敢冒犯你。你看天上的那位神仙，凡是何人都敬拜他，他也未曾因此恼怒。

乌拉尼娅：[温柔地自言自语]如此一颗赤诚的心。

蒙代奥：　倘若我这忠臣心还是冒犯到你，那这将是你最后一次见到我。[欲离去]

乌拉尼娅：苍天啊！

蒙代奥：　离了你我必将活得如同行尸走肉，但却不会任由爱情的荣光一同陷进愁思苦海。兴许我会因爱而命赴黄泉，而你却一无所知。[欲离去]

乌拉尼娅：听我说！蒙代奥！我没你想得那般不通人情。我并非反感你，反倒钦佩你的勇敢、你的美德，我喜爱你待人接物时的谦和得体、你那遐迩闻名的声望，但是啊——

蒙代奥：　你此话当真？

乌拉尼娅：[温和开口]但是命运它让你我之间的距离变得遥不可及，这般遥远的距离呵——

蒙代奥：　哈！[满心欢喜]那你并非是讨厌我？

乌拉尼娅：[温和开口]从未有过。

蒙代奥：　倘若我能变得配得上你——

乌拉尼娅：是啊！倘若你能——后会有期罢。[严肃地道别]


**咏叹调（唱词）**

你心之境晦莫深，

我本无意探究竟；

我心之底埋秘密，

你亦无心窥端倪。

傲慢此乃我之职；

此举绝非我本意。[退场]

## 第五场
### 蒙代奥上，利昂戈随后

蒙代奥：原来我并非徒劳自欺，乌拉尼娅已倾心于我；她的动作令其无所遁形，哪怕闭口不言，眼神却还露了马脚。

利昂戈：蒙代奥！你可曾见到我儿？为何我寻遍四处只见你的身影，却不见他的？

蒙代奥：我也正要去寻他。

利昂戈：你且听我说，并要如实与我回复，[语气严肃]你是否爱西维诺？

蒙代奥：我是否爱西维诺？这是哪门子问题？[带着惊讶]我自然爱着这位英雄、我的同伴、我的好友、我宫中的恩人、我战场上的守护者，这份爱出于情谊、出于习惯，也出于职责。

利昂戈：[语气严肃]那你可还记得自己曾经是何出身？

蒙代奥：一个由他人抚养长大、不知出身且身世贫寒的可怜虫罢了。

利昂戈：那你现在地位又如何？

蒙代奥：[有感而发]亏得您抬举，我已然身处中国大诸侯之列，享满身荣华富贵，也看清了这官场似战场的玄妙之处：权力出自提拔。

利昂戈：[庄重严肃]你现在可知你欠下了多少恩念与忠心？

蒙代奥：大人啊！[情绪激烈]我何德何能，究竟是为何您要如此助我！我又是造了什么孽才招来您这番考验？您是觉得我不忠或忘恩负义么？那便随您高兴，您随时可将您予我的优待之恩尽数收回，取我的血也未尝不可；我绝无半个不字，但您对我的质疑——苍天啊！这是我唯一无法忍受的。

利昂戈：好了！来我怀里，[明朗愉快]亲爱的蒙代奥，我自是认可你的德行，我许是有些失态，但无论如何莫要怪我试探你——恐怕今天的这番考验是必不可少。

蒙代奥：您坦白告诉我罢，直接命令我该怎么做罢。

利昂戈：你去罢，现在还不是时候。

蒙代奥：我若无法向您明鉴我的忠心，我将始终不得安宁。

利昂戈：去罢，蒙代奥！放宽心，[神秘莫测]今天就会真相大白。

蒙代奥：

### 咏叹调（唱词）

我的大人啊！勿要疑心于我，因我是您的赏赐，
请相信我的心始终记念着您！
我若失信于您，又该向谁诉忠心？
不啊！您宁可让我寒心而丧命。

是了！我骗自己您仍信得过我。

而今伊始，只顾毕生浑噩，

心甘情愿，孑然阔别人世，

义无反顾，只求逃天避地。[退场]

## 第六场
### 利昂戈一人

利昂戈：这一天终是到来了，至今我为此洒了多少汗水、叹了多少口气、费了多少心力。今日我便要公之于众，宣布那幸存的继承人，今日我便要将他父皇遗留的皇位交付于他。真相之港已近在眼前，再没哪般危岩险滩可扰我心房。如今这些暴乱者已错失良机，我这谨言慎行的处事作态也已消磨殆尽；部队将领们又对我忠心耿耿，再过不久，我将如愿收获鞑靼部队派出的精兵外援。已经是时候了！是时候给这故事画上圆满的句号了。啊！你们天上这些喜怒无常的神仙反倒使我振奋。这桩事使我痛失一子，你们对此应不陌生。啊！我只剩一事相求：我这恒心能有所回报，便早些结束我的性命罢，我早已活够。但是前面这群人又是在做什么——

## 第七场
### 利昂戈　西维诺　一众官员

利昂戈：我儿？何故这般高兴？又急着去往何处？

西维诺：急着向您跪拜。[跪下，随从人员同]

利昂戈：这是作甚？快些起身！你们这是为何而跪？[向其他人道]

西维诺：为您而跪啊，父亲！您是我们的统治者，我们的君王。

利昂戈：哦！我儿！你这又是在说什么？

西维诺：这一天终于——

利昂戈：快些起来，不然我便不再听你言语。[众人起身]

西维诺：上天终是要为您的功业加冕，对这片江山来说，您至今都是一位父亲般的存在，它因您方得谋存、因您获福得幸、因您捷报频传，故此您也将成为它的统治者。

利昂戈：此话怎讲？

西维诺：父亲！王侯们、内阁大臣们及民间各家百姓都盼着你点头呢，此乃众望所归之事，皇位久久空悬则易生变故，所以您的儿子我便以众人之名向您作出此求——

利昂戈：哦，天哪！[自言自语]你这番话怕不是想动摇我的忠心。不！我这义胆忠肝定不会屈服于你这狡猾的甜言蜜语，我内心的摇摆不定与对这王位的忠贞不二比起来，那可是微不足道。

西维诺：您居然还在犹豫？哦，父亲啊！

利昂戈：你对此竟丝毫不觉惊惧？唉，你可知欲戴王冠，必承其重？你可知为臣民们以身作则的担子有多重？你可知既要他们爱戴你又要他们敬畏你有多难？你可知既当判官又当爹、既做百姓又为兵的苦处？你可知这摄政王般的良善德行已招来多少仇人冤家？你可知那至高无上的权力是如何蛊惑人心一步步走向怠惰与傲慢？你又可曾料到臣民对统治者要瞒多少以功掩过之事，要捧多少高帽、瞒多少谎话？这些我无一不知，而你却要我只身陷入这危机四伏的无底汪洋。

利昂戈：饶是这般，你竟还纳闷我为何犹豫？

西维诺：但当舵手变得驾轻就熟之时——

利昂戈：去罢，[向官员们道]招呼大家到厅堂集合，我将在那儿道出我的感激之词。[众官员退下]至于你，我儿！你便随我去庙里，在那敬拜天公，祈求上天能发发慈悲。[神秘莫测道]

### 咏叹调（唱词）

上天待咱少眷顾，

此生倒也没奈何，

愁思汗水皆枉费，

一切！一切辛劳变徒劳。


理智本领本不缺，

相携总能成大事。

然而事总与愿违，

如若苍天不垂怜。[退场]


### 第八场

西维诺 莉森加

莉森加：[大喜过望]听我说，西维诺。

西维诺：[同样大喜过望]哦！我梦寐以求的爱人。

莉森加：可是真的么，你的父亲——

西维诺：没错！一切当真。

莉森加：那从现在起，你可就是皇位继承人了？

西维诺：先暂别一下，不久后，哦我的爱人，待我归来时便可配得上你。[欲离去]

莉森加：我懂了，但是，还不曾听你说过，这般变数又是因何而起？

西维诺：听着——呀！我不能再说了，父亲还在等我哩。[离去]

### 第九场

#### 莉森加一人

莉森加：这怕不是梦罢？这可会是真的？是了！看呐！我的爱人将成为皇位继承
　　　　人，我忧心忡忡的秘密即将揭开，身在这处福岸，我学会了如何去爱！
　　　　[彻底投入]所以我不必再离开你了？哦西维诺，所以我能永远和你在一
　　　　起了？那我就能——啊呀！我只钟情于你一人，但请不要这般戏耍我的
　　　　心，不然我便要乐极而死。

#### 咏叹调（唱词）

身陷霜火中，

头脑已发昏，

莉森加胸中，

喜惧共攀生。

啊！旧痛添新愁，

反倒变欢喜。[退场]

## 第二幕

### 第一场

　　扶壁与门廊平地而起，透过其中便得以窥见西安城的大致样貌，以及渭河河畔的城
墙建筑；楼宇，屋檐，寺庙，船只，以及远处的树木；在这遥远又极尽瑰异的帝国之
中，人们目光所及之处皆是迥异，其间不尽是自然产物，更是如同艺术作品一般。

#### 西维诺　蒙代奥

西维诺：容我一人——我的好伙计[绝望]——容我一人安静一会，我这苦痛无需
　　　　陪伴，也无需任何建议。

蒙代奥：啊呀！休要这样，何苦这样早就开始自暴自弃。

西维诺：你这番话可真是令我心如刀绞，我父亲方才放弃了皇位不是么？今日他就
　　　　要公布那真正的继承人了不是么？你还指望我瞎期待些什么？我这身上除
　　　　了不幸，别无其他安慰之物。

蒙代奥：你还有坚持！告诉自己，就算你与皇位无缘，你也是配得上这位子的。

西维诺：你觉得我是因为错失皇位而悲泣么？虽然与它失之交臂并非我的本意，但
　　　　这损失本来并非如此令人难以忍受。但是你，你对我这人无所不知：你见
　　　　那皇座被旁人夺去，我那爱人连希望也一并消逝，你怎还能劝我坚持
　　　　下去？

蒙代奥：诚然，我承认你的确值得怜悯，可是——

西维诺：先暂别罢。

蒙代奥：你这是要去往何处？

西维诺：远离这片恶地，凭我在此再难寻得安宁。四周满是我不幸的回忆惨迹，那处是我初次为她倾倒之处，这处是她予我应允之辞的地方；这里的甜言蜜语，那边的海誓山盟；每一刹我都会想起她变着花样地屡屡对我许诺，称她宁死也不愿离我而去。曾几何时她还在我眼前、在我怀中，曾几何时的幸福恋人——啊！让我离开这地罢。

蒙代奥：你想去哪里？［拦住他］

西维诺：啊！让我逃离这片河岸，这于我曾是欢情之地，而今却叫我心生惶恐。［动身欲离去］啊呀！［碰见乌拉尼娅］拜见公主。

## 第二场

乌拉尼娅　西维诺　蒙代奥

(旁白)各位看官，可曾见过平常人中有若西维诺这般凄戚的人？莉森加如今身在何处？她可曾得知这一伤心事？她会作何感想？又将说些什么？

乌拉尼娅：她(莉森加)对这残忍的变故颇为震惊。

西维诺：　一切都结束了，我的希望已变作一场幻梦。那予以我如此多忠诚与海誓山盟的心胸、脸庞、双手！神啊，我都要拱手让人。

乌拉尼娅：我并不这么认为。

西维诺：　为何不呢？

乌拉尼娅：因为哪怕没有皇位，她也会忠心于你，而我知道她有多爱你，她的心意已十分了然。

西维诺：　然而恰恰相反，你却根本不了解我的心。容我直言，难道她要因为我的缘故而俯首称臣么，你二人生来便是该坐上王位的人。而我又怎能夺走这国家的巨大财产？又怎能掳掠这国家的幸福承平？噫！我怎肯做这般勾当！我绝不是一个卑鄙的恋人，也绝非一个不合格的臣民。

乌拉尼娅：那你可还有别的法子？

西维诺：　逃走。

蒙代奥：　你要逃去哪里？

乌拉尼娅：又能去投奔谁？

西维诺：　去到那无人阻挠我诉苦、嗟叹、啼哭、并允许我死去的地方。［欲离去］

蒙代奥：　我明白了，那你是想离开莉森加么？

乌拉尼娅：你离去之前，至少也听听她的想法。

蒙代奥：　至少去见见她。

西维诺：　唉！你们这要求实在过分！啊！她的苦痛只会雪上加霜。好罢，我会亲眼瞧着她因我的离去而面如死灰的样子。

## 咏叹调（唱词）

汝知吾心藏苦痛，

好意心中已领会，

欲诉愁肠然作罢，

只道慰藉与尔知；

又因伊人不胜愁，

便少哀声也少怨。


予汝灵魂以慰藉，

但留吾心入深渊，

踽踽独行不作声；

晓伊以我之死耗，

便是柔年温月里，

久思也难承其负。［退场］

## 第三场

### 乌拉尼娅　蒙代奥

蒙代奥：　啊！乌拉尼娅，从你脸上我看到你的慈爱心肠同样不输他人，你可怜可怜西维诺这个苦命人。唉！去跟莉森加和他父亲聊聊他这惨况罢，为他担忧罢，谁知苦痛会让他陷入这般境地？

乌拉尼娅：那你为何不随他而去呢？

蒙代奥：　哦，苍天！我可不能随意擅离职守，还有某一处的民众暴乱等着我前去处理哩。

乌拉尼娅：是何人带头起义？

蒙代奥：　关于此事，我们既不知其成因，也不知领头人是何许人也。

乌拉尼娅：那你为何要急着以身赴险？

蒙代奥：　阿尔辛格斯在此事上有令于我。

乌拉尼娅：这人又是何人？

蒙代奥：　将我这个弃婴捡回，并收留、教导、抚育我长大之人。诚然，他虽然不是赐予我生命的人，却是养我性命的人。若非他大发慈悲，我也难得存活，即便我并非他的亲生骨肉——这条贱命自是该为他赴那险境。

乌拉尼娅：［自言自语］好一颗感恩、正派、高尚的心啊！

蒙代奥：　你且注意安全。［欲离去］

乌拉尼娅：慢着，你听我说！

蒙代奥：  公主有何吩咐？

乌拉尼娅：我当真可以吩咐你做事么？

蒙代奥：  一试便知。

乌拉尼娅：我相信你，[含情脉脉地] 你离开前记得跟我交代一声，不要太过于铤
　　　　　而走险，你这般美满的生活不应被大肆侵扰。

蒙代奥：  啊我的爱人！啊我的老天爷！你是爱着我的！

乌拉尼娅：什么？我？我何曾说过爱你？

蒙代奥：  你这般忧惧，这般未雨绸缪，这般满面怜悯，这般双颊通红，已经无须
　　　　　赘述了。

乌拉尼娅：啊，蒙代奥！现在知晓此事对你又有何用呢？

蒙代奥：  全然无邪的欲望能够怡然自得，而爱情的热忱亦是别无他求。

咏叹调 ( 唱词 )

哦！初恋逆现柔光，

双眸怜情荡漾，

如此美丽动人，

烦请侧目会神。

冀望就此屡足，

吾心情深意切，

在此求得欢情，

除此再无他想。[ 退场 ]

第四场

乌拉尼娅上，莉森加随后

乌拉尼娅：我真是没用呀！儿女之情终是战胜了我的严苛之心，但这是重拾德善之
　　　　　义，又怎算犯了滔天大罪？方才我本该伪装一下，然而恋爱之人又该如
　　　　　何去佯装技巧？如若有谁能在自欺欺人中掌握虚情假意的精湛技艺，好
　　　　　啊！那便请他来教教我罢。[ 消沉 ]

莉森加：  乌拉尼娅，你在这儿啊！都到了这般田地，你反倒要弃你的姐妹我于不
　　　　　顾？我从未像今日这般，亟需旁人的援手与良策妙计。也罢！你不懂
　　　　　爱，不然你见我受此煎熬，又怎会不心生恻隐之情。

乌拉尼娅：你在冤枉我，你绝对想不到我有多么感同身受。

莉森加：  那便帮帮我罢，我身上再也没有多余的力气去猜忌了。我心里真是五味
　　　　　杂陈，情绪瞬息万变，我期望，斟酌，惊惧，思虑，抉择，懊悔，同时
　　　　　又与那千头万绪的疑心忧惧相互纠缠，直惹得我迷惘，疲倦，但便是如
　　　　　此，我还是没能下定决心到底该怎么做。

乌拉尼娅：你听我说，我若是你，我便给父王写信，向他透漏我心之所属。父王他那么爱你，大可不必担心他会弃你于不幸之境。

莉森加：这倒是真的。[思索，继而下定决心道]我决定了，你去替我叫来鞑靼使臣，同时我赶紧写封信给父王。[离去]

乌拉尼娅：我这就去办。[欲离去]

莉森加：唉！先别走。[犹犹豫豫，拦下乌拉尼娅]在使臣到来之前，谁又能来保护我呢？利昂戈定会强迫我与那继承人——

乌拉尼娅：那你便自行去找利昂戈，向他交代清楚，让他应你的要求推迟婚姻。

莉森加：那我们快去办罢——[走了两步，再次拦下乌]然而我该用什么理由去提此要求？告诉他我已有恋人了么？这真是件难事，唉！最起码要寻个好理由——但是西维诺如今又身在何处呢？[满心焦躁]他为何不来找我？

乌拉尼娅：他不忍心出现在你面前。

莉森加：这么说你是已经见过他了？

乌拉尼娅：没错。

莉森加：他与你说了什么？他现在又在想些什么？

乌拉尼娅：他打算逃离这个地方。

莉森加：苍天啊！这又是何故？

乌拉尼娅：他因你两的苦痛而感到忧惧，便不想再继续承受这——

莉森加：他已经走了么？[忧心忡忡]

乌拉尼娅：我不清楚。

莉森加：你不清楚？[不满]那这——呜呼！好一个背叛！这等大事你竟要瞒我！来人！[两个鞑靼人上前]去给我找到那西维诺，快些带他来见我。[鞑靼人离去]

乌拉尼娅：啊！冷静些，或许——

莉森加：容我自己待一会，[不满]从我面前走开。

乌拉尼娅：啊，别这样！姐姐啊——

莉森加：姐姐！呵！休要给这个词抹黑了，你可是待我最残忍的仇家。你这铁石心肠，老天既没有给予你爱的情感，也没有给予你享受友情与忠诚的能力。

乌拉尼娅：你竟这般冤枉我，我也有失去的东西，我也在滔天的恐惧中迷茫，若你无罪，那我也无过。你对我如此不公！为了你，我弃自己的愁情于不顾——而这就是你给我的回报么！待着罢！你自己一个人待着罢！[欲离去]

莉森加：啊别这样，原谅我，原谅我，亲爱的乌拉尼娅，我这苦命叫我发了狂——去罢，帮帮我，休要让西维诺离开。唉，快去罢！我这副愁态、我这张泪颜还不能说服你么?

乌拉尼娅:我这就去,但在此期间,你且不要灰心丧气。

### 咏叹调(唱词)

波涛浪潮共迭生,
电闪雷鸣伴冲天,
苍天大地怒合谋,
迷途船夫心无望。

若失镇定与希冀,
定遭海吞复浪噬。
唯有镇定加胆魄,
方得云开见月明。[退场]

## 第五场
### 莉森加上,利昂戈随后

莉森加:我若离开西维诺,苍天啊,我又会怎样呢!我这般独自发愁——

利昂戈:公主!我终是可以公然向你尽职了,至今我都还是仅仅在心中向你表忠。今日,你莉森加便要成为我的统治者;今日,你便是天上最耀眼夺目的那颗星;是了,今日,你便要在那皇宫的婚床之上——

莉森加:你给我听着,利昂戈!你把你的德行用在为国运谋福祉上,这我没意见;但别用它去强迫他人的心意。人心容不得旁人摆布,我会由着自己喜好来决定自己的命运,你还是去天上另寻一颗星罢,再见。

### 咏叹调(唱词)

纵使情爱伤我心,
我也决意自裁决,
掌控命途主沉浮,
救灵魂于水火天。
爱无自由与本性,
欢愉喜乐剩几何?[退场]

## 第六场
### 利昂戈上,西维诺随后

利昂戈:我只求莉森加能回心转意,哎呀,当是因那些鞑靼人的到来,才让她变得这般放肆大胆。[一贵族男孩上前]你带来了什么?一封信!拿来给我,

退下罢。[男孩递信后退场，利昂戈读信]

西维诺：我那亲爱的莉森加，[满心疑虑，未注意到利昂戈]她想让我去见她，但是一靠近她，我便禁不住冒汗、颤抖，我不能见她啊，我是否该违抗一次她的命令呢？

利昂戈：老天慈悲！[自言自语道]和平终于要来了，鞑靼人助我镇压暴民的援兵终是来了。[继续读信]

西维诺：[仍满心疑虑，未注意到利昂戈]莉森加她，她要我去——[看见利昂戈]是父亲！不行！万万不可让他看见我这等慌乱之相。[欲离去]

利昂戈：慢着，西维诺！[看见西维诺，西停下脚步]别走！[自言自语]这真是老天派他来的。

西维诺：[远远站着，同样自言自语]我该和他说些什么呢？该如何恳求他的原谅——

利昂戈：我的主啊！[靠近西，欲跪下]

西维诺：父亲！您这是干什么？[将人扶起]

利昂戈：我可不再是你的父亲了。

西维诺：为何？您在哭？这可真是折煞儿臣了！这般失望的泪水可是因儿臣的过错而流？

利昂戈：我再没有儿子。

西维诺：我懂，我懂！您在责怪我心中的狂妄爱意。请原谅我，但莉森加她当真是我景仰的偶像，这罪虽深，然歉意更甚。我若只能看着她，却不能爱她，您猜我会有什么感觉？

利昂戈：尽情爱她罢，敬慕你那未过门的妻子，可谓合情合理。

西维诺：父亲哪！唉！这等讥讽对我的过错来说也颇为过火，我又何曾不知那皇位的继承人已被钦定。

利昂戈：那继承人便是你。

西维诺：什么？

利昂戈：你便是那继承人。你幼时因我搭救而死里逃生，迄今都是我代你掌权。为了终有一日能将这王位奉还于你，我从未停止过嗟叹；这一日终是到来了，我也活够了！

西维诺：我！——您当真不是在骗我？

利昂戈：句句属实，你便是利维亚诺皇帝的儿子、王室的遗孤——西维文戈斯。

西维诺：那这皇位？

利昂戈：这皇位自是留给你的遗产。

西维诺：那莉森加？

利昂戈：自是你那未过门的妻子。

西维诺：哦！妻子！苍天呐！哦！我这般欣喜若狂！坏了！我的心上人她还不知道

呢。[欲离去]

利昂戈：这是急着去哪儿？

西维诺：去找她啊。

利昂戈：先别去，你若是爱我，便别摆出这副急躁模样，为此感到知足罢，并且还要想想——

西维诺：哦，老天爷啊！现在莉森加还在因此落泪呢。

利昂戈：为了使她心安，我会亲自将这消息告诉她。与此同时，内阁大臣、僧人及部队将领们正被召集赶往宗庙，你先回自己的住处，在那里等我，并着手为未来的负担做好准备。要思量清楚，作为西维文戈斯，你是要给百姓呈现一个慈父还是严君的形象，你所现有的财富是仅能勉强维持国家生计，还是能使得国运安康。普天下都将看到你的所作所为，故而普天下都将成为审判你的法官。你在位时，不论言行好坏都会被有心之人视作罪行与恶习，当然也会有人将其上升为美德而大加赞赏。你该如何与各方各派各般人士相处？此外，还有天上的那一位，他将统治权力托付于你，自然你也要受他问责，那些德行如他一般的人才得以代表他，才得以被抬举为人间的统治者，以造福众人，而那些不如他的，则会被踩低打压。

西维诺：是的，我亲爱的父亲，我将会做到的——您会见到的——啊！我本还有很多话要说，关于那莉森加——那皇位——还有您行的那些善事——

利昂戈：无须迷茫，这一切我都理解，哦，我的主子啊！

西维诺：您称我为您的主子？啊！别这样，还当我是你儿子罢！哦！这称号可是我最大的财富了，没有您又哪会有我？您对我来说便是一切，是父亲、恩人、师长，也是好友，我欠您我的感激、敬重、爱戴、忠诚，还有罪过——

利昂戈：休要说了，哦我儿！[温柔地拥抱西维诺，然后带着敬意后退]可谓是情到深处，我有些失态了。

**咏叹调（唱词）**

吾皇呵！吾之名誉呵！

吾儿呵！吾之财富呵！

原谅这爱深责切，

凭它也叫我心碎。

血因你喷溅大地，

泪因你倾泻成洪，

纵使万事一场空，

拥你入怀仍心喜。[退场]

## 第七场

### 西维诺上，蒙代奥匆忙跟上

西维诺：噢！这般的巧合！噢！这等的愉悦！啊！当我的莉森加知晓此事后，她又将会作何感想呢？

蒙代奥：伙计！［忧心忡忡道］你现在方便说话么？

西维诺：但说无妨，这儿只有我在。

蒙代奥：这诡谲的命途之果啊，唉，这般的陌生！唉，这等的难料！

西维诺：你这是又碰上了什么糟心事？

蒙代奥：继承人终是定了下来。

西维诺：你怎的这么快就得知了这个消息？

蒙代奥：又是谁这样快就将此事告诉你？

西维诺：是利昂戈。

蒙代奥：哦？你能想象么，你的好友我——蒙代奥——竟然是一位储君？

西维诺：你说谁？

蒙代奥：我啊，我是皇帝利维亚诺的儿子！

西维诺：你？

蒙代奥：是呀，所以我特地跑来将这惊喜的意外告诉你，我还以为我是第一个知道此事的人。既然你已听说，我便不必再多作停留，我现在必须要去到别的地方。

西维诺：你先听我说，啊天哪！谁这样告诉你的？谁说你是那西维文戈斯？

蒙代奥：是老阿尔辛格斯。

西维诺：就是那位将你这弃子——

蒙代奥：为保我的性命，他将我冒充为无名之辈，但不久前，他向我挑明了我的身份、这场无疑的考验，还有我的名字，先暂别了。

西维诺：先与我说说。［自言自语］我真是百感交集，阿尔辛格斯为何至今都守口如瓶？

蒙代奥：因为皇位至今空悬并无变故，此外，阿尔辛格斯是特意等到我有能力不受任何人的威胁时，才揭开了这个秘密。

西维诺：那他为何偏偏选择今日挑明此事？

蒙代奥：因为今日那皇位差点就要传给利昂戈了呀，呃嘿！你可真该瞧瞧那些刚得到这消息的官员们是如何哄诱我，又是如何设法骗取与我的交情——唉，我再耽搁可是会引起骚乱的，来，西维诺，让我抱一下。［拥抱西维诺］先暂别了！你要知道，在任何情况下，我都会一如既往地偏向于你。

西维诺：再等等，我——

蒙代奥：朋友！等不了了。［匆忙离开］

## 第八场

### 西维诺上，莉森加随后

西维诺：公正的上苍啊，我这是遭受了什么啊！我究竟是西维文戈斯还是西维诺？我这是身在何处？我又是谁？我的父亲戏耍我？我的好友背叛我？

莉森加：啊，我的爱人！[喜出望外]啊，我的郎君！啊，我的君王！你再也不单是我一个人的了。

西维诺：[迷惘地自言自语]我现在这般惨不忍睹！我该和她说什么？我若具以实告，这与杀她又有何异？

莉森加：今日我这欢愉，便是神仙来了都不换，今日你我就要——可你为何脸上毫无喜色，我唯一的爱人？

西维诺：[迷惘地自言自语]我真正是有苦难开口。

莉森加：发生了何事？怕是你不再爱我了？

西维诺：[迷惘]我爱慕你，我敬仰你，你是我的魂呐。

莉森加：你与你的父亲谈过了么？

西维诺：是的，谈过了。

莉森加：他没同你说，你便是那西维文戈斯么？

莉森加：同我说了。

莉森加：而我便是你那未过门的妻子？

西维诺：这也一并说了。

莉森加：那你为何还要这般愁苦？快同我说说。

西维诺：啊！我的爱人，我简直是为悲苦而生。

### 咏叹调（唱词）

莉森加：

当你加冕为皇，

当我过门为妻：

为何呀，好儿郎？

反称为悲苦而生？

西维诺：

皇冠落入谁手，

佳人奔赴何处，

尚且不明不白，

唯我妄言妄语。

莉森加：天哪西维诺！你把话交代清楚！

西维诺：我——啊，我也不知道——暂别了！[自言自语道]我真不知道该说些什么。

莉森加：

你这个负心汉！

你要弃我而去？

噫呵！是神下这通牒：

叫我风里雨里，

如此声泪俱下，

这般死去活来。［退场］

## 第三幕

### 第一场

皇家花园中一处僻静、荫凉之地

莉森加上，西维诺携中国士兵随后

**咏叹调（唱词）**

莉森加：

噫呀！命运弄人为哪般，

爱生阴诡胆生寒，

从头到脚难幸免，

满天繁星携厄运。

西维诺：莉森加！谢天谢地！我可算找到你了。［满心忧愁］

莉森加：为何如此匆忙？为何这般不安？为何带着这么多兵器？

西维诺：［向士兵们］哦，我的弟兄们，我与你们的英勇还有忠诚同在，我们一同向着那塔楼处前进，我们顺河道而行，时刻要密切防守其安全；而你，莉森加，你随他们先行一步，在那安全之地等我，不多时我便会回来找你。

莉森加：西维诺！啊老天！现在又是什么危险将近？你要赶去哪里？

西维诺：乱民泛滥于各路，他们要借着起义自行拥立新帝入宫，因而要赶紧去镇压这件荒唐事。

莉森加：听我说，你要么留下来，要么带我一同前往，那样至少我能死在你身旁。

西维诺：啊！你的安危只会致我身陷囹圄，我的心会因此变得风声鹤唳、草木皆兵。冷静一点，要不了多久我便会回来。

莉森加：啊，老天！我怎么保持冷静！你可是上赶着要去抵抗那武装暴民的愤怒哩。

西维诺：啊不，愚蠢的暴民们正与皇宫的大门较劲哩，我当顺着河流的方向，自反方向突围到大门，带兵从侧翼打他们个措手不及，不过片刻的工夫，便能让那些毫无作战经验的民兵落荒而逃——怎么会！你哭了！——唉！休要操心我的安危。

莉森加：你是想我带着镇定无畏的一双眼，眼睁睁地看着你去赴死么？

西维诺：胜利的曙光已经在向我招手了，所以别哭了。

### 咏叹调（唱词）

唉泪人呐！停下这啼泣罢，

你若不哭，便算我胜利了，

你的泪水，叫我更添忧愁，

勇气无存，唯剩于心不忍，

起码不要叫我看见，

旧愁切莫再添新痛，

便偷着乐罢，我这心胸，

已被你的爱所填了个满。[退场]

### 第二场
莉森加上，利昂戈携士兵随后

莉森加：哦，你们这些神灵呐！可要好生照看他呀！[欲离去]

利昂戈：怎么看着如此迷茫？莉森加，你这是要去哪里？

莉森加：你又在做什么，哇大人！你怎能如此从容？这城里尚处于暴乱之中，皇宫也危在旦夕，一个不知打何处来的宫外皇帝又——

利昂戈：放宽心，这一切——美丽的莉森加——都尽在我的预料之中。

莉森加：何以见得？

利昂戈：要知道，你那伟大的父亲，他已经应我的请求派了数量可观的鞑靼战士给我，他们不久前便已抵达，已经向着城市方向迈进了。

莉森加：那叛民们何时会突围城墙涌入宫内？若救援来得不及时，又无人防护，我们定要惨遭杀害。

利昂戈：精兵部队正围守着皇宫哩，蒙代奥则是此次的统兵将领；我们自是可以信赖蒙代奥的忠诚。

莉森加：那为何西维诺要急着去赴险？

利昂戈：急着去赴险？此话怎讲？

莉森加：他要走水路去伏击叛军。

利昂戈：[向着守卫们，镇定自若]守卫们！速去接应，护他返城。

莉森加：[望着部分已整装待发的守卫们]天啊！

利昂戈：要他克制自己那轻率暴烈的心性，于他来说是何种的煎熬！从现在开始，公主呀，你予他的关怀便是一剂良药，我希望一个热忱的妻子会是一位比我更好的良师。

莉森加：怎么！老天终于还是——

利昂戈：老天冥冥之中自有主宰，任是何种狂风暴雨都会烟消云散的，我们都会安全抵达港湾。

莉森加：啊！你给我吃了一颗定心丸。

**咏叹调（唱词）**

本是多事秋，

无意喊冤屈，

绝不！山崩色不改。

将情托于你，

只求成双对。

真心换假意，

欣然以为乐，

愚骗亦无妨，

相思已成疾，

但求暂欢愉。［退场］

**第三场**

*利昂戈上，乌拉尼娅随后*

利昂戈：好啊！等众人都到宗庙集合之后，便差人来报我。［留守士兵中一人离去］从现在起，我真觉度日如年——

乌拉尼娅：在哪儿——啊利昂戈！——［担惊受怕］我的姐姐在哪儿？啊！告诉我她在哪，保护我们罢——叫我们逃走罢。

利昂戈：你到底——哦公主啊！对这妇人之惧你岂不知羞！

乌拉尼娅：没错，你的冷静着实［讥讽道］值得称道，但如今罪民的暴乱之势——

利昂戈：在这戒备森严的深宫高墙里，你又在怕些什么呢？

乌拉尼娅：深宫高墙！天哪你怎生这般昏聩糊涂！我，我，我可亲眼见到那宫门被攻破。

利昂戈：什么！那些守卫干嘛去了？［怀疑］

乌拉尼娅：没一个守卫在抵御，根本就没人抵抗，甚至没人舞枪弄剑。

利昂戈：老天爷啊！那蒙代奥现在到底在做什么？他在哪里？

乌拉尼娅：蒙代奥很快便要登上皇位了。

利昂戈：蒙代奥？你在说什么？可是在说我那忠实的蒙代奥？

乌拉尼娅：怎么！你不知道他是起义民众的头目兼领袖么，是那所谓的宫外皇帝么？

利昂戈：我这是听到了什么！

乌拉尼娅：现在继续盲信你那些近乎自欺的花言巧语罢，天哪他逼近了，我们要快些逃离他的盛怒，他就在那边，这下我们可无望了。

## 第四场
### 蒙代奥　利昂戈　乌拉尼娅

利昂戈：　　［亮出剑，向蒙代奥走近］啊你这个叛徒！

蒙代奥：　　［举止端庄］为何要亮出此剑？

利昂戈：　　奸臣！逆贼！不仁不义！狼心狗肺！

蒙代奥：　　［举止端庄］您可是在说我？哦大人！

利昂戈：　　这就是我这一片操劳心的回报么？你就是这样报答我的恩情？竟敢觊觎你主人的皇位，这绝无可能——还活着呢，我利昂戈还活着呢，你这缺德鬼！好啊！不榨尽你这恩人的血，你绝无法登上皇位！只要我这双眼还能得见天光，我便会守护这王位——而你绝不会得逞。

蒙代奥：　　至少容我解释，可怜可怜我这人罢，还请听我一言。

乌拉尼娅：［满是同情］啊！至少让他解释一下。

利昂戈：　　他又能说出什么花样来？

蒙代奥：　　大人！有人宣称我便是那西维文戈斯，暴民们则信以为真，我于是将计就计，而这次的起义一事——

利昂戈：　　就是你，一个假仁假义之人！就是他们的头目。

乌拉尼娅：如果你总是这样打断他，［同情而激动］他又该怎样向你解释清楚。

蒙代奥：　　我该直接弭平这动乱，还是应继续将计就计？我是来向您寻个主意的。

利昂戈：　　笑话！全副武装的民众都追随着你，你还将我托付于你的皇宫大门敞开。

蒙代奥：　　大人，宫门已经封守住了，也没人追随我，我是独自一人来找您的。

利昂戈：　　但乌拉尼娅她说——

乌拉尼娅：我看到了门前汇集的一众暴徒，又在其间看到了蒙代奥，我还能怎么想呢？

利昂戈：　　原来是这样！

蒙代奥：　　您永远是为我、为我朝谋得幸福承平的仲裁者。

乌拉尼娅：［自言自语］如此说来，那他的身份——我还是不该爱他。

蒙代奥：　　我，以及这个国家，都由您来审讯、察验、裁决，哦大人！王位继承一事仍悬而未决，我愿为了全民的安定而牺牲。［欲将剑放在地上，却被利昂戈夺去］

乌拉尼娅：［自言自语］这是怎样一个值得敬慕的英雄啊！

利昂戈：　　我的孩子，我可真是冤枉你了，你这超乎寻常的美德真叫我心生歉意，你的美德有目共睹，甚至超出了我的期望。［将剑交还］

乌拉尼娅：现在便告诉我罢，他当真不是皇帝？

利昂戈：　不是，公主。亲爱的蒙代奥，随我到庙里去罢。我将在那里当着上苍的面，向你坦白那王位的继承人，你是朝廷的支柱与荣誉，是我那忧劳和汗水的甜美回报——但皇位却不是你的。

**咏叹调（唱词）**

你既不是也不能称帝，

你不戴桂冠只是过客，

便是没有这巍巍帝国，

你也仍似一位统治者。

我谨以你的心灵为例，

在你那赤子之心当中，

人们在那能寻到一切，

一切，他们望而兴叹的品行。［退场］

**第五场**

乌拉尼娅　蒙代奥

蒙代奥：　我太抬举自己了，误认为自己能够得到皇位从而配得上你，但是——

乌拉尼娅：便是没有皇位，蒙代奥你也配得到我的敬爱。我不需要得到其他幸福的馈赠，这纯粹是多余的；我只需占有你的心，便是拿普天下的权力给我，我也不换。

蒙代奥：　呜呼！此生何其幸也，这凡尘俗世间还有谁能如我这般幸福？我的欢愉、我的敬仰、我的爱人、我的希望——

乌拉尼娅：我们这就去宗庙罢，利昂戈还在那里等着哩。

蒙代奥：　好，你先行一步，我马上便与西维诺一同赶过去。［欲离去］

乌拉尼娅：等等，西维诺现在不在宫中，天知道他何时能回来。他先前——就在那——那河水流经的地方，他不久前便去镇压那处的暴乱了。

蒙代奥：　啊这可如何是好！我煞费多少苦心去驯服那些愚蠢的暴徒，我曾亲自予他们以谈和的承诺，他却再次前去激起新的忧愤，啊！请允许我前去救他于水火。

乌拉尼娅：为了西维诺，你便要离开我？

蒙代奥：　他尚处于危险之中，而你——我的生命——你并没有。

乌拉尼娅：哎呀蒙代奥！这岂不是证明你还不够爱我么？

蒙代奥：　怎见得呢？这摆明了是我会爱你更长久的最好证据：一个无情的朋友绝不会是一位可靠的恋人。

**咏叹调（唱词）**

向来幼鸽之巢穴，

同样亦有蛇滋生，

若对友人行伪善，

儿女之情岂能真？

忠心义胆两相生，

此事无关情与责。［退场］

## 第六场

乌拉尼娅一人

乌拉尼娅：［独自一人］我若是耽溺于这可悲的爱情海，因爱惶惶而变得愚蠢至极，那蒙代奥怕是会因此蔑视我，继而咒骂我。

**咏叹调（唱词）**

爱之愈深，

痛之愈切，

噫！这般愁苦，

至死方休。

前有悲戚，后有折磨，

却道这般，甜蜜神圣，

倏然之间，美事纷呈，

要争一个，你先我后。

## 第七场

一座灯火辉煌的巨大皇家寺院的大殿内部。宏伟的建筑结构与富丽装潢彰显出中华民族的天赋及文化，其间可见中国和尚、文臣武将、帝国显贵臣子及守卫们，而在幕帘拉开时站在台上的那个人便是利昂戈，他带着不满听守卫向他通报，继而走上前来的是莉森加。

利昂戈：你们这些蠢货！现在才来与我通报西维诺至今生死未卜？我们快走！
　　　　［欲走］你们这些怕死鬼快随我去保护西维诺。

莉森加：太迟了，已经太迟了。［啼哭］

利昂戈：何出此言？

莉森加：他已经不在人世了。

利昂戈：什么！他死了！这话从何而来？

莉森加：这双眼！哦诸神啊！这双眼，我在塔顶看到城垛那边——啊我——见他正匆忙——却被袭击——我本指望——我虽抱有侥幸——啊！我有口难言。

利昂戈：呜呼！我心如刀割。

莉森加：他和一些士兵被人群逼至角落遭受围袭，后来被驱赶到河岸边，跳上一艘小船，独自一人面对众多暴徒，他是多么英勇果敢！最后暴民还是冲破防线，涌上了小船。他承受了来自四面八方的攻击、殴打、袭刺，继而被赶下了船，在河面上漂浮了一阵子，最后面色苍白地沉入河里。

利昂戈：我的坚持竟败给了这惨绝人寰的意外，我们中国人已经丧失了我们的皇帝，枉我这些年的忧虑苦劳！铁石心肠的神啊！我这一把年纪又是作了什么孽，要受此惩罚？我这荣誉，我对上苍的忠诚只配承担这痛苦而漫长的一生么！啊！西维文戈斯，我这一介忠臣的柔情悲悯对你又有何益？啊神仙们呐！我宁愿放弃这个帝国，为了换回你的性命，我曾为此牺牲了自己的亲生儿子，而如今——[悲痛欲绝]

### 咏叹调(唱词)

我当为谁活，
吾皇今已逝。


啊！愿以命抵命！


愿为君陪葬，
我当为谁活——


### 第八场

乌拉尼娅　利昂戈　莉森加

乌拉尼娅：啊利昂戈！来听听我给你带来了什么新消息！

利昂戈：我已经知道了，别说了！我都知道了！西维诺已经死了。

乌拉尼娅：还活着，西维诺还活着哩！

利昂戈：哦老天啊！

莉森加：是哪路神仙救了他？

乌拉尼娅：自是他那忠实的蒙代奥。

利昂戈：你说什么？

莉森加：此话当真？

乌拉尼娅：当然啰，他恰好及时赶到，把西维诺从那滔滔河浪与那群亟于复仇的暴徒手中救了出来。

利昂戈：快出发！士兵们，前去接应，打他们个片甲不留。

乌拉尼娅：已经没有这个必要了，毕竟暴徒们面前是皇宫，身后则是鞑靼人，在蒙代奥稳住了民心后，就不再同之前那般了；他们现在只想要他们的皇帝上位，一直以来名正言顺的那位皇帝。

利昂戈： 但西维诺又在何处？

乌拉尼娅： 他已经到了。

## 第九场（终场）

西维诺，蒙代奥，乌拉尼娅，利昂戈，莉森加，一众中国随从，其中二人举着盛有皇子衣裳的盆钵。

利昂戈： 啊！快来，看见你可真叫我欢喜，［走向西维诺］你便是我这一生惨淡岁月里的光辉与支柱，过来罢，我的皇帝。

西维诺： 我还是您的儿子，但这皇位，哦大人！它并非我所应得之物，这怕不是在抢我那救命恩人的东西，这皇位的合法继承人该是蒙代奥，他可是证据确凿，这点已毋庸置疑。

利昂戈： 那便看看这个罢，读后再告诉我，我这个证据可否比得上他那个？［递给他］

西维诺： 这封文书出自谁手？

利昂戈： 出自西维诺你那伟大的生父。

蒙代奥： ［自言自语］那我现在到底是谁？

西维诺： ［宣读］臣民听令！朕之子乃是西维诺，一位忠诚的英雄曾救他逃离死亡，朕便是这一切的见证人；这位英雄便是利昂戈，这一切也是他所为，相信他罢。利维亚诺手谕。

利昂戈： 这证据，对你来说可足够？

西维诺： 我已茫然失措！那告诉我，你们上前来，［举着盆钵的中国随从上前］告诉我，您可还认得这染血的皇子衣裳？

利昂戈： 噫！天啊！我这是见到了什么！这物件又是怎么落到你手里的？

西维诺： 您对此应该并不陌生，多年以前，当叛民的乱矛刺穿这衣裳时，这里面裹着的难道不是那西维文戈斯么？

利昂戈： 啊苍天！不，他并不在那里面。［情绪激烈］

西维诺： 怎么会呢？

利昂戈： 那里面是我的儿子。

西维诺： 您的儿子？是谁把他裹在里面的？

利昂戈： 是我自己，我眼睁睁地看着我儿好端端代你送了命——这便是那场骗局，为的便是保全这个帝国的合法继承人。

西维诺： 啊呀！这等前所未有的美德！

莉森加： 天呐！这等英勇的忠诚！

西维诺： 但这却牺牲了您的——

利昂戈： 啊！可别再说了！为何要让这喜庆日子因悲苦回忆而变得如此阴云密

布！啊！快些把这衣裳端走，别让我见着那血，凭这父母之心终究再也无法抵挡这情景。看着我儿落入残暴的侩子手手中，那场面实在惨目，他虽不曾说话，却向我伸出那伤痕累累的小手，像是在向我求救。我看到，哦苍天！看到那绝情的一剑砍在那娇嫩的脖子上——这一切，这一切都被我亲眼——

蒙代奥：　我的父亲！亲爱的父亲！我便是您的儿子呀。[带着热情与温柔亲吻利昂戈的手]

利昂戈：　你这又是在干什么？

蒙代奥：　我便是您的儿子呀，老阿尔辛格斯把我救了下来，他本以为自己救了那裹在皇衣里的皇子。这些留下来的伤疤就是证明，看呐[向利展示自己手上及脖子上的伤痕]，您便是我的父亲。

利昂戈：　扶着我——我站不稳了——[人们上前扶住他]

乌拉尼娅：哦你们这些神灵！

莉森加：　哦苍天！

西维诺：　啊呀朋友！[向蒙代奥]你可是夺走了我挚爱的父亲。

蒙代奥：　但却还给了朝廷以一位德行相配的皇帝。[指向西维诺]

西维诺：　还给我！把父亲还给我罢，拿走这江山便是。[将利昂戈的手按在自己胸前]

利昂戈：　我的孩子们，亲爱的孩子们啊！[相继拥抱二人]行行好，都别说了，我的心已无力再去忍受更多柔情的侵占。仁慈的上苍啊！现在便随你喜好向我下令罢，我已找到了儿子，也保全了我的皇帝，现在我可以安然死去了，因为我已无谓地活了太久。

### 合唱

在这普天之下，世世代代，都将铭记：
一位帝国英雄，耿耿忠心，旷古未有。

### 全剧终

# 中国人或命运的公正

### 一部悲剧①

[德]弗里德里希　著②

张桐瑜　译

## 前　言

中国人是东方最为文明的一个民族，他们自古以来就有了戏剧：他们有着数量可观的戏剧演员；就像希腊有着大量客座画家、歌唱家、舞蹈家一样，中国人也有着自己的戏剧演员，他们会为客人们登台演上一出戏，其中大多是悲剧，他们那丰富的历史为此提供了大量素材。他们借此重新证明了一件事，即良好的礼仪和美好的未来是分不开的，总是彼此促成的。

本剧便取材于一部中国戏剧原著，伏尔泰先生也曾为此创作过一部悲剧，那现在便来看看他是怎么说的：③

"这篇悲剧，我是不久前读《赵氏孤儿》想起来的，这是篇中国悲剧，曾由马若瑟神父译出来，载在杜赫德神父出版的《全志》里。这个中国剧本作于14世纪，就是在成吉思汗朝：这又是一个新的证据，证明鞑靼的胜利者不改变战败民族的风俗；他们保护着在中原建立起来的一切艺术；他们接受着它的一切法规。

这是一个伟大的实例，说明理性与天才对盲目、野蛮的暴力所具有的优越性；而且鞑靼已经两次提供这个例证了，因为，当他们20世纪初又征服了这个庞大帝国的时候，他们再度降服于战败者的文德之下；所有民族，由世界上最古的法制治理着；这个引人注目的大事就是我的作品的最初目标。

称为《赵氏孤儿》的这篇中国悲剧是从这个国家的一个庞大的戏剧总集里抽出

---

①　基金项目：本文系国家社科基金一般项目"中国文学在17—18世纪德国的传播与'中国故事'的多元建构研究"（项目编号18BWW069）的阶段性成果。

②　本文根据哥廷根维托尼乌斯·博西格尔出版社1774版（Friedrichs, *Der Chineser oder die Gerechtigkeit des Schicksals. Tragödie*, Göttingen：Victorinus Boßiger, 1774）译出。

③　取自伏尔泰献给黎希留公爵元帅的悲剧《中国孤儿》献词。

来的：这个民族三千多年来就研究这种用言行周旋来妙呈色相、用情节对话来劝世说法的艺术了，这个艺术，稍迟一点又被希腊人发明出来。因此，诗剧只是在这与世隔绝的庞大中国和在那唯一的雅典城市里才长期地受到崇敬。罗马只是在四百年后才讲求诗剧。如果你要在那些号称善于发明的民族如波斯人、印度人那里去找，你是找不到的；戏剧从来没有在他们那里发展起来。亚洲只满足于皮尔贝①和罗克曼②的寓言，这些寓言就包括一切道德，用比喻来教育着一切民族、一切时代。

从表面上看，在使禽兽说话之后，再使人说话，把人搬上舞台，构成戏剧艺术，其间只不过一步之差；然而，这些奇巧的民族却根本不曾想到这样做。由此可以推断，只有中国人、希腊人、罗马人是古代具有真正社会精神的民族。可不是么，要发展人的社会性，柔化他们的风俗，促进他们的理性，任何方法也比不上把他们集合起来，使他们共同领略着纯粹的精神乐趣：所以，我们看到，彼得大帝刚一开化俄罗斯，建成了彼得堡，就建设了许多剧院。德意志越进步，我们就看到它越接受我们的戏剧：20世纪没有接受戏剧的少数国家都是被遗弃于文明国家之外的。

《赵氏孤儿》是一篇宝贵的大作，它使人了解中国精神，有甚于人们对这个庞大帝国所曾作和所将作的一切陈述。诚然，这个剧本和我们今天的那些好作品比起来，蛮气十足；然而，和我们14世纪的剧本相较，却是一个杰作。我们的行吟诗人，我们的"法吏剧社""莫愁儿剧团""傻婆子剧团"③都断然抵不上这个中国作家。我们还要注意到一点：这个剧本是以官话写成的，这种官话至今未变，而我们路易十二和查理八世时代的语言，我们今天几乎是无法听懂了。

人们只能拿《赵氏孤儿》和17世纪的英国和西班牙的悲剧相比，这些悲剧今天在比利牛斯山那边和英吉利海峡那边还依然受人欢迎。中国剧本的情节延长到25年，正如人们称为悲剧的莎士比亚和洛卜·德·维加的那些畸形的杂剧一样；那是许多令人难以置信的事变的堆砌。赵氏的敌人先想谋杀赵氏的家长，放出一匹獒犬去扑他，诡称这獒犬能辨别忠奸，就像在我们的国度里雅克·艾玛尔④能用魔棒辨识窃贼。然后他诈称皇帝的命令，送给他的仇人赵氏一根绳子、一剂毒药、一把短刀：赵就照例唱起来，刎颈自杀，因为世上任何人对中国皇帝都天定地是要服从的⑤。迫害者杀死了赵氏三百口。公主变成寡妇了，就生下了孤儿。因为那迫害者在盛怒之下，既杀绝了全家，还不放过摇篮里这唯一的孽子，所以有人就把这个婴

---

① 皮尔贝(Pilpay)，印度传说中的婆罗门，是印度最早的寓言作者。

② 罗克曼(Lokman)，阿拉伯传说中的君主。有寓言传世，伊索曾模拟过他。

③ "法吏剧社""莫愁儿剧团""傻婆子剧团"，都是法国14、15世纪的民间戏班。

④ 雅克·艾玛尔，法国当时的江湖卫士。

⑤ 伏尔泰先生有一个有趣的想法，在我看来，这想法却是用错了地方。这种处死人的方式，同样是罗马皇帝经常使用的方式，帕特乌斯和塞涅卡便是这样死去的。

儿藏起了。这个殄灭者于是命人杀尽附近村庄的一切儿童，好让这孤儿也丧命于这场普遍屠杀之中。①

人们简直以为看到《一千零一夜》搬上舞台了；但是，尽管令人难以置信，剧中却趣味横生；尽管变化多端，全剧却极其明畅：这在任何时代、任何国家都是两大优点；而这种优点，很多现代剧本都是没有的。诚然，这篇中国戏剧并没有其他的美：时间和剧情的统一、情感的发挥、风俗的描绘、雄辩、理性、热情，这一切都没有；然而，如我已经说过的，这部作品依然优于我们在那相同的时代所作的一切。"②

伏尔泰先生的话就到此为止吧。新生的孤儿被一位医者救下，他用自己的亲生孩子代替孤儿被追杀者所害；正是剧中的这一片段，为伏尔泰勋爵提供了其悲剧的素材。只不过这部中国戏剧并未到此就结束了，那位被救下的孤儿反被追杀者所收养，二十年后，这名孤儿知道了自己的真实身份，也认清了其养父的暴虐恶行，于是便为自己的家族报仇。

对于这故事来说，我并不像伏尔泰先生那般，觉得它如此难以置信；由于某些习俗位处遥远的国度，因而有些事情在我们看来似乎是不可思议的；但也正是因为这一点，伏尔泰先生才会对中国作家所塑造的那些习俗嗤之以鼻，但它同样并不乏理性和真情实感，此处是该剧的一个样本选段。

> 韩厥：把那抱药厢儿的人拦下来，停下！你是什么人？
> 程婴：我是个穷买药的草泽医人，叫程婴。
> 韩厥：从哪里来？到哪里去？
> 程婴：我在公主府内煎汤下药来。
> 韩厥：你下什么药？
> 程婴：下了个益母汤。
> 韩厥：你这厢儿里面什么物件？
> 程婴：都是生药。
> 韩厥：是什么生药？
> 程婴：平日再寻常不过的药罢了。
> 韩厥：厢儿里面可有什么夹带？
> 程婴：并无夹带。
> 韩厥：这等，你去。[程婴做走，韩厥叫科，云]程婴！回来，这厢儿里面是什么物件？

---

① 按照亚洲人的习俗，这并非一件不可思议的事情，这同样使人们想到了希律王的类似命令。
② 参见范希衡：《〈赵氏孤儿〉与〈中国孤儿〉》，上海：上海古籍出版社，2010年，第84-87页。

程婴：说过了，都是生药。

韩厥：除此之外，再无他物？

程婴：没了。

韩厥：你去。[程婴做走，韩厥叫科，云]你这其中必有暗昧。我着你去呵，似火烧头颈；叫你回来呵，心不甘也情不愿。①

几乎所有的东方故事都可以归结出一个道理：奇妙的命运会对德行进行奖励，对恶行进行惩罚。下面这个中国故事可能也属此类：

> 一次偶然的意外，吕弄丢了他唯一的儿子，这让他陷入了极度的困苦。而七年之后，在一次旅行途中，他捡到了一个遗失的钱包。在他找到失主之后，便将钱包归还了。失主出于感激，便领他到自己家做客，吕就在他家里找到了自己的儿子，原来他的儿子曾被失主捡到，并由他抚养长大。②

皮贝尔和罗克曼的寓言也大多是这种类型；而盖勒特（Gellert）所写的有关犹太故事的诗歌也是如此：

> 摩西曾上山，去面见上帝，
> 他要去求上帝的永恒诫命，
> 就用它来指导我们的命运，
> 他被命令从他所站的高处，
> 向下面那处平原遥遥俯视。
> 那里有处清泉，一个游兵，
> 正在泉边下马，在那喝酒，
> 那骑兵走后，过了没多久，
> 便来了一个部队里的男孩，
> 他也喝过酒，到这地方来。
> 那骑兵遗落在泉边的钱袋，
> 被他瞧见，便拿着逃走了。
> 不久后，又来了一个老人，
> 恰巧，他也来到这个地方，
> 弯着腰，拄着拐，走得慢。

---

① 参见范希衡：《〈赵氏孤儿〉与〈中国孤儿〉》，上海：上海古籍出版社，2010年，第220-221页。

② 详见杜赫德的《中华帝国全志》卷 III。

喝过酒后，他坐下来休息，
沉重的头颅颤着沉入草丛，
他忘却一切负担，睡着了，
这时，那骑兵却折了回来，
带着凶猛怒意，威胁老人，
向他索要自己遗失的钱财。
老人发誓，他什么也没见。
他哀求，骑兵却谩骂威胁，
骑兵带着狂怒，将那老人，
刺个千疮百孔，惨死在地。
摩西见状，悲哀跪倒在地；
一个声音却响起：在这处你便可以领悟，
这世间万物彼此的关联是有多么的公平，
就是那倒在血泊中的老人，
他曾将那男孩的父亲打死，
只因那人也是背上了莫须有的盗窃罪名。

　　诚然，中国剧作在形式上完全违背了亚里士多德及其宣讲者们的规则。它类似于三十年前在德国上演的那些惊人的滑稽戏，有时甚至能在三小时之内，便一同呈现出海伦之劫、特洛伊之灭亡和阿伽门农之死的情节。但就该剧的设计和部分人物而言，亚里士多德可能对此已大致满意，这里面有类似于俄瑞斯忒斯命运的东西存在。

　　故而人们很容易认为，我在撰写这部作品时并未完全遵循中文原著来写，但我却认为，从中更多地保留该戏剧场景所处国家的特征，尤其是东方专制主义的风俗习惯，对我更是一种责任。

# 人　　物

韩同　中国一品官员兼国务大臣
兰福　中国一品官员兼国务大臣
莉莉发　韩同之女
坎布尔　官员
苏伦　坎布尔的养父
皇帝的传令官
三个护卫

人物关系图(译者制作)

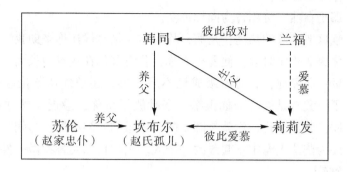

故事场景位于北京，韩同府邸正房之中。

# 第一幕

## 第一场

韩同：[手里拿着一张圣旨] 我向神力发誓，要让你变得一无所有。这自私自利虽不祥，但却是朝臣的幸福。没错，自我认识你开始，日子便变得黯淡，搅得我这辉煌威严不得安宁。朝廷予我们的运气是那般变幻莫测，这运气孤行已见，却又总是少得可怜。我乃武官之首，却时常需要为那些你争我夺之事要些阴谋诡计，皇上的至高恩宠我渴望已久，那兰福与我共享这恩宠也有些时日了，我早就想毁了他。我是武官驰骋战场，他是文臣身居内阁。但我至今的努力都是白费，我的厄运同他的运势一般疯长，对我百般阻挠。这堂而皇之的奴役制啊，我没法逃离你，你的处处强制让我很是为难，也让我不得不恨你。你又赢了我一次，哦兰福！真是痛煞我也！更令人生恨的是，他将要成为我的女婿。至上皇权都偏袒他，今日便要成全他。这可怕的命令助长了仇恨情绪的滋生，编织成一张束缚大网，只有下贱人种才会甘受其苦。我这愤怒的意图、我这复仇的恐怖即刻都要变作虚无，将来我的仇敌必嗤笑我呵。每丝光线都已变得静如死水，我只能眼睁睁地看着、忍受着。不过！便是今日我要一脚迈入坟墓，我也要知道——我那仇人是否会同我一起坠落，但莉莉发又该怎么办——单是这般狂怒又有何益？愤怒只会耗费时间，还要人一并血偿。

## 第二场

### 坎布尔 韩同

韩同： 回答我，坎布尔，你可否爱我？

坎布尔：怎会问出这样的问题？

韩同：　你可知感恩？

坎布尔：那是自然，可用行为向你证实。

韩同：　哦这般美妙的热情！是啊，坎布尔，是时候让你来助我一臂之力了，我自你孱弱青年时起，便爱护着你，我看着你在我身边长大，对你始终宽宏大量。我爱你，我对阶级成见不屑一顾，还把你从苏伦家带来，认你做儿子。我总是细心为你谋福，辛勤殷切待你，最近还帮你在朝廷上得了官职。若没有我，你就是鄙贱的、卑微的、渺小的、与朝野无缘之人，只能成为茫茫人海中不起眼的一个人。呜呼！那便替我做一件事吧，让我重振旗鼓。

坎布尔：告诉我该怎么做。

韩同：　去，杀了那兰福，杀了我那仇人。

坎布尔：[冷冰冰]这倒是不难，但我岂不是会因此招致灾祸么？

韩同：　冲动使我心急——哈！待我平静下来——是啊，暴力帮不上忙，需得用些诡计。你对我这个骄傲的仇敌应该并不陌生，他因皇帝宠爱而平步青云，借着宫廷手段升至中国所尊崇的最高官阶，就是那个全凭走运才能与我平起平坐的年轻人。我每天都看着他往上爬呦，而我的威信却蹭蹭下降，他翻手为云，覆手为雨。他赢了我，而我，我年岁已高。皇帝尚年幼时，我还独揽大权，唉！我本该在那时就杀了他。呵！为什么我当时没杀了他呢？为什么不送他入坟墓呢？看看这圣旨吧，看他又是如何再一次赢了我。[把圣旨递给对方，坎布尔读]他见到了莉莉发，她定是让他动了心，他明知道我恨他，他竟去恳求皇上，那个软弱的皇上啥也不会拒绝他，这不马上就给我下旨，要我把女儿许配给他。是啊，如果他想要，连我的生命都能被他一并拿了去。——这还有理么？怎么？你变得面色苍白了，我的不幸也跑到了你身上么。[立于一侧]哈！我何必自欺欺人，他已经爱上了莉莉发。[坎布尔将圣旨递还]呜呼！你对此可有什么要说的么？

坎布尔：我？大人，我还能说什么？除了为你悲叹——我还能做什么？

韩同：　悲叹？什么样的人心能仅满足于悲叹？去报复！报复！朋友，我需要报复。别管这该死的圣旨，去拿回你应得的回报。[把圣旨撕了，扔在台上]起身！坎布尔，告诉我你敢做什么。你须做我的工具。他人对我的疑虑使我寸步难行，皇上知道朝廷里仇恨猖獗。要想尽这世上一切的阴谋诡计，就今天，今天一定要毁了他，尽你所能去做，否则我将不得安宁。起来！坎布尔，别犹豫。

坎布尔：哦大人啊！你这是在要求什么？我在你身边长大，你知道我的为人。我何曾忘记过职责？又何时认不清美德？

韩同：　你跟我说美德？哈！这话听起来这般空洞！哦坎布尔！相信我，那个美德为高尚之人加冕的尧帝时代已经成为过去，历史上闪耀了几世纪的美德也已不在。不然你自己去试试，去吧，去教授你那职责，惩治私利，予以教训。你光是提起美德，就能让人捧腹大笑，暴民会讥讽你，朝廷会嘲笑你。人们最多也就听听你的瞎谈，然后说道：他真会说漂亮话，但一切最终只会转变为恶习。现在雄心壮志已不在，反倒是自私的种子四处散播。美德早已消逝，人们只闻其名。高尚焰火只属于你的青年时期。曾几何时，坎布尔，我也同你一样天真，但这世俗和宫廷——罢了，你会明白的，人们为了点好处，可以不惜美德。——你会因此得到回报的，但现在要听我指教，你了解莉莉发，她的心意对你来说非同小可，去做她的救命恩人吧，保护她，也保护我。把她从兰福手里夺来，那她就是你的了。

坎布尔：大人啊，我从你的口中听到的是何等的幸事啊！晨星的光芒都没有莉莉发那样美丽。哦！希望的光芒降临在我身上。但要怎么做才能得到这份幸福呢？这颗心，请原谅它，它厌恶背叛。

韩同：　呵！那就忠于你的幻想和你的德行去吧。走吧，懦夫，别试着要奖励了。我简直是受够了，我再问你一次，你可有法子——说吧，坎布尔，你有没有办法办成这事？

坎布尔：没有，大人。

韩同：　你没办法？哎！我倒是有个法子——看这儿，这有一把匕首，它注定要做件大事。这匕首是为谁而磨的？起身！猜猜看，能猜到么？

坎布尔：为兰福？——呃！——还是说，是为皇帝？

韩同：　哦，坎布尔！谈到阴谋这事，你还不够格呢。听我说，我以那苍天为证，向你发誓，当我身陷囹圄之时，我能想到的、做到的、见到的、被咒骂的恶劣行径，在整个东方还没人能比得上我嘞。如果你找不到办法把莉莉发从敌人手里夺过来，那就为她颤抖吧。这把匕首——它就在这——就是这把匕首，我向你发誓，它会刺穿莉莉发。

坎布尔：什么？

韩同：　难道我会心甘情愿因她而承受这苦涩的屈辱与悲伤？对我来说，人命不过一根线，如果它挡住了我的去路，我便要将其剪断。你听到了我这誓言，我一定会做到的。有了这把匕首，只需两下——这样，再这样——事情发生在一瞬间——我的目的就达到了，相信我吧！我便要看看兰福今天是否还能娶莉莉发为妻，这疑虑是否还会令我悲伤，到时候流言蜚语会四下传开，称她已经死了，悲歌已把她带入了坟墓，在她刚死后便哀唱出悠长旋律。当兰福为她哭泣时，韩同则会偷笑，当你因失去她而黯然神伤时，到那时你就会知道，我曾给过你多少机会，而现在我便要从你那夺走这一切，这就是我的打算，你就眼睁睁地看着吧。

坎布尔：哦天呐！这简直是谋杀，你这是要做什么？你可是她的父亲——

韩同： 无需多言！年轻人，你以为你能感受到我现在必须承担的痛苦么？那不可能的，不过你知道么，小悲小苦总会消逝的，巨大的痛苦总能抹去我们身上的细小创伤。只有带来死亡与恐怖的悲伤才会叫我丧命，世事无常总是落到我这满头白发之上，这于我已是一种负担，毕竟我已老得快要入土——够了，我只留给你很短的时间，快决定是否要解救莉莉发，并让她成为你的人——不然——哼——［退场］

### 第三场

坎布尔： 我这是听到了什么？我听到的可是真的么？这怕不是个梦吧？这是韩同的住处么？方才可是他在同我说话？那是多么可怕的声音！至今还在我耳边震荡。他说了什么？莉莉发，你应当是我的：哦，她的声音是多么地悦耳！她是我人间最大的幸福啊！但雷声却随之灌入我胸中，使之惊骇不已。多么痛苦！哦，多么苦涩的痛苦！哦！多么严酷的抉择：这可是事关生死。哪曾想你予我幸福，为的却是将其夺走。我思索啊——却是徒劳——我思索——却找不到办法。美德向我呼喊：记住你的职责。"德行已去，唯剩其名"，这些话可是从他嘴里说出来的么？哦，韩同！你向我吹嘘失德毫无用处，美德就在这里——在这里证明你是错的——但我的莉莉发，生命终点已向你逼近了。我了解你，韩同，你说起杀人可从来不会虚言。谁才能阻止你这暴怒？我该怎么办？谁才能制止死亡？他已经举起了手，手中拿着匕首。天边乌云密布叫嚣着威胁，它来了，它靠近了；暴风雨就要来了，天光褪去得如此匆忙！哦！快些停下脚步吧——我该怎么办——哈！呜呼！——可是——天色变得更加阴暗了——亏得我在这疑虑中还抱些希望，然而现在连这该死的疑虑也消失了！我的心刹那间就变得冷硬荒芜，我开始哭泣，哭出血泪，哭到永恒！

### 第四场
莉莉发　坎布尔

莉莉发： 我在哪儿可以找到你，坎布尔？——救命啊！你还在犹豫什么啊？来救我啊！你若是再不快些，暴风雨便要将我侵吞！快些来救我！坎布尔，是时候了。要不了多久，这一天就会将我拉进无尽的苦楚之中。你怎么还能静下心来，铁了心般看我这苦命的到来？坎布尔啊！想想看，我将要离开你了。我的命运——不也是你的命运么？啊！如果这还不能让你心颤，那就感受一下我的痛苦吧，看看你的莉莉发吧。

坎布尔： 这我可做不到，我的痛苦已经这般无边无际！你还要火上浇油么？造孽啊，你竟是哭了，对你的痛苦我是多么感同身受啊！看，坎布尔也随你一起哭了。

莉莉发：你的心意我也深感同情！我曾那般醉心于欢快与喜乐，到头来却是空欢喜
　　　　一场！你我于今日是陷入了怎样悲惨的境地啊！感受我这痛苦吧！

坎布尔：我十分感同身受！

莉莉发：感受一下我父亲的愤怒吧。

坎布尔：哦，这我更是永生难忘。

莉莉发：绝望在狂啸——就在此处。

坎布尔：它也在我心中狂啸——绝不比你那处少。

莉莉发：我父亲将我交付于你，他把你我二人当作自己的孩子。把我从兰福那夺回
　　　　来！坎布尔，我是你的，哪怕死后尸体冰冷，都好过与他成亲。

坎布尔：哦，兰福！哦，这般要命！要我如何抵御这不幸的洪流？

莉莉发：谁又能想到呢？

坎布尔：谁又会相信呢？

莉莉发：我们近在咫尺的幸福这么快就要被夺走？

坎布尔：我们该如何摆脱这境地呢？

莉莉发：我们做什么才能够获救呢？

坎布尔：啊！我们的命运系在了无形的枷锁上。

莉莉发：去攻克它啊，哈！到底是谁满心悲伤却仍坐以待毙？

坎布尔：运气可不会使我们解脱——

莉莉发：我们的勇气也做不到。

坎布尔：说吧！莉莉发，该怎么办？

莉莉发：呃嘿！我倒想问你，该怎么办？

坎布尔：你想让我去做那卑鄙之事么？

莉莉发：哦，坎布尔！——

坎布尔：我应该去做么，哪怕我永远无法原谅自己？我应该让莉莉发成为这可耻行
　　　　径的筹码么？

莉莉发：什么叫可耻行径？惩罚那个恶人，他可是既做刽子手，又奴役人心，既恨
　　　　我的父亲，又善用诡计，他夺走了我和你的最爱，他只求损人利己，他还
　　　　为那暴君服务，导致全中国都在骂他。哦！能杀了他的那个人，可是会得
　　　　到赞赏的。

坎布尔：这希望太不切实际，你不可如此奢望。哦，我的莉莉发，让我们逃离这场
　　　　风暴。

莉莉发：你难道想让韩同的女儿随你一起去荒地么？你这是在要求我什么？能站稳
　　　　脚跟的人怎会逃跑？你与他同是朝廷要员，呜呼！控诉这恶人吧，让他成
　　　　为罪人，让他变作叛徒。在这里，奸诈才是名誉，德行却是诡计。如果他
　　　　不死，那我们或许就要大限将至。他曾多少次借着欺骗与指控，成功地取
　　　　到了他敌人的头颅！

坎布尔：但他却拿骗子的头颅没法子——啊，我有主意了——哈！这将是我们的运气——多么恶毒！呜呼！

莉莉发：你有主意了？明明有主意了，却还闲着干什么？我这是看到了什么？坎布尔虽然爱着我，却还没下定决心？不忠之人！再也不要说你爱我！你竟还在疑虑？看看上天给你的暗示吧。感受一下我的勇气吧，让我替你去思考吧，再看看那从绝望之泉中流出的大胆洪流，看看它是怎么流向大海的，还有那兰福！他马上要吞噬你！再不作为的话，就什么也指靠不上了！坎布尔，时间到了，再不抓紧它就要流逝！

坎布尔：去死吧，兰福！是的，他会死！就这么决定了。你活该去死，在太阳落山之前，我便要看到你倒下，你将再也见不到明天的太阳。我这就赶去报仇，在绝望之海中，要么沉沦，要么胜利。倘若命运把我与你一起带进坟墓，那我即使死了也还是你的敌人。哦！但愿我的愤怒能生出魅影来，用这新的武器来将你折磨！——就这样吧——莉莉发，现在离开这个地方。我们说话的工夫，时间已经流逝。我这就去做，这就去救你；若落得个事与愿违，那我可能会死。倘若我不走运，你可能就再也见不到我了。

莉莉发：哦！祝福你！你是我的守护者，我发觉你已准备好了。如果可以的话，要抓紧了。我还会再见到你的，我心中有这般勇气与信心。要不了多久，老天啊，我的痛苦就会结束。哦，这从未感受过的勇气！你不要像那些暗影一样欺骗我，像那些梦魇一般，它们——你知道么，坎布尔啊！——它们迷惑了我的感官，近日来常在我入睡时搅我清梦。我梦到我们那豪华的婚礼盛典，队伍穿城而过，我满脸骄傲；欢乐的人群簇拥着我们，随队伍一同到达寺庙①，人群的赞美声不绝于耳；我还梦到香火的雾气腾绕，乐器旋律柔和。然而很快一切都过去了，这之后我便看到那满是血迹与伤痕的一众尸体，在最浓重的夜色到来之前，盛典和宴会已然消失。恐惧裹携了我，吓得我浑身血液凝固。我在喊你，坎布尔，然后我便颤抖着醒来。

坎布尔：在那婚宴上，满是血迹和伤痕的一众尸体？

莉莉发：怎么，这使你不安吗？无迹之影也能吓到么？它不过是一个充满敌意的幻影，不过是一场欺骗的梦魇。不论你失败或胜利，这事都不会发生在我们身上——去完成你的工作吧。

坎布尔：我现在就去办。

莉莉发：哎呀！我与你暂时的别离，是为了再次获得你；但为何我现在却在颤

---

① 德国作家不知道中国的婚礼风俗，误以为中国人是去寺庙结婚，就像欧洲人到教堂结婚一样。——译者注

抖——哦，命运啊！听我祈祷吧。

坎布尔：我不知害怕为何物，我只会为你颤抖。

莉莉发：唉！我这是要求他去做什么啊？命运会恨我么？很快，很快我就会得到你，而且永不会离开你。［退场］

## 第五场

坎布尔：一场血腥的婚宴？——我的胸膛也在惊颤，不幸的是，莉莉发你还不知道你会遇到什么。你感觉到你父亲的匕首插进你的胸膛了么？——哦不，这不该是噩梦所昭示的——那又是什么让我感到不安？现在，坎布尔，是时候了，不要顾那人性，去做那可鄙行径吧。平静的生活已然离去，只剩无尽的哀叹！我余生都将为逝去的日子而哭泣。美德啊，美德！逃开吧，你在我这儿还有何用呢？你再与我欢腾一次便好，然后就沉沦吧，我与你一同沉沦！哦，韩同！赞美我吧，现在我便要遵循你的教导了：我这就去取兰福的项上人头。兰福啊，你万万不可抵抗我的诡计与怒气，你应该顺着我来；如若不然，那这把匕首就要派上用场了。是啊，你那可恶的血，我是多么想让它肆意流淌！很快我就会看到你我二人的深红血液替莉莉发而流。哈！哪怕命运将你我连在了一起，那也罢了，只要莉莉发能为我的死而哭泣。感受爱的愤怒吧！为自己去报仇是多么甜蜜的事！敌人之死该有多么美妙！我这就去干那坏事，呜呼——［退场］

## 第六场
### 苏伦　坎布尔

苏伦：　不管你是谁，告诉我，我该到哪里去找坎布尔？说啊，我的儿子在哪里？

坎布尔：我这是看到了谁？苏伦，是您？我的父亲！

苏伦：　真的是你么？哦，我这老家伙！真该死啊！我的视线欺骗了我，很快我就会归于尘土、重回大地。我已经很久没有见到你了，现在竖起耳朵听我说——

坎布尔：父亲啊，非要是现在么？原谅我，火烧眉毛之事已近在眼前，一件要紧的急事——

苏伦：　就一会儿，也许已是最后一次——

坎布尔：我马上就回来，我的父亲，保佑我吧。［他跪下来，很快又再次起身］啊不行，我真的该走了，改天我再求您庇佑。［退场］

## 第七场

苏伦：　他走了？难道他没听到我说什么？这事我该怎么办？命运还会为他保留旧日安宁么？他对自己的身份是否仍然一无所知？韩同难道还不该接受惩罚

么？——不，已经到时候了，他现在必须知晓这个秘密；否则这个秘密就会和我一起，被埋入黄土。坎布尔，在我把你从这隐瞒之事中解救出来之前，我是不会归于沉寂的。我要找到你——我要去见你，在我临死之前，为你和我自己报仇，韩同，我要毁掉你！

第一幕终

第二幕

第一场

韩同　坎布尔

坎布尔：现在，韩同，我想快点去做你要求我做的那件事。火药已经上膛，地雷即将引爆。现在，我已替他，或许同样是替我自己，为死亡做好了准备。只需扔掉那威胁你女儿的匕首，那本该刺穿她胸膛的匕首，让它刺穿我的吧，我向你发誓，你会看到敌人被击败。

韩同：　我之前答应过你的事，我都会办到，你的奖励便是莉莉发。就在今日，待你成功归来之时，她便会成为你的妻子。但问题是，你要如何达成你的目标？你要从何处下手？你的计划又是——

坎布尔：哦，韩同！这十分狠毒！这可是一条前所未有的毒计，一场可耻的骗局！我不得不破例玷污我的才能——而它本该被用来领悟圣人思想。看看这份伪造的手谕吧。[递给对方一份手谕，韩同读]写它的时候，我的手经常颤抖不已，然后我会害怕地惊跳起身，然后我的愤怒就会消失殆尽。我觉得好似有一个恶魔在引诱着我，用神秘的力量诱我下笔。我全然不知这力量从何而来。

韩同：　呵呀，我的朋友！来让我抱一下。你这一计实在聪明！啊，兰福！你等着瞧吧；我已然能看到你的毁灭了。相信我，坎布尔，你这是最稳妥的法子了——快拿着这手谕，赶紧去皇宫，那里本就疑云密布，那里的一切都恨着兰福哩。就在那里，壮起胆子进谏，到那宝座之前状告兰福，万千臣民都将与你同声相和，又有谁胆敢怀疑一份手谕呢？

坎布尔：兰福毕竟是皇帝的宠儿，因而我需得用些诡计、谗言、谎话。是的，孱弱的君主们向来疑心病重，怀疑对他们来说就是神圣之物，奉承也是——你应该并不陌生。哦韩同！你已经知道这诡计之气能做什么了。若皇帝不是这般软弱无能，若他不是一位暴君，若他能像中国人至今还在赞颂其名的那些先帝一般，那这一恶计反倒会回落在我的脑袋上。但皇帝的软弱已经宣告了我的幸运结局。每当我看到他坐在皇座上被人尊崇时，我便能窥探到他胸中夹生的惧意了。只需一点导火索就够了，只有暴君才会轻易相信：一把暗剑，正悄悄地刺向他的心脏。向来皇帝的爱与恨，来得快，去得也快，你看有多少人早上还在受宠，晚上就被赐死了。把他养大的你啊，就是你让他变得骄横而又气馁，轻信着每一个谄媚者的谗言，却从不作为，从不睁眼去看，时而疑心重重，时而轻信小人。只有极少发生的新鲜事物才能将他吸引，他的恩宠已许久未降临到我的身上，这样的君主就像那些宏大的机器，一旦被设定好了，就能被操控着达到各种目的——我还有什么好犹豫的呢？

韩同：　愿这幸运伴随着你，愿兰福迎接他的死亡！他本就该死——

坎布尔：［正离去］不是他死，就是我亡。

## 第二场

韩同：　不是他死，就是我亡！呜呼！判决已被道出，如果没有恶魔来节外生枝，那我很快就能报仇了。我今日可要把宫殿装饰得漂亮点。我那骄傲的敌人啊！兰福啊，是谁教你的，从这个憎恨你的父亲身边，强行抢走他的女儿，硬要与她成婚？我从不缺复仇的手段。是的，坎布尔，如果你胜了，你的愿望就会实现。你是我的幸运，也是你父亲的榜样。你必将同你的父亲一般，救我于仇敌之手；哦！否则我将被死亡之链缠死。曾几何时，我的恨意肆意咆哮！但你父亲解救了我，替我去做了那件大事，替我报了仇，使赵家落得个家破人亡，我为此感激万分。你父亲为我带来了那最后的继承人，也就此消解了我的暴怒。二十年前，那是——时间过得真快啊！不过那个继承人早就死了，这可是让我安全感大增。哦，苏伦！你这忠诚的儿子今天又代替了你！坎布尔，我一直如父亲一般疼爱你！但我的付出也需要你的感恩来偿还。我的心里从来没有过忘恩负义的念想，就像我的双手从不会放过任何一个敌人一样，它也始终公平地回报着每一位朋友。莉莉发将是你的——怎么，是谁要见我？

## 第三场

### 兰福　韩同

兰福：　韩大人，我是来向你求亲的，你知道皇帝能主宰幸福。原谅我心中的沸腾之火，我踏向皇位的征途中，只有莉莉发才配得上与我同行，只有她才能配得上这世上最伟大君主的恩宠与婚姻。但只要这疑虑还折磨着我，我就感受不到幸福，我想知道莉莉发是否讨厌我，而你是否青睐我。请让我跪倒在她脚下，用心中澎湃烈火向她倾诉，哦，韩大人！你是否会拒绝予我以这份幸福？哦！说吧，你是否会原谅我这大胆的请求，你是否会履行皇帝的圣旨？

韩同：　兰大人，你在怀疑我是否会履行圣旨？罢了，既然皇上要求了，你又要我的同意做什么？皇上的慧言我绝不会细究。皇上的仁慈如此伟大，我早已见识到了。我现在便去皇宫，带着满脑子的感激，跪谢圣恩。

兰福：　听着，韩大人啊！兰福今日同你讲话没有用宫廷那一套的方式，对此你不会介意吧？我知道你恨我，经验已经教给了我，宫廷中的骄横与嫉妒会杜绝一切友谊的诞生，所以你恨我，这我并不觉惊讶。但告诉我，韩大人，难道我理应忍受这番仇恨么？我为何会遭到这般仇恨呢？皇帝的恩宠于我来说受之有愧，所以我总是敬仰着你的智慧与年长。哦！如果你是我的朋友该多好啊！你深知宫廷中的那些阴谋诡计。当人们团结起来的时候，他们又会变得多么强大啊！为了性命安全起见，我们还是不要再耽搁了，若我们能够同享皇上的厚爱，那将是何等的幸事啊！起来吧！让我们成为朋友吧！我对天起誓，在未来你会意识到的，我会是你最强有力的朋友。回应我这誓言吧，因为，韩同，你终会明白的，没有什么妖魔鬼怪能够斩断你我间的友情纽带。起来吧！让我们成为朋友！

韩同：　我这是听到了什么，兰大人？我深感讶异，我看上去竟是兰福你的敌人么？是谁，是谁说我恨你的？你怎么能听信诽谤者之言呢？哦！相信我，满朝的人都试图破坏你我二人的友谊。你的智慧就如同你的德行一般宏大，你是时代的美饰，自然值得皇上的宠爱；朝廷百官都爱着你；各个省份也祝福着你；我早就是你的朋友了，为什么还要再发誓？我们不是早就被自然的纽带捆绑在一起了么？哪怕退一万步来讲，职责也教我，需得恭恭敬敬地拜见皇上所宠爱之人。

兰福：　你能说出这番肺腑之言，我是多么地高兴啊！哦，韩大人！万不可相信皇上的宠爱，它是如此多变，爱与恨轮番上演。哦！只有一个平等的友人才能对你永保忠诚！如果你这番话是认真的，那我该有多高兴啊，因为我在朝廷上第一次拥有了友谊！如果你的女儿也能像你一样欣赏我，不去搅扰你现在予我的快乐，那我该有多幸福啊！

韩同：　我无法窥探莉莉发的心意，在这方面，你这样的年轻人，比我这样的老人更为精通。不过，在任何情况下，你总是会取得胜利。对你来说，要想感动一个女人的心，谈何容易！我去找她，兰大人，马上便带她来见你。

## 第四场

兰福：　可别想唬我，这明明只是虚情假意。你定是暗地里为我谋划了一场诡计。哈！谁的脚要是滑进了你的绳索，那他就要惹祸上身！当你那嘴巴用这种语气说话的时候，我可是听得一清二楚，最丑陋的脸庞总是戴着最美丽的面具。我必须戒备起来，抵挡住你的仇恨，否则我这一天就要深陷悲哀。但是等等——天哪！现在我就要见到她了，我的心如此惊惧地跳着！我会怎么样呢？哎呀！父亲的恨意会不会也在女儿心中滋生？我这无畏之人呐，平生第一次就要颤抖了。啊！我马上就要见到你了，你我第一次相见时，你就充斥了我的灵魂——哦！多么美妙的景象！从那一极乐时刻开始，你就时常在我面前浮现。但是啊！我已许久不见你那原貌了！这该死的隔阂与束缚，我总是诅咒它们！我徒劳地寻找你，你让我陶醉，就像纯洁的圣灵般令人陶醉——人们总是念着它，却从未见过它。我看到你那双眼睛，像明亮的星光，我听到你张嘴说话，声音满是爱意，那声调如此和谐，那荧荧脸颊像极了曙光女神——仙女一般！整个春季都绽放开来。我渴盼已久的欢愉径直蹿进我的体内，几乎都要被我误当作天堂中的穆罕默德之光——但是，唉！

## 第五场
### 莉莉发　兰福

莉莉发：我父亲要我来见你，既然你这样要求了，呜呼，兰大人，那就看着我哭吧。

兰福：　怎么会？莉莉发你哭了？太阳光芒都会因此黯淡，世上所有欢愉的桃金娘花环都会为你折腰，这般惩罚让我害怕，你眼里流着泪水，我这颗柔弱的心因此带着不安的渴望爱慕你。兰福就站在你面前，我在你的目光之中看到了我此生的幸福。

莉莉发：哦！你想要的幸福啊，万事万物都拦不住你！为什么，兰福啊！你偏要喜欢上莉莉发？你为什么要追寻本不属于自己的幸福，平白扰乱了我至今都安稳顺遂的宁静？这世上的一切难道还没满足你的愿望么？你为何还要再来渴求我？哦！你看到我心底的痛苦了么！——你爱着我——这让我痛苦！——我不会因此感激你。

兰福：　真是让我难受！你竟是恨我的么！我活着难道是为了听你这番话么？我做了什么要受这番苦？行行好吧，告诉我这仇恨的苦因，是什么激得你这样做？谁能忍耐这般痛苦啊？唉！若不是另有隐情，莉莉发绝不会这样恨我。

莉莉发：先从你自己的爱里去找原因，然后你会发现，这原因——并不是在我身上。

兰福：　哦！多么残酷的话语！煎熬啊！爱情啊！为什么你总是生出这般不公平的欲望？我这颗受伤的心，我这满心的忧伤，难道还不能讨好你么？

莉莉发：在火焰之中，冰块可能够回心转意么？

兰福：　啊！这般无动于衷，这般触不可及的束缚，倒是与你的心与地位正相配。宏伟的光芒、全北京的荣耀，还有一切快乐的尺度都委身于你的美貌；我一个凡人，所有人中最幸福的那个人，只为取悦你而努力。人们崇拜你，就像崇拜包含我们在内的尘世间的一切自然本质，你是世上最宏伟的饰品、老天最得意的美饰，若我们有幸得见，难免不会在尘土中祭拜你。

莉莉发：换一颗心去爱吧，一颗属于宏伟光芒和京城荣耀的心。我对这一切都不感兴趣，哪怕你给我的是皇冠！把我的自由留给我，我更愿住在茅屋里。

兰福：这就是韩同的女儿啊！——是啊，这就是你父亲的仇恨。他这愤怒还不打算停下追逐我的步伐么？欢乐光芒转瞬即逝，无情黑夜这就到来。我这满身的权力，我奋力争取而来的特权又有什么用？啊！难道只能通过特权才能让你成为我的妻子么？但如果你的心不是我的，那特权于我又有何用？

莉莉发：这样悲哀的特权啊！这样的折磨啊！——让我在你的脚下流尽最后一滴眼泪吧。兰福啊！可怜可怜我吧。

兰福：[一同跪下]别啊，难道这是我应得的么？你听我说，莉莉发！

莉莉发：啊！你到底想要什么？

兰福：忘掉你父亲的仇恨吧，婚姻会让恨消失的。

莉莉发：唉，让八方来风团结起来恐怕都比这容易。

兰福：你管那恨意做什么？只感受爱就好了。

莉莉发：仇恨也有它存在的权力，大自然中本就有恨，放弃我吧，兰福！

兰福：那还不如让我死掉算了。

莉莉发：啊！这颗心啊！坎布尔，它怎能与你分离？

兰福：[猛地起身]我听到什么了？坎布尔？——

莉莉发：[起身]是的，你现在已经听到了。

兰福：怎么会呢？坎布尔？坎布尔？他——

莉莉发：他才值得我的爱。

兰福：在我心中升腾起的是怎样一种酸楚之光啊？

莉莉发：你早就知道的！也许——我们早就彼此相爱了——在那温柔的岁月里——

兰福：数十倍的震天雷声，咆哮着灌进了我的耳朵！

莉莉发：爱已将我们相连，并同我们一起成长。

兰福：这可是——天啊！我？——坎布尔赢过了我？——

莉莉发：他的心是温柔的，而你的心却如海浪般狂野。

兰福：大胆！这幸福的姻缘可是圣上的旨意！

莉莉发：[嘲讽道]你还把皇上的权力当成自己的真爱了？

兰福：我也确实能这么做——是啊！但你又能做什么呢？

莉莉发：恨你。

兰福：哈！这个我不怕。

莉莉发：而且，如果需要的话，我会去死。

兰福：[嘲讽道]你脸颊上的愠怒看起来真漂亮！要我给你一把匕首么？哦莉莉发啊！

莉莉发：我更想逃离你了！虽然白天的日光这般美丽，生命的时刻如此甜蜜，但在死亡来临之时，我的恐惧便会消失的。你这野蛮人，我恨你胜过死亡。当我的愤怒向你袭去时，你也要为之颤抖。当蠕虫奋力挣扎时，就连它身上也会生出尖刺，当恼怒的痛苦嘶吼时，无能的懦弱也会消失。你看好吧！一切马上就要结束，可恶的家伙，难道一具尸体也能成为你的战利品么，未来你的嘴巴会绝望地谈起它，说到一个女孩心中曾跳动着一颗勇敢的心。[退场]

## 第六场

兰福：真有你的！——兰福！这幸福让你愉悦了么？毕竟你已经见到她了，现在只需要回去，但这就是你的胜利么？真该死，为你这伟大的爱意而感到骄傲吧。哈！我这热情火海中仿佛被倾注进了一片冷洋——什么？我能够停止爱她么？——那般温柔的纯真！她，这般莽撞之人！我还从未如此爱过她。难道我不该这么做么？——啊，莉莉发！你就像荆棘丛边的玫瑰，即使在愤怒中也依然迷人。我不该这么做么？谁说的？是谁？谁能抗拒我？哈！老韩同，是啊，若不是你——这小姑娘的心也不会如此抗拒我。我是多么乐意用皇上的宠爱逞一把威风啊！然而——坎布尔么？就他么？就那个年轻的官员，在人海之中我甚至不会撇上第二眼的那个人？——哈！坎布尔，坎布尔，等着吧！我很快就会惩罚你。只需我的一句话，就能叫你永眠。那么，小丫头！——来吧，就让我们看看——他可配得上你的爱？那丫头竟然叫我野蛮人——呵呀！你逃不出我的手掌心[他发现了前一幕中被韩同撕碎并扔在场上的圣旨]这地上是什么——怎么被撕碎了扔在灰尘中？——我看到了什么？——皇上的旨令——哈！——看来这就是——谁还能做出这种事——哈！是坎布尔干的。真是妙啊！你给了我一次毁灭你的机会。竟把圣旨撕碎了扔在地上！这可是大不敬啊！这是大罪啊！只需要将这事禀告圣上，很快我就可以报仇雪恨！这，坎布尔，就是你的报应——就快了——我看见毒药、绳子和匕首已经为你准备好了，我看见你就快死了——哈！我看见你倒下了，我听见你嘴中喊着"莉莉发！"哦！这对我来说是多么美丽的一道风景线！坟墓啊，快些打开吧！我这就去予他致命一击。去死吧！然后这世间就再也没人能阻挠我的权力！而你的尸体上会缠满绷带。

## 第二幕终

## 第三幕

### 第一场

兰福：这是怎么了？嗯？我——我——我这打算都白费了——怎么会呢？怎么

会——这就是那个昨天还拥抱我、今天又实现了我最大愿望的那个皇上么？哈！世事无常啊！——我竟陷入这般无情的危急之境！皇宫面前臣民与护卫分列开来，众人弯腰行礼，而往常我本可以顺畅无阻地就闯进去。突然有人喊道"带上来"——人们怎么面带惊奇？人们都盯着我？——转眼之间啊！我就被人扣住了，他们喊道"这是命令！"惊讶全然占据了我的心，我张嘴询问，人们却把手指竖在嘴前，闭口不谈。那个阴森的传令官对我的问话几乎无动于衷，他只是示意皇帝已将我带到——皇帝他又是怎样的呢？他就坐在宝座上，周边满是护卫，额间遍布阴沉，双眼滋滋冒火。我需遵守礼仪走向皇座，须得让人见我三次躬身贴地，我同他说的话，须得响彻皇宫。这究竟是要做什么？——痛煞我也！——我的好运到头了么？就这么结束了？——我已不再蒙受皇恩了？朝堂上的这些家伙呀，我的敌人们啊，哈！你们正为此幸灾乐祸？我的脑中满是痛苦的思绪，我竟是嫉妒的牺牲品！我的光辉已经消逝了么？我的快乐已经不在了么？但我究竟是造了什么孽才招来今日这番意外？——是这件事还是那件事——或许是——不啊，这是在徒劳地自我折磨，这疑虑不停地泛滥，但这种细小的情绪挫折可不会将我击倒，为何今日我突然就一脚踏入了这黯淡的忧伤之井。呵呀！皇帝他也是人嘛，总不会一直保持一个样子。不能偶尔承受耻辱的人，则需得远离朝野，避免与君王相遇。虽然今日如此阴暗——不过也够了，他已经听到了我的谏言，他听到了坎布尔的罪行，他的怒火已被点燃，但我却没有听到他开口对我说"去找坎布尔吧，我要对这罪行报仇"——他只是保持沉默，向我投来那样的目光！——我再次满心忧虑！快说啊！只有胜利才能让我欢喜。太阳要落山了，它昭示了你的死亡，那日光将与你分离，今后只会赐福于我。坎布尔啊！你也来为这事做个见证吧！哦不，干脆让你们的仇恨随你一同进入坟墓。啊！让这仇恨化为我生命的快乐！雪松都能摇摇晃晃地弯腰，你父亲的仇恨却无法被平复，年轻人在不断向前看，只有那邪恶的老不死依旧顽固。但无论如何！我只要能拥有你的女儿，那就随便你诅咒我，诅咒我，至死都诅咒我吧。莉莉发啊！幸福啊！

## 第二场

### 坎布尔 兰福

兰福：　[少顷，两人遥遥观望]要聊聊么，坎大人？

坎布尔：在此处，不管你说什么，我都不相信——请原谅我言辞如此鲁莽——我知道你此次登门，是有特别理由的，但幸福之人从不该蔑视他人的幸福——我希望你能得到祝福。

兰福：　你倒是正直，那就如你所愿，收下我的感激之辞吧。

坎布尔：你以为——

兰福： 你确实非常懂事，非常圆滑，但是，坎布尔啊！你已经懂得了为官的门道么？让我告诉你吧：你的心已完全献给了快乐，但我的快乐比你更多，就因为你把莉莉发看得高于一切，而我则试图把你俩分开——怎么？你害怕了么？哈！很快你就连害怕也不会了。作为一名臣子，可是要始终控制好自己的情绪与表情，不能因怒气脸红，不能因伤悲苍白。

坎布尔：我不明白你想说什么，但我并不想再听你言语了，兰大人，那我就先——

兰福： 给我待在那！皇上有命，而我是来给你下命令的。你要灰溜溜地夹着尾巴逃回去么？——哈！你的良心难道没告诉你，你有多卑劣么，而我会把她从你身边抢走么？你现在发觉也已经太晚了，你胆大妄为地觊觎韩同的女儿，你的理智何在？是的，相信我，她是我作为摄政王用自己的权力换来的宝贝。而你呢？——你还不抓紧从我面前快快逃走？——怎么？你热血沸腾了么？你嫉妒了么？你那炽热感情里还剩下哪怕一丝火花么？呜呼！你尽管热血上头去吧，因为很快你就会心灰意冷。皇上亲自为莉莉发选择了我，而你却在这里犯下了大罪，撕毁了这张圣旨，公正的惩罚可是等你太久了。

坎布尔：［立于一侧］你什么意思？

兰福： 哈，瞧你这副困惑样子——看着吧！等着你的报应吧，要知道，你肆无忌惮地侮辱皇座、侮辱我，可是要受罚的——你不是众官员里的美饰么，但你的心还是会愤怒地跳动，表情还是会充满恐惧。你不是最配得上我的敌人么，现在看看，你在我面前还算是个什么东西，不过一个莽汉，正等着他的审判降临，等着复仇的剑刺向他。

坎布尔：继续满口胡诌，洋洋自得去吧，你这君主的骄横宠儿！你有多高傲，我的灵魂对你就有多轻蔑。我已经明白，你也会看到的，最大的恶行会给他人以致命一击。你的意图不会实现的，听着，你会因勃然大怒而崩溃，让我大声地告诉你，你听好了，不错，我的心在诅咒你，我的心爱着莉莉发。我爱她，哪怕世上满是兰福你这样的小人，也无法阻止我，我就是死了，你也会从我嘴里听到咒骂声：你要知道，你并没有胜利，因你永远找不到你所追求的幸福，那样的话——

兰福： 大胆狂徒！给我闭嘴！

坎布尔：我就是死了，也会笑你，命运不会眷顾你——

兰福： 你有什么好得意的？

坎布尔：都怪你的报复心激起了你的恶欲——啊，你将会掉进哀伤的坟墓里！你把太阳从天上扯下来，你用权力招来这灾殃。继续听我说，我可是要——啊！我会成功的！我会杀了你——

兰福： 有人来了，嘿！他已经到了，坎布尔，怕了吧？

坎布尔：有一个传令官来了。

## 第三场

坎布尔　兰福　一个皇帝的传令官　三个护卫

[三个护卫一人拿匕首，一人拿绳子，一人拿酒杯]

传令官：大人们，我向你们问好。我们卑如尘埃般侍奉的那位皇帝——在他面前，万物都要卑躬屈节，万物都要敬畏其名——便是他派我来的。我谨代表皇帝的名义，来下达他的旨令，称颂他的旨意，君命便是那天意，万千国家都要尽其职，太阳之子言出必行。现在面向我，向他敬拜，二位见我如见君——

兰福：[指着坎布尔]你要找的人就在这。

传令官：[对着兰福]我知道皇帝之令、天子之威具体要我做什么，来接旨，这命令是给你的。

兰福：给我的？

传令官：兰福听旨[他念道，同时兰福跪下]

兰福，尔对朕不忠！尔当明白，朕乃恶行之复仇者。朕今赐尔三班朝典：绳子、匕首、毒酒一杯。尔速从中选择一种，因朕现命你即刻去死。

兰福：皇上是想让我死么？

传令官：是这样的，快些按照他的吩咐去做吧。

兰福：死亡——我的死亡——我要对自己——皇上——要我做什么？——这是背叛啊，我，我被出卖了，拿来让我看看。[他从传令官手中接过圣旨，看后便将其扔到地上，一脚踩了上去]是了，这只已被血染红的手——我的命运已无法挽回，同我的死亡一般。

传令官：[捡起圣旨]好大的胆子！

兰福：哦，皇上啊！你早就毁了我，啊，世上的恶人！啊，恶棍！啊，暴君！你们不过是复仇的可鄙工具！啊，满朝臣子啊，伸出臂膀去抵抗吧，这是上天予你们的权力。哈！你们的权威会在一己的骄横面前化成浓烟逝去，徒留尸体横陈，像被割下的茎秆一般。你们自己将来也不会幸免于这种复仇！这复仇也会在你们身上得到应验，就像它现在对我所做的一般。哦！要不了多久，在某个好日子里，这复仇就会应验到你们的行径上，摧毁你们的容身之所！你们所醉心追寻的不过是一个骨灰堂，把那骨灰撒向四面八方的风中！而我，当人们开始颂扬这世界时，到那时，我会变作一位见证者，会因欢喜而窒息！啊！这就是你对我的感激么，这就是我真正的报应么！大地的骄子啊！我这般忠心耿耿地侍奉着你！啊！这就是罪上叠罪的果实么？它一生都在罪行中成长，直至成熟，直至死亡。哦！——这就是我从你身上得到的回报么！不过是犯了一次错——唉！早知道我就该壮起胆子，去做我本该做的，杀了你这个弱者，但现在，我必须去死了，这般的折磨啊！我要像个懦夫一样死去。是谁状告了我？这个骄蛮的敌人是谁？啊，难道是这个世界联合起来对付我么？——传令官啊！告诉我，我是被谁出卖了？告诉我，好让我诅咒他——是坎布尔做的么？为我解开这个谜题吧，好让我诅咒他——主啊！我恳求你[跪下]——瞧我这幅可怜模样——哈！不过，你又何尝不了解你的官员我呢，你根本不配，我还是别说了。哦！我竟然还向个奴隶屈膝！——这又有什么用呢，就是他用手把我拽进这牢网里：我背叛整个世界，我诅咒整个世界；我诅咒你，韩同。哈！你就是那个叛徒，只有借你的女儿，你才配得上父亲这名号！我还要说什么？莉莉发！——她是恨我的，尽情地恨我吧，接受我的诅咒吧。我这是说了什么？天啊——！这都是我说的？——来吧，看着我死吧，唱一首胜利之歌，因为坎布尔要继承我的位子了，哈！他们就要踏着我的尸体去履行爱的誓言了，那永恒忠诚的誓言——这自然的天性已然颠倒了。把腐烂、死亡和恐怖散布在这束缚之上吧，用莉莉发来填补我的坟墓吧——坎布尔啊，你——

传令官：　兰福！——

兰福：　　哈！你提醒了我，死亡的苦役还等着我哩，我鄙视它，因我不能用魔力逼其就范；但兰福可不会颤抖，他会执行他的审判。[顿了顿，看上去似乎是在选择，然后他拿起酒杯]来吧，你这苦酒——我已经感觉到了自由，我对你，对世界，甚至对皇帝都一样是满嘴蔑视。死亡那冰冷的手啊，你已替我松开所有朝堂中的束缚。[他看向杯子里]就需三口，很快，很快一切就结束了。三倍悲惨的世界啊，我是多么鄙视你！我因着诡计升官，也因着诡计灭亡。但我口中绝不会发出哀叹，一滴眼泪也不会落入这杯中。[对着坎布尔]看着吧，幸灾乐祸去吧——但不啊，你当真是我的朋友啊，这毒酒就因你而来，这就是你的计划。欢迎你到来，甜蜜的死亡！你替我脱开了束缚，你是要把毒酒赐给我么？哦，坎布尔！让我谢谢你吧，你是我的医生，你让我从折磨中解脱，重获健康。再替我做一件事吧——来，把酒杯放到我嘴边——哦？你竟然在发抖？是了，就是你，你个叛徒！你的眼神出卖了你，就是你，是你带来了这背叛。你在颤抖？哈！玩弄阴谋诡计，你还不够格呢。你这懦弱的小人，看着吧，我会嘲笑你。哦，死亡啊！现在我感受到了离别的苦涩。该死小人，承受我一半的痛苦吧。无耻贱人！你得逞了，我看透你了。但莉莉发是你的了，这念头简直叫我发狂！哦！这一片苦海啊！过于巨大！我已经受不了！去死，我和你们一同去死，你们这些生命里的黑暗之日！——不，让我平静下来！我的心中很快便充满了宁静！哦，是什么香膏突然流淌而来，缓解了我的痛苦！它仿佛就在我身上——哦，坎布尔！坎布尔！颤抖吧。我将受罚进入坟墓，但你却要为你的惩罚而活着！你看，这降临在我身上的命运，也已然呈现在你面前。我现在喝下的每一滴毒药，未来都会变作不幸的洪流来折磨你。

传令官：[在兰福喝下毒酒时]你们这些已逝去的灵魂啊，来接待你们的新客吧！

兰福：　够了！我喝了，这并没有那么可怕，光啊，为我熄灭吧！夜啊，接纳我吧！啊！生活的重担这就要逝去了。

传令官：我还需要从你手中取走你权力的象征，就是那帝国的玉玺。

兰福：　[将玉玺递给传令官]拿去吧，这酒杯已经空了，莉莉发、这世界，还有皇帝都已不再能吸引我了。[退场]

### 第四场
#### 坎布尔　传令官　三个护卫

传令官：我现在向你下令，幸运的美饰，正义的朋友，受压迫者的守护人。听着，皇上深知你的德行，坎大人，无论在何处，你都能受到众人的承认。现在我向你鞠躬，并把这象征物交予你。[他把印章交给坎布尔]这世上还有何物能与皇上的恩赐和你的智慧相比的呢？我已经做了我该做的事。[与护卫一起退场]

### 第五场

坎布尔：[过了一会]哦，命运啊，你这是在戏耍我么？我手中这把匕首甚至没能派上用场，哦！如果事情能够重来，这可能么？我的心胸承受了多大的折磨啊！收回你的恩赐吧，以治愈我的伤口。我手上拿的这是什么？这可能么？它是我的了么？我做了这般耻辱之事后，还能有这般的回报么？凡人的运气啊！我必须要鄙视你！我该如何面对你们，韩同啊！莉莉发啊！如果这黯淡的世界里已没有了纯粹的快乐，那我这快乐定会因痛苦而惨败！哦，命运啊！你总要给我们带来这般恼人的恩赐么？我不过是个凡人，我并不想要这样的赏赐。

## 第三幕终

## 第四幕

### 第一场

坎布尔：我该逃去哪里？对我而言，难道就没有安全的地方了么？痛苦在迷宫里不停追逐着我。良心啊！你的刺能刺穿胸膛么？西多拉①啊，我试图去战胜你，却是白费力气。他死了，那个在我看来如此可怕的敌人。我曾

---

① 西多拉(Hydra)，古希腊神话中麦西尼王国沼泽中的九头蛇怪。

是怎样诅咒他的！啊！现在我却为他哀悼。兰福啊！你为何非要把我变成这样一个刽子手？啊，尽管这煎熬本就在我身上扎根——但什么时候它才会消失呢？——我这是在哪里？这是什么地方！就在这儿，他曾站在这儿诅咒我，就在这儿。我还能看到他，手里还拿着个酒杯——哈！这样可怕——这样毛骨悚然！——走开啊！你的目光简直要杀了我。可怜人呐，离开这里吧；到底是什么还让你留在此地？——我又该去哪儿呢？去哪儿？——我不敢去找莉莉发啊。谁知道她会怎样抱怨？我又该怎样向她掩饰我的痛苦？我又是否应该亲吻这朵花的泪露？韩同，韩同，还有你！——我一直在躲着你啊，我害怕你对我的感激，也许他已经在找我了，他那可怕的赞美会把我抬上苍穹，他将把那美丽的人儿奖励给我这个罪犯。哦！就是这该死的手，写下了这些谎言！这只手到现在竟还没僵硬哩！太迟了！太阳下去明早依旧会爬上来，但逝去的时间却永不会折返。

## 第二场
### 苏伦　坎布尔

坎布尔：是父亲！啊！我该逃去哪儿？他正在找我——我的父亲大人，我向您问好。

苏伦：我终于找到你了，我在这附近迷路了太久！哦！我这身体大不如从前了。

坎布尔：来，父亲，坐下来。[他拿过一把椅子]

苏伦：[坐下]生命之墓在向我招手——现在，坎布尔，你听我说，在死亡将我带走之前，我这双眼就已经看到了你的升迁和获福。现在是时候了，现在你应该知晓一个秘密，不然要不了多久，它就会和我一起永久地逝去。现在认真听我说，然后要好生地思考。

坎布尔：我听着呢，父亲，不妨直说。

苏伦：我该从何说起？我可曾给过你一本书，让你去读？——告诉我，你可知道，曾有过一个赵家？

坎布尔：我知道——我知道，不过你——你想说什么？

苏伦：你可知道，赵家与韩家曾有过仇恨？这两个家族的仇恨无法消解；韩同的父亲以前死在了赵家手里。但随即，韩同便靠着运气和狡猾的手段飞黄腾达，得到了先帝宠信。年迈的皇帝驾崩时留下一个子嗣，现在这位统治帝国的君主，当时还尚在襁褓之中，于是当时官居高位的韩同便一手操控了这个大国。他干的第一件大事，就是对赵家满门抄斩。这个恶棍处死了赵氏家族及其子嗣，只有一个儿子幸免于难，因其父去世之时，他还尚在母腹，他父亲死后不久他便出世。但韩同的愤怒让他誓要斩草除根。啊！这让我这个赵家的忠仆悲痛欲绝。我眼看着这个显赫的家族被毁于一旦，我壮胆从韩同的怒火中救下那孤儿，从他那匕首下偷走了孩子。到手的孩子消失不见，那野蛮的恶人暴跳如雷，因为他知道，那孩子终有一天会替赵家报仇；于是一道命令立时传遍城市、乡村和街坊，如果三天之内找不到那孩子，就把尚在摇篮中的所有婴孩一同杀尽。

坎布尔：啊！这件事才让我知道了什么叫野蛮！这般血腥的恶念！让黑夜吞噬他吧。

苏伦：再次鼓起勇气来吧，因为你还要听到一件更为恐怖的事。听我说，如果你还未曾见过比这更悲惨的不幸，那么便同我一起哭泣吧——倘若你还有眼泪可流。那命令像瘟疫之箭一般射出，母亲之心无一不震颤，她们宁愿代替自己的孩子去死。也就是在那时，命运给我送来一个儿子，唉！他是我生命的乐趣，也是我这众多烦恼的报答。但这个残忍的命令也将要夺走我的孩子，所以，我觉得——你能相信我竟会做出那番惊人之举么？我交出了自己的儿子，去代替那孤儿，伪称我找到了孤儿，继而把他送到韩同府上。我还目睹，这个怒徒亲自对那孩子手刃三刀，我便看着他，是如何死去。

坎布尔：我这是听到了什么？

苏伦：罢了，这么多母亲因我而得以免去忧愁，孤儿也被救下，他也还活着。

坎布尔：他还活着？哦！他藏起来了？哦！他该逃走，免得被韩同发现呀！他在哪儿，告诉我，我要做他的救星，那孤儿去哪儿了？——我不知道，他到底是经历了怎样的痛苦——

苏伦：那孤儿现在被我认作儿子，因为我想亲自教育他，以便让他终有一日为我报仇，为他父亲报仇。然而韩同从我手中接过了这个忧愁，因为是我把"赵氏孤儿"送到他手上的，出于感激，他便收留了我的"孩子"，并亲自教育他长大。

坎布尔：到底是什么秘密之光遮蔽着我？——快揭露谜底吧——那个孤儿到底是谁？

苏伦：那个孤儿，就是你。

坎布尔：我这是在哪儿？——天啊！——我？——孤儿？被那野蛮人迫害的世仇之子？——我现在是听到了什么？——不啊——我？苏伦，啊，是你在跟我说话么？我的父亲，把这话收回——

苏伦：我并非你的父亲，你的血统比我要高贵，你生下来便带着高贵的血统。

坎布尔：命运啊！我竟是那孤儿么？悲惨的人生啊！可悲可叹之人啊！——我做了什么？——是啊，这就是我的报应啊，死亡啊！死亡啊！快来吧！——啊！一切都要归于你。

苏伦：是的，坎布尔，相信我，上天的报复永不停歇。他会惩罚恶行，奖励善行。他会把未来的无形恶果置于现世进程之中。一旦我们的行为触犯了法律与正义，就会像韩同那样受到未来的报应；未来可不会因为时间流逝而停下报应的脚步，它会报应每一件暴行，甚至在百子百孙中实施报复。正义啊！你就是警世的思想啊！这受人敬佩的命运啊，它强迫凡人做事有底线。——你怎么不说话了？你在思考么？也许你在考虑，要如何对赵家所蒙受的欺侮进行复仇？你父亲便是那榜样啊，看看他吧；看他是如何在血泊中搏斗；看你的兄弟们是如何被赶到他的尸体前；看你母亲是带着怎样的痛苦迈入坟墓；看那凶手是怎样在废墟中放声大笑；最后再看看我的儿子，他被错认成你，作为韩同敌人之子，被夺去了性命；看看我这一生的痛苦吧——坎布尔啊！为你自己报仇吧。你现在知道自己是谁了，而我要走了。不要错过任何一次实施报复的时机，不然你就为自己颤抖吧，我已向你揭晓了秘密——现在我可以放下我心头的负担了！——哦，软弱啊，我的痛苦啊！再一次把我带到我的孤独中去吧。[起身]现在，坎布尔，好生活着；我不会再见到你了，濒临的死亡冰霜已经冻住了我的肢体，韩同啊！我要尽情地诅咒你！我活了这么久，不过是为了看到你能死在坎布尔手里！我要看到你流血，就像你曾让赵家血流成河！——哦，坎布尔！高兴一点，再一次听我说，我再一次告诉你：坎布尔啊，为自己去报仇吧。[退场]

## 第三场

坎布尔：我生命中的快乐啊，这就要离我而去了么？我想要的到底是什么啊？啊！一切皆是徒劳。这真是没人性，你就这样走过来搅扰了我的安宁。呵！你为什么不早点闭上眼睛去死？可怜啊，我真是可怜人！若我要在这人间深渊里被恶人包围，倒不如逃往地狱，永远避开太阳的视线。我畏惧人们，最畏惧的则是我自己。最可怕的夜色啊，就这样在我面前散开了么？这是真的么？——我不该相信这满嘴谎话的苏伦，他定是在骗我。啊！这怎么可能呢？杀了我吧，你这无名的痛苦啊。哦，苏伦！苏伦！——但他怎么会欺骗我呢？哦！你早就该告诉我的！哦！你怎能始终保持沉默呢！韩同啊！野蛮人啊！我这是听到了什么事啊？我该往哪里逃？我该往哪里躲，才能避开我的内心煎熬？恶人啊！那我，我必须要与她分离么？他竟是这世上最美丽凡人的父亲么？莉莉发啊！你一定要是凶手的女儿么？我该去哪里？——这里？那里？一道鸿沟拦住了我——我该怎么办？——要去哪儿？哈！真糟糕！逃吧，可怜人！逃吧，不——我就待在这里，你这个吸血鬼！哈！我父亲的敌人啊，你怎么不把我也杀了呢！我的血与他的骨灰相连！我的胸膛就在这里呢，蛮徒！刺穿它啊！打倒我啊，你这个害了我全家的凶手，杀了我兄弟们的凶手啊！哦！哭吧，莉莉发，但只为我流一

滴泪便足够了。韩同啊！——莉莉发——苏伦啊！——我要报仇。[他沉思片刻]

## 第四场
### 韩同　莉莉发　坎布尔

韩同：好一个坎大人！你带着荣誉而来，向我诉说你的光荣与胜利。你是多么幸运啊！坎布尔啊！你这一下子简直是事半功倍，不仅能看到敌人被击败，你还踩着他的尸体高升，借你之计我们才得以从那恶人手中解脱。城乡都欢欣鼓舞，高呼着"傲气的兰福死了"，那欢呼声响彻云霄。对你的赞美不绝于每座厅堂，就像挤满了暴民那般喧哗。你同我一样，既然幸运助你攀升高位，那莉莉发可就再也称不上是你这番行为的奖励了：现在，能够做你的妻子，乃是她的荣幸，如果你能爱她，那可是她在人间最大的幸福。来，接过我递予你的手——你在迟疑？——你在怀疑我会不守信用、不知感激？是什么让你心生这样的怀疑？我再说一次，从我手中接过你的奖励吧。她是我能够给你的最美好的事物了。而你，莉莉发，你的期望也没有白费，从他手中接过你生命的彩饰吧。今日便要在纯粹的欢欣中度过；今日与其说是幸福，不如形容为愈发美妙的辉煌。让紧绷的琴弦奏起歌声，伴你走过欢呼的人群。伴着祷告声与缕缕香火，让僧人们的合唱也尽些微劳。我要先拣选祭品去了，祖宗的圣魂正在天上注视着我们。

## 第五场
### 莉莉发　坎布尔

莉莉发：你怎会满脸愁云密布？

坎布尔：你却又为何心满意足？

莉莉发：你这灵魂中怎还会有忧伤呢？坎布尔啊！今日将在欢乐中结束，云已开雾已散，艳阳已然高照！

坎布尔：已经云开雾散了？

莉莉发：你还有什么可为难的呢？是你做了什么事么？那个无耻的兰福，他的死——

坎布尔：那可是源于你父亲的仇恨。

莉莉发：哈！难不成你还想唾骂他么？他可是想尽办法要替你我谋福。

坎布尔：莉莉发啊！

莉莉发：我们该多么敬爱他的灵魂！难道不是我让你去做这事的么？现在向我证明吧，对你来说，我比那悲伤更值得你去操心。刹那间的情感尚可融化生命之寒。坎布尔啊，我的丈夫！

坎布尔：哦，我的莉莉发呀！

莉莉发：只去感受那喜悦吧，这于我——我这是看到了什么？这是真的么？我没看错吧？是什么从你脸颊流下？竟是这般神秘莫测的苦楚！到底发生了什么？

坎布尔：听我跟你讲述一幅不幸的幻象，它始终没有停下纠缠我的脚步，始终在梦中搅扰着我的头绪，即便是醒了它也在我眼前浮现。蛇之子见到龙之女，两者合而为一，系起了爱情的纽带，但蛇之祖辈曾经怨恨能够翱翔飞升的龙之祖辈，一门心思想着该如何报复，以图能与之攀比。继而我看到蛇之子爬向了命运之书，他念道："既然这条龙曾经吞噬了你父亲，你为何还要积攒痛苦？什么时候你才会意识到，仇人的恨意早已聚结？"蛇之子嘶了一声——露出它的毒牙——然后便消失了。这意味着什么，莉莉发？

莉莉发：真是个阴暗的幻象，但这与你又有什么关系呢？怎么了？是苏伦死了么？我已很久没见过他了，你可同他说过话么？

坎布尔：我同他说过话，只是还没去复仇——我该说什么？——这位老人——你说，我的莉莉发，苏伦当真是我的父亲么？说啊，是啊，如果你能使我确信这件事，那你很快就能见到我平静下来。

莉莉发：哦，坎布尔！怎么了？你怎生这般癫狂？

坎布尔：到底发生了什么？还会发生些什么？谁能告诉我，现在会发生什么？啊！我们头顶上空总是悬着些看不见的东西。还有什么事没来得及发生？我到底还需要知道些什么？哦！这罪行！哦！杀人犯！野蛮人！

莉莉发：哦，老天啊！

坎布尔：逃离我吧！如果你不逃，那我自己也会逃走。看呐，危险已经来了——亲爱的，你看到它了么？——听，它那翅膀的扇动声——哦，莉莉发！我们要分开了。蛇之子必须避开龙之怒——但是，不啊，我们不会分开——拿着这个——来，从我这儿把这匕首拿去——亲爱的，拿着它吧。这样的话，龙之手便掌握了生杀大权，拿着这毒刃——你还要抵抗么？从我手中把它拿去，这样我就没法用它害人了。[莉莉发拿过匕首]毒蛇在你胸前都会褪去毒性。不，不啊，我们不会分开，只需要再等一会儿，并保持冷静——否则你将再也看不到我回来。[退场]

### 第六场

莉莉发：这是怎么了？——啊！他好生癫狂；这一天满是极度的欢快与苦楚，它们猛烈地冲击着他的心灵。他那坦率赤诚的心灵还无法习惯于见到这般可怕的幻象，不过很快时间与安宁就会减轻他心中的惊恐。就连我自己也还没有摆脱这些不安，隐蔽的悲痛还折磨着我哩。事已至此，再无他法，但我却是不明白，我怎么会开始流泪了呢，它们一刻不停地从我脸上滚落，是出自快乐么？是源自痛苦之力？为何今天这一切都如此神秘莫测？蛇之子是干什么的？他与龙又有何干？他为什么要给我这匕首？——我恐怕只能付之一笑了。温柔的苦痛啊，你已折磨他太久。为何他会一次又一次地害怕失去我！他给我这匕首要做什么——一个哭泣的新娘又该如何？哦！总是需得隔得远些去看，幸福才会看上去更大一些！这一天我等了多久啊！——现在它来了，但它看上去却远没有距离遥远时那般美妙——但我何苦要把它看得更加黯淡呢？现在我应该上心的是，隆重地打扮一下自己——打扮一下？——欢乐难道还需要更多光芒点缀么？只需头戴最漂亮的花环——至于这吓人的杀器，我先把你留下来吧，在快乐的时光里，我会把你再还给他——不啊，我本就该留着你，是他亲自把你交给我的。[她把匕首藏起来]——只要坎布尔还爱着我，你就留在我这里吧；如果他不再爱我了，那么你这锋利的铁刃——冷冰冰的，同他那冷酷的心一般——你就要替我做些事了。

## 第四幕终

## 第五幕

### 第一场

坎布尔：可恶的恶魔，快滚！你是要跟我去哪儿？我要诅咒你，我始终都能感受到你的存在，不停在我耳边回响的是谁的声音？也许是苏伦的鬼魂逼我去复仇？也许你已经被痛苦的负担压得喘不过气来了；你的灵魂已经逃出那腐烂的肉体了么？你要是还活着，那就该难受了！因为我还没替你报仇哩，痛煞我也！哦！你要是能收回你说的话该多好！现在你说的每个字都在我耳边回响，声音如此可怖！我还能听到你喊着："哦，坎布尔！为自己报仇吧！"哦，报仇！报仇！是啊，我要听，也必须听你的话。是什么魔力驱动着我的双手？谁还能够阻止我？韩同啊！韩同，去死吧！你还有什么好逃的，是想等着圣灵出现在你面前，告诉你说你是清白的？哦，莉莉发！快走吧！是什么蒙蔽了你，让你看不透这野蛮人？快走！否则也要让你尝尝这复仇怒火的味道。哈！它裹挟着我，这怒火猛烈地烧着！混蛋，住手！饶恕这沸腾的热血吧，这血液，就是这血液——真是徒劳！我竟然要再一次犯下恶事。这怎么又来了一个——是苏伦你么？——我好不容易爬起身，却又要再次跌倒。哦，人心啊，因这阴险狡诈而不再纯洁，谁能在看透了人心肮脏之后，还能毫不知耻地继续做人？我要刺穿你。[伸手去拿匕首，却没有找到]又该用什么去刺穿它呢？啊！难道蛇之子丢失了自己的毒牙？哦，死亡啊！我该到哪里去寻你？你总是歪曲事理，找上那幸福的宠儿却饶过堕落之人。死亡啊，你是可怜人的慰藉，在这阴暗的生活里，我宁死也不要那王冠。[顿了顿]事已至此——是啊，我要心悦诚服地跪下，并起誓不去报仇。蛇之子该在龙的面前屈服，便是满心怒火，也不得露出毒牙，我不知道自己即将会遭遇什么，只想站在它面前，从它眼睛里窥探生死。他的牙齿有什么好怕的呢？他的爪子有什么好怕的呢？我只是想从他身上，再看看他女儿的模样，我想——

## 第二场
### 韩同　坎布尔

韩同：　快乐来得总是出人意料；但是，坎布尔，苦难也是一样措手不及，一场意外就会搅扰你这段时间里的欢愉，听我说，苏伦被发现时，他已经死在了这间房里，他曾是你的父亲，但他是个懦弱的老家伙。他地位卑贱，靠我下令，才能马上为这死者立个墓碑。你知道的，他曾为我效劳，所以我对他负有义务。但你要振作起来，现在先克服你的痛苦，改日另寻时间再去履行你的义务，从他那里你只得到了悲催的生活，难道不是我这个父亲为你谋得了幸福么？来吧，一切已经就绪，婚礼的火把在闪耀，人群等着为你和莉莉发戴上花环，为了保佑你们平安，死者已得到了祭祀，寺庙里充满着龙涎香的芬芳。不要耽搁太久——你过于黯然神伤了——是苏伦之死让你感触颇深么——怎么，在这之前你没能和他见上一面么？

坎布尔：怎么？你以为我没和他说过话么？你以为他没告诉我，他至今都对你隐瞒了些什么？你曾从他手里接过那个孤儿并将其杀害，但那时他就已经背叛你了，你以为，赵家已经绝了嗣，但那孤儿活下来了。

韩同：　不要玷污了今日的欢快，年纪大了就会浑噩如孩童，苏伦怕不是在做梦。这真有意思！说他还活着？真是不靠谱！苏伦提那个孤儿是想做什么？当年可是我亲手刺穿了那个男孩，这事至今还在我眼前浮现呢。

坎布尔：我再说一遍，赵家的子嗣活下来了，你亲手刺穿的另有他人。

韩同：　我听到了什么？这是真的么？我即将要被寻仇了？哦，苏伦！苏伦！怎么会？你背叛了我？那竟是场骗局，而我还为此奖励了你？哦！我不该轻信他人！我本该下定决心的！我当时为什么没下令杀死所有孩童？在我们人类身陷囹圄之时，就不该有丝毫的退让。他还活着，我最大的敌人，他现在哪里？快说！

坎布尔：就在这府中。

韩同：　痛煞我也，我这般惊恐！就在这府中？这蛇就近在眼前——

坎布尔：蛇，哈！

韩同：　这蛇起先卑贱又低微，等它长成九头蛇，他便会逃出复仇者之手。要不了多久，它就会带着万千毒牙向我袭来——

坎布尔：没错，只需要一颗毒牙——

韩同：　很快蛇就会繁殖成群，哦！软弱的人类，逃吧！我会遭受怎样的暴力和诡计？——他就在这府里？那他可知道自己的身世么？

坎布尔：他知道。

韩同：　他知道？哦，天啊！我在发抖，这是怎样的造化弄人！他知道了，我却还活着？

坎布尔：也许这就要——

韩同：　是了，他已经盯上我了。哦，坎布尔，救救我！你怎么还在犹豫？再救我一次。你应当、你必须为我报仇。去吧，杀了这个敌人，替为父除掉这个祸根，你需得杀了他。去吧——你还在考虑什么？——去完成你的承诺吧。

坎布尔：你怎么知道他一定会报仇？

韩同：　这还要问？人类可曾原谅过死亡？他手里就握着死亡哩，一旦犹豫，死亡就要降临。我可是杀了他生父及兄弟，要不是苏伦骗我，我甚至连他也一同杀了，他会原谅我这样的人么？我了解这种愤怒，我父亲曾死在他们手底下。哦！当蛇在草丛中戏耍时，万不可轻信它：它最不经意间的瞄准，才是最致命的打击。

坎布尔：是的，是的，他会——独自——

韩同：　光说不做假把式，我只认可行为，一切言语都空洞。这个狂妄之敌现在何处？纵使他有千条命，匕首之下也难逃。很快他就要先发制人了，他已磨好了钢刀。哦，坎布尔！为我报仇吧，哦，坎布尔！再替我做一次。我已经听到父辈们的灵魂在为我哭泣了。你把匕首放在哪了？——来，坎布尔，把我的这把匕首拿去，我能看出来，你是我的朋友，我能看出来，炽热的怒火从你眼中迸出，将你的面孔染成血色。时间不等人，去做吧，快些去做！起身！坎布尔，拿着这把匕首！

坎布尔：[拿过匕首]呜呼！事已至此。

韩同：　他曾被我玩弄于股掌，如今我却要因他而毁灭。去吧，快去杀了那条威胁为父的毒蛇之子吧，把它和它的愤怒都踩死在泥土里。怎么？你还没用过匕首么——看这儿，这儿就是需要被刺穿的地方，一下，两下，三下，深一些，再深一些，在他第三口气还没喘出来之前，那心脏中流出的温热血液就会要了他的命。

坎布尔：哈！恶棍——[他刺向韩同]

韩同：　住手！

坎布尔：去死吧。

韩同：　你在是在做什么，你这贼子！

坎布尔：看看我吧，我便是那赵氏之子，是我，就是我啊，你这叛贼！

韩同：　哦，命运啊！——老天啊！——啊！[死去]

坎布尔：说的没错！——正如你所说的那般——蛇之子胜了，这毒牙就是你的报应。哦，恶贼啊！哦，复仇啊！瞑目吧，去死吧，你这恶龙！——带着万千煎熬，闭上你那怒火腾腾的双眸吧——万能的神力啊，哦！你是如此的公正！饶是这个蠢货费尽心机，你也已离他远去，通向公正命运的最终目标有无数条道路。上天保佑，看啊，罪人就躺在这，报仇之尺已降临在他身上！——这祭祀的畜生就躺在地上，哦！那些曾饱受不公、被他掠夺的人看到了吧，他就躺在这尘土里。看看这可怖的景象，你们这些终有一死的后辈们，听听那老天的呼喊，"哦，人类！要正直！"你这野蛮人，你为何只有一条命？哦！你要是有千条命该多好，我要把它们一并夺走！——哦！这是怎样可怕的一天啊！——不幸之人啊！快逃吧！我这又是做了什么？我还是以前的那个我么？哦，命运啊！你逼我做了怎样一件卑鄙之事啊？我这是堕落到了何等境地？何样的昏黑！这般厚重的黑暗包围了我！你在哪儿，莉莉发？啊！黑暗掩埋了我，大地啊！吞噬我吧！打开那地狱之火吧！那墙倒下了，压倒在我身上！我在哪儿？——啊！那天真无邪的柔情蜜意在何处？这平静在何处？我胸中的安宁在何处？我在命运之中孑然一身，天和地都在笑话我。我已看不懂你了，你这激情背后的汹涌骚乱，你这嗜血的愤怒呵。哦，凡夫俗子们！你们对待彼此是这般糟糕！安宁势必远离你们——啊！永无宁日！不幸之人，你生来就注定饱受折磨！你这暴君，这一切都因你而起——不然他怎会躺在那里！——他额头上的怒气还未消，表情也狰狞，我得看着你倒下，他就是被我这只手刺穿的。哦，你要是能再活过来——没用的！事已至此。哦！我真是卑鄙，我这恶虎攫取了你——那是什么？——苏伦的鬼魂？——他微笑着向我挥手——又来了一个？兰福，你？——竟变成鬼魂向我复仇——走开！恶心的幻象！我看到你在讥笑我。哦！你们这些幻影，走开——捉弄够了吧——你们这些鬼魂，快些走开！我很快便去找你们。哦！这是怎样一片苦海！哦！哪怕只一滴的安宁也好啊！我该去哪？——这里——那里——我不知道该做什么。这匕首在我手中欢庆些什么？——哦，不啊，不可替天复仇，因为那本属于上天。

## 第三场

### 莉莉发　坎布尔

莉莉发：你在哪儿？——啊！一把匕首——躺在那儿的可是我的父亲？——这是怎么——哦，老天啊——走开，你这个阴险的恶魔可是要迷惑我，竟将自己扮成坎布尔的样子，你是谁？你这仇敌。

坎布尔：我曾经是那坎布尔，现在却是那恶人，是那毒蛇之子——是啊，咒骂我吧；我就是杀了你父亲的人。

莉莉发：哦，恶徒！恶徒，滚开！

坎布尔：我报了仇，你父亲的死也是——

莉莉发：哦，可悲啊！你这是做了什么！

坎布尔：这是对我的惩罚，我受自己也受你诅咒；现在我该逃走了，在那远离你的地方寻个深渊——哦！诅咒我吧，这只手已经伸向了深渊。

莉莉发：坎布尔啊！你这匕首上沾满了鲜血！

坎布尔：你不咒骂我么？哀哉！这岂不是我最大的痛苦，不要让我不受折磨就死去。你的诅咒才是和谐之音，虽然它很快就会被悲伤所摧毁，我这坠落的骸骨还能听到这雷声。啊！我配不上你——我这是堕落到了何种境地？你恨我，我也恨自己，我被那恶行所压抑，我要走得远远的，不论这复仇会带我去何方。我这余生都会为莉莉发而哭泣。而你，你不必担心，你必得复仇。哦！我是世间最可恶的人！犯下这些复仇行径，怕是只有老天才会收我。复仇会来的，会来的，是的，我会遭报应。这匕首徘徊在多次复仇之间，老天什么都知道的呀：就在这里，一个恶人制裁了另外一个恶人。我的归处只有绝望，我去了——哦，莉莉发！愿你能永远好好活着！

［退场］

## 第四场

莉莉发：我的父亲！——哦，野蛮人！我的父亲！啊！没用了！我的父亲啊！——他生命的火花已熄灭。不幸的人儿啊！——你死了，你死了，是谁干的？非得是他杀了你么？——方才离开的人是他么？给我回来——把我这胸膛也刺穿吧，让我与父亲一起死去——这是怎样黯淡的灵光？毒蛇之子！——哈！你将毒牙刺向了我。那个梦！那个梦啊！［将头冠扯下］下来吧！你在我头上呆那么久做什么？我戴着你却独独走向了折磨——消逝吧，就像我的爱情一样。哦！你这每一片叶子都消散成虚无！啊，这一天满是血腥与痛苦！啊，这夜晚满是折磨。哦，黑夜啊！快出来将那日光吞噬。哦，坎布尔！遭受惩罚吧！——不！还是饶了他吧，天上的众神啊，饶了他吧；让那公正在我身上应验吧。哈！公正已经到来，这愤怒带来了痛苦——我的父亲——他快死了，他在颤抖——他的血液还在流淌。那血向我涌来了，它大声呼喊着要复仇，它在寻找那罪人——我的父亲啊——醒醒吧，再醒来一次吧，带上我，让我和你一同踏入死亡之夜——我还在这里干什么？野蛮人，你到底做了什么啊？啊！你就逃吧！逃去承担你的罪行吧，而我将成为那个祭祀者，来满足我父亲这叫嚷着复仇的鲜血。

［她刺向自己］

## 全剧终

# 童声的蜕变

## ——论凯斯特纳小说中的儿童成人化语言

华中科技大学　胡练羽

**摘要：** 德国著名儿童文学作家埃里希·凯斯特纳在作品中对儿童的语言进行了详尽的刻画，而这些儿童的语言大多存在一个共同点：儿童虽然表现出异于同龄儿童所应该拥有的行为特征，但这种特征仍旧在儿童成长的适当范围内，即儿童成人化。本文从此类语言现象着手，通过语言分析、心理分析和社会历史分析的方法对儿童成人化语言进行解构，研究故事中儿童的成人化现象，探寻凯斯特纳自身所处的社会环境对这种写作手法和创作理念的影响。

**关键词：** 凯斯特纳；儿童文学；儿童成人化；成人化语言

埃里希·凯斯特纳(Erich Kästner，1899—1974)是德国著名的儿童文学作家、小说家，他在作品中对儿童的特点和心理进行了细致入微的描写。正如自古以来儿童文学的主旨变迁，不论是将儿童视为成年人的低阶形态还是认为儿童也是独立的个体，不同意识体系下形成的儿童文学都具备一个共同点：注重对儿童成长的训诫和教导，即集中探讨如何使儿童变成熟。凯斯特纳儿童小说的重要主题也是儿童的成长，而其中的成人化特点是成长模式中一个特殊的环节。所谓儿童成人化，大多指儿童在思维、心理、语言及行为等方面不符合其实际年龄及生理界限，使其表现出近似成年人的倾向和特征；而笔者则认为这类违和仅存在于表层，儿童成人化的本质仍旧在于其儿童本性。

就本文探讨的主题"儿童成人化语言"来看，"语言是人类活动的第二大特征"[1]，也是儿童成长的第二大特征，语言对于每个社会成员都是非常重要的，"特别是儿童处于语言学习的关键时期，语言的掌握状况直接反映他们的社会化程度，而且语言社会化是儿童社会化的开端，直接影响儿童未来的发展"[2]。从心理学的范畴来看，"语言能力作为一种综合实践能力，是支持个体顺利完成言语活动的心理因素，它表现为利用语言符

---

[1]　高娟娟：《城市幼儿成人化倾向及对策》，《思想·理论·教育》，2005 年第 1 期，第 120-123 页。

[2]　张学东、李红霞：《儿童语言早熟与家庭社会工作干预策略》，《北京青年政治学院学报》，2010 年第 3 期，第 19-23 页。

号系统完成交际活动并实现交际目的的能力"①。儿童的成长是一个动态的过程，因此儿童语言的建构也具有动态性，会随着主体与客体的变化而变化，这其中不乏儿童心理因素对语言驾驭能力的提升以及环境因素对儿童语言能力学习和成长施加的影响。在相对特殊的社会环境下，例如人们短期内经历过多次社会巨变，所造成的时代创伤和心理废墟也会对儿童的语言产生"拔苗助长"的效果，导致儿童在特定的环境中，使用平日里不分褒贬义地积累的成人在相似环境中的用语以及超出儿童该年龄段所应掌握的词汇、句式范围来表达自己观点，即儿童语言成人化，或者说是儿童的"集体失语症"——"儿童集体中充满童真的语言体系逐渐消逝，儿童的个性泯灭在成人的复杂语言符号系统中"②。针对这种普遍现象，凯斯特纳在创作儿童小说时对于作品中儿童的语言刻画及其背后的人物塑造有所偏重，因此本文尝试从这两个"小大人"的形成原因切入，分析凯斯特纳在《埃米尔擒贼记》（*Emil und die Detektive*）、《两个小洛特》（*Das doppelte Lottchen*）、《小不点和安东》（*Pünktchen und Anton*）、《袖珍男孩》（*Der kleine Mann*）、《5 月 35 日——康拉德骑马前往南海》（*Der fünfunddreißigste Mai oder Konrad reitet in die Südsee*）中对儿童"小大人"语言的刻画方式，并对形成这种成人化语言的故事背景以及背后的社会背景和凯斯特纳的创作理念进行阐释。

## 1. 家庭残缺：为爱而生的"小大人"

在凯斯特纳的诸多作品中，存在"小大人"特征的儿童大多拥有一个共同点：生长在缺损型家庭中。缺损型家庭也称为残缺型家庭或不完整家庭，包含家庭成员不全、亲子分离等特征，不同的学者对其定义虽略有不同，但都强调一个要素：家庭的结构缺失，即家庭核心成员的边缘化。纵观凯斯特纳作品中主人公儿童的家庭构成，不论是《埃米尔擒贼记》中从头至尾都没有出现过的"早亡的父亲"，《两个小洛特》中离异分居的家庭，《小不点和安东》中忙于工作不管孩子的父母，还是《袖珍男孩》中早早失踪的小矮人双亲，都有一个共同特征：父母其中一方或双方在儿童的生命之中都存在缺席现象。因此本文结合凯斯特纳作品中所体现的家庭特征，将缺损型家庭定义为两个方面：一方面是父母的身亡或是离异，另一方面是父母由于事业等原因对孩子冷漠和疏忽、孩子从小生活在非父母之手的养育之中，使得家庭在孩子的童年中逐渐边缘化。凯斯特纳笔下的主人公或多或少都经历着这类困境，而家庭的边缘化必将导致儿童过早接触社会、与陌生人打交道，这就促使儿童更快速地进行成人化的蜕变。

这类最典型的例子在《两个小洛特》中有所体现：一对双胞胎因为父母离异而各奔西东，洛特从小与工作繁忙的母亲生活在一起，但身边一直没有父亲或者是代父的存

---

① 毛宇：《基于建构主义的儿童语言能力形成与培养》，《中国教育学刊》，2007 年第 7 期，第 55-57 页。

② 钱歆睿：《儿童"成人化"现象之道德审视》，南京师范大学，2012 年，第 36 页。

在，因此可以说她一直处在"无父家庭"的困境中；路易莎则恰恰相反，同父亲相依为命，生长在"无母家庭"的典型环境中，甚至在初次见到洛特时说出"我根本就没有妈妈"①这样的言论；除此以外，两个孩子也面临同样的情况：虽然自己尚还拥有一位亲人，但他们都工作繁忙，离异前两个人养育家庭的重担落在了一个人身上，因此迫于生计，父母与孩子之间的互动时间被压榨到极限，即使是在互换身份之后，如愿以偿得到父爱的洛特也会在夜里孤独地躺在床上时"向往着妈妈的亲吻，向往着妈妈还在工作的起居室里工作的光"②，而现在却只有空荡荡的隔壁，"为什么这儿隔壁房间连爸爸的床都没有呢？要是他就在我附近该多好！但是他不睡在隔壁，而是睡在另外的什么地方"③。多年后偶然重聚的双胞胎决定互换身份，凭一己之力帮助父母破镜重圆。两个小女孩充分施展自己的智慧和才华，闪耀出与"顽童原型"截然不同的成熟光芒。在后文双胞胎之一洛特与父亲新欢格尔拉赫小姐对峙的会话中不难发现，洛特多次使用具有命令义的情态动词如"müssen""dürfen"等，在《标准德语语法》中"müssen"表"外因"和"必要性"之意，"dürfen"用于否定句则有"禁令"之意，因此洛特脱口而出"不，我必须要告诉你件事！"（Nein, ich muß Ihnen etwas sagen!）和"你不准和我爸爸结婚！"（Sie dürfen Vati nicht heiraten!），凸显出其此行目的的坚决性，将理想中坚强而冷静的"成年人"模式外化，包装自己"儿童"的心灵，形成一种倔强的"小大人"形象，同真正的成年人进行角逐。

此外，在故事开端路易莎遇到了和自己长得一模一样的洛特，但她并不知道这是自己的孪生姐妹，因此出于对这种反常情况的恐惧与害怕，路易莎一直处在情绪波动极大的心理状态中。她的朋友以为路易莎恨这个"不速之客"，便询问"你最终咬下了她的鼻子吗"，而路易莎明显表现出对这种幼稚询问的愤怒和不耐烦，毫不客气地以"别傻了"④的训斥话语回击，并且表现出成年人独有的说理性，一方面讽刺了"咬掉鼻子"这个不切实际的行为，另一方面表明自己并不会随意恨任何人。这一句便将路易莎与她的儿童伙伴们划分开，一边是唯恐世界不乱的起哄者，一边是视域更加实际，并且对儿童般幼稚的玩笑嗤之以鼻的冷静者，路易莎的成熟使她在一众儿童中脱颖而出、格格不入，这便成为建构她"小大人"模式的重要环节。而她成人意识的觉醒，也在立志将支离破碎的家庭拼凑完整时彻底展现出来：

> "我们不能这样做，"洛特有些怯懦地说，"我们只是孩子啊！"
>
> "只是？"路易斯问，把头向后仰。⑤

① Erich Kästner, *Das doppelte Lottchen*. Stuttgart：Klett. 2000：13.

② Erich Kästner, *Das doppelte Lottchen*. Stuttgart：Klett. 2000：47.

③ Erich Kästner, *Das doppelte Lottchen*. Stuttgart：Klett. 2000：47.

④ Erich Kästner, *Das doppelte Lottchen*. Stuttgart：Klett. 2000：23.

⑤ Erich Kästner. *Das doppelte Lottchen*. Stuttgart：Klett. 2000：35.

　　由此可见她认为她们已不仅仅是无能为力的儿童，而是需要独当一面的成人化儿童，由此其"小大人"特征便逐渐形成。综上所述，"小大人"式会话是由儿童主观调动而起、迫于独自面对成年人时的精神压力而导致，当儿童与成人之间存在利益相关、需要通过谈判等形式达到双方的妥协或和解时，儿童会倾向于将自身形象成人化以达到和谈判对象平起平坐的高度。这种外化的"成熟"并不是一蹴而就的，而是日常生活中潜移默化的吸收与学习，最为直接且有效的方式便是模仿，例如洛特在与父亲碎聊时的对话也以"我的男士"（mein Herr）取代正常情况下对父亲的称呼，与父亲对她的"我的女士"（meine Dame）称呼工整对仗，语气句式以及韵律节奏完全一致。会话的模仿，能使洛特在心理层面上构建"与成年人平等"的图式，弥补由于体型力量和心智思维的欠缺而不甘的心境，满足受到成年人同等尊重的自尊心，同时通过模仿获得的实际收益也很可观——他的父亲充分征求了她的意见，并能够满足她的要求，为她的咖啡加上适量的糖。模仿不仅限于对父亲的模仿，同时也可以是对其他成年人的一种摹写，《小不点和安东》中，父亲朴格"很忙，挣的钱很多，小不点的母亲却认为，他工作虽然很忙，但挣的钱很少"①，即使是在晚上休息时间，"朴格先生这时还在他的工厂里上班，他的太太仍然在卧室里躺着"，父亲因为工作无法照顾小不点，而母亲则为了自己的安逸不愿意陪同自己的孩子，可见小不点所在的家庭属于典型的缺损型家庭。通篇小不点对父亲的称呼没有出现过"Vatti"或"Papa"的字眼，而是以"Direktor"代替，因为她的父亲是一名工厂厂长，所以小不点有充分的机会通过其他员工及同事对其父亲的称呼进行学习和模仿，如"小女孩对着父亲点了点头，道：'主任，别犯傻!'（macht keine Dummheiten!）"②，整个句子更像上级对下级的警告，而不是女儿对父亲的提醒，但此类语式从小孩口中说出则另有一番风味，不仅减少了原本的严肃沉闷，还增添了儿童的顽皮气息，形成独特的"小大人"式会话。"在缺少父爱陪伴的童年里，孩子们的心灵更加渴望得到父亲的肯定和关爱，［……］他们极力模仿父亲的一切行动，急于使自己具备父亲的雄性特征"③。因此可以说，孩童的模仿不是全方位完全照搬的摹写，而是经过自身本性精加工的转化与再释放。

　　简言之，这种通过对成年人的模仿汲取认同感的行为方式，本质上源于残缺家庭尤其是"无父家庭"的影响。所谓无父家庭，意即父亲地位在整个家庭中的缺失。德意志帝国是工业化程度加速的时期，父亲在儿童的成长教育中所扮演的角色正接受严峻的考验：其一，德意志帝国威廉皇帝的倒台给予了统治欧洲的父权制前所未有的迎头痛击，父亲在家庭、社会中的支配性特权遭到削弱，"一个史无前例的现象出现在西方社会的

---

① Erich Kästner, *Pünktchen und Anton*. Dressler：Dressler Verlag. 2009：6.

② Erich Kästner, Pünktchen und Anton. Dressler：Dressler Verlag. 2009：12.

③ 申景梅：《"十七年"儿童小说中儿童成长模式探析》，《电影文学》，2009 年第 15 期，第 113-114 页。

集体意象中：不健全的父亲"①；其二，时值 20 世纪 20 年代初，刚经历过第一次世界大战的士兵以父亲的角色重回家中，深谙战争之道的他们却鲜少有育儿经验，没有能力完成父亲应该承担的教育子女的任务，甚至不知该把孩子导向何处。可以说，"社会变革导致个体父亲亲手扼杀了孩子们对父亲的理想，主动抛弃了他们原始意象中作为家庭道德领袖的父亲形象"②。而孩童在长时间父爱匮乏的情况下，父亲角色的转变使得众多作家在作品中将这种变化或明或暗地表现出来，在这个年代正值创作年华的凯斯特纳也不例外。《两个小洛特》中洛特自幼便与母亲生活，生命中父亲的长期缺席，使洛特的心灵渴望父亲的关爱与肯定，在初次见到所谓的父亲的照片时，她就"紧紧地攥着照片，问'我真的可以保留这张照片吗'"（Lotte hält das Bild ganz fest. » Und ich darf es wirklich behalten? «）；后来通过身份调换见到了生父，即使他也忙于工作，鲜少归家，触手可及的父爱却得不到，这一切更促使她极力模仿父亲或者其他成年人的行为以期获得父亲的注目和赞许。《小不点与安东》中的小不点父母健全、在富裕家庭下成长起来。她的父亲为厂主，事务繁忙，母亲为家庭妇女，但社交活动很多，父母每晚都要出门参加宴席，小不点的生活则由女佣和保姆二人照顾。该作品中，小不点与父母的互动仅仅集中在晚上睡觉前的短短几分钟。由此可以得出，家庭父母关爱的缺失并不仅仅发生在残缺家庭中，在健全家庭中由于父母的忽视和冷漠也会导致儿童的身心以异于常态的速率发展，从而形成"小大人"模式。

综上所述，缺损型家庭环境下诞生的"成人化"是脆弱的、非永久的成长模式，儿童会为了获得父母认可、引起父母注意，自觉自发做出模仿成人的举动，同时也会为了探索父母的喜怒哀乐而思索考量更多，长此以往便会拥有比普通孩子更加快速的成长进程。然而这种成人化终究是以成人为参照，以成年人为模仿偶像，因此在面对成年人更加强硬的态度时，仍旧会败下阵来，流露出弱态的一面或是童真的一面，这即是"小大人"背后的童声。

## 2. "小大人"背后的童声：难以消逝的儿童本真

"小大人"终究只是儿童的成人化，其本质——儿童的内心永远无法改变，儿童不可能在一瞬间成为大人，也不可能在短时间内通晓成年人的处事方式，终其言"小大人化"只是儿童应对外界困难的一种解决模式、一种暂时的捷径，而真正的成长仍旧是一个螺旋上升的漫长过程，"小大人"的状态并不会一直保留下去。因此笔者将儿童的未完全成人化表现分为两个方面：

① 侯素琴.：《埃里希·凯斯特纳早期少年小说情结和原型透视》，上海外国语大学，2009 年，第 97 页。
② 侯素琴：《赫克托尔的父亲隐喻——凯斯特纳早期小说中的"代父"形象分析》，《名作欣赏》，2011 年第 3 期，第 40-43 页。

其一是态度的弱化。例如在洛特与格尔拉赫小姐谈判的最后，洛特的态度急转直下，"成年人"的外衣被褪下，变成试图通过乞求来达到目的的"弱童"："就让我们保持现状吧，拜托，拜托……"（Lassen Sie uns so, wie wir sind! Bitte, bitte...），连续两次的"请求"（bitte）使原本势均力敌的两人地位发生悬殊变化，真正的成年人格尔拉赫小姐获胜，失去了"成人化"外壳保护的儿童洛特则只能依靠乞求达到目的。在《小不点和安东》中也出现过这类在成年人面前产生压力与恐惧的情况。小说中安东作为家庭中唯一的男性，为了照顾卧病在床的母亲不得已去桥边卖鞋带以养家糊口，在体现作为男子的担当与责任的同时，也表现出对母亲的畏惧和害怕，呈现出一个在成年人面前的弱小的孩童形象："妈妈，是我哪里做的不好吗？我有时候没办法了解你……还是因为钱的问题？但是您真的没必要为此生气。"①母亲因为安东遗忘了自己的生日而表现得非常不高兴，安东察觉到了母亲的负面情绪而小心翼翼地说出以上这段话，是在试探引起这种情况的根源，而这种试探一方面出于对照顾家庭的责任感，另一方面更是源于对母亲由爱而生的畏惧心理，他不希望让本就卧病在床的母亲再雪上加霜，也不希望与母亲发生矛盾，使得母子之间出现裂痕，他爱母亲，因此害怕失去母亲，便按照母亲对自己的期待飞速成长，成为一个成人化儿童。但这种弱化设定并非为了凸显把儿童看作成人附属品、将成人阶段作为发展的最终目标而将儿童视为走在发展途中未成熟的生命形态这类错位偏差的儿童价值观，背后有着更深的根源。如前文所说，父亲在家庭中尤其是儿童教育方面的经验严重不足，而在战争期间主要负责照顾孩子的母亲则成为儿童心中的顶梁柱，母亲形象借此机会得到忠于家庭、埋首家务、充满母性的美誉，同时儿童从小的教育皆由母亲执行，因此在儿童的潜意识里会认为母亲是其人生的唯一监管者、依赖者，由此更容易对母亲产生敬畏感和顺从心理。家庭离异使洛特和母亲相依为命，大半的童年时光都是与母亲共同度过，母亲作为她唯一的家人，构成了一个共同共生体；同时父爱的缺失也让洛特更珍惜与母亲的相处关系并始终对母亲留有乖顺心理，因此即使是在"可能的继母"面前，也仍旧不自觉展露出这种习惯性的屈服，也正是这种屈服将"成人化"的棱角磨平，将小孩的本性打回原形："儿童，作为社会生活的学习者，不掌握社会的资源和社会权利，在成人主导的社会中是'弱势群体'［……］因为在等级序列中，儿童处在低端，是最没有发言权、参与权和主导权的"②，而正如凯斯特纳在《两个小洛特》欢快的情节中插入的一句深情话语："一个母亲首先应该关心的是不要让她的孩子过早地失去童稚时代的天真。"③他认为，即使母亲的身份在一定程度上促使了儿童的成人化，但不能拔苗助长，而应该保有孩子最后一分童真。

其二则是本真的回归。其中父亲活着时代父在这方面具有长足的影响。《5月35日——康拉德骑马前往南海》描绘了迫于现实环境如学业的压迫等而逐渐失去童心的康

---

① Erich Kästner, *Pünktchen und Anton*. Dressler: Dressler Verlag. 2009：56.
② 高德胜：《儿童：要有做主人的勇气》，《思想理论教育》，2010 年第 12 期，第 59-61 页。
③ Erich Kästner, *Das doppelte Lottchen*. Stuttgart：Klett. 2000：51.

拉德和"代父"——他的叔叔一同前往一个与现实世界截然不同的幻想世界，在这个虚构的世界中逐渐找回童心的故事。在小说的开头，康拉德所表现出的言语行为较偏向成人化，例如他有关于学习成绩的论断："所有数学成绩好的学生都要写一篇有关南太平洋的日记，就因为他们缺乏想象力。可是其他人只用描述一栋五层楼的房子就行了。这同写南太平洋相比简直就是儿童游戏。唉，就因为我们数学成绩好。"①不同于先前所述的"小大人"语言，康拉德的言论更具有逻辑和条理性，整段会话思路清晰，俨然成年人的思维逻辑，就连他的叔叔听完也忍不住说出一句"可你并没有想象力"②( » Du hast zwar keine Phantasie, mein Lieber «)来指明康拉德内心童真的流逝并对此感到惋惜，同时也希望康拉德能够收敛不合时宜的成人气息、展露出儿童应有的本性特征；而在两人经历了成人与儿童身份倒置的教育世界、全自动化的未来大都市、充满自然气息的原始丛林等一系列充满异想天开的冒险之后，康拉德冷漠的心逐渐被叔叔极具想象力的思维方式、幽默且滑稽的行为方式所感化，童真之心被唤回，其言语会话便附上崭新的儿童特征，这些童真的流露可以从他作文日记中的书面语言窥见一斑。最后，当叔叔看完这篇"小大人"式的作文后备感欣慰，并在离开之前站在康拉德的床前以温柔的口吻说道"晚安，我的儿子"( » Gute Nacht, mein Sohn. «)时，他的"代父"光辉彻底显现出来，他的期待——康拉德褪去与年龄不符的成人化，恢复内心的本真也终究实现，由于外在期待所压迫的童心彻底显现出来，与这个年龄的成长路径相融合形成"小大人"形象，拥有成熟的思维模式和成年人的责任与担当，却不失儿童的想象力和创造力，这正是凯斯特纳所力图塑造的"小大人"式儿童，也是他极力向儿童读者们宣扬的教育思想。凯斯特纳本就出生在母亲期待占主导地位的家庭环境中，他深知母亲带给他的影响在其创作中起着举足轻重的作用，通过母亲的栽培他才能够快速地成长以面对生活；而母亲在高压的生存环境下经常性出现精神困扰，甚至患上抑郁症，因此在母亲期待的光照弱化之后，凯斯特纳的两名"代父"则给予了他很大的帮助，分别是家庭医生齐默曼和舒里希为代表的老师房客，"代父"能够在幼年凯斯特纳的精神上提供支撑依靠，给凯斯特纳提供心理上的慰藉，使凯斯特纳不必将一切责任承担在肩上，而是在碌碌人生中保有一片安闲的自我世界，培养和培育自己的一片童心，"凯斯特纳对父亲的期待在家庭医生齐默曼和教师房客身上获得补偿"③。由此可见，只有母亲期待和父亲期待这两种力量平衡地交织与发生作用，儿童才能经历一个正常的成长模式、形成正确的"小大人"形象，从而避免极端理性的"成人"儿童和极端感性的"巨婴"儿童。

---

① Erich Kästner, *Der fünfunddreißigste Mai oder Konrad reitet in die Südsee*. Dressler: Dressler Verlag. 1931：20.

② Erich Kästner, *Der fünfunddreißigste Mai oder Konrad reitet in die Südsee*. Dressler: Dressler Verlag. 1931：185.

③ 侯素琴：《赫克托尔的父亲隐喻——凯斯特纳早期小说中的"代父"形象分析》，《名作欣赏》，2011年第3期，第40-43页。

　　"小大人"背后的童声流露其实蕴含着更深层次的渊源：一方面，出于时代的需求。凯斯特纳经历了"一战"时期的沉寂、魏玛共和国的繁荣、"二战"时期的满目疮痍和战后的复兴潮流，而不论是战前战后的虚华还是战时的废墟，人们早已变得麻木不堪。经济繁荣的时候不用担心未来出路的压力和社会竞争力，教育者们虚度光阴只享受时代的红利却抛弃为人师表的义务；国家萧条的时候一心只想着苟活性命于乱世，但求朝饱不图夕食，对于少年儿童新生一代的教育更是搁置在脑后。这样的社会背景下，儿童的教育逐渐被忽视，这些人长大后因没有受到正规教育，道德修养未能得到系统的端正，性滥交、吸毒等不良现象频出，造成极为恶劣的社会影响。凯斯特纳本身是勤奋好学的学生，却也在诗歌创作中表现出对当代教育的不满，"早已忘却的学校，却浪费我大量时光"①。另一方面，由于外界客观因素的影响，包括繁荣时期的灯红酒绿物质诱惑、资本积累财富诱惑和萧条时期的战争服役，"残酷的战争抹煞了孩子的童心，客观现实要求孩子们跨过童年，快快长大，以便适应现实严峻的革命斗争的需要。由此看来，儿童文学作家们"小大人"模式的创造自觉地顺应了那个特殊时代的要求②、"处于压力下的父母变得自我为中心，他们精力有限，把孩子看作符号，以节省能量、保存能量，并将孩子作为未实现的需要、感受和情绪的投射目标"③，少年儿童缺少家长的管控和陪伴，长期下来使得孩子们过早地承担家庭责任和社会责任，真如他诗歌中所述，"他们无视我们身体和精神的健壮""他们让我们太早地长期全部投入到世界历史中"④。凯斯特纳注意到这一时期青少年儿童所处的特殊生存环境，并付之以同情，认为现有教育体制下的孩童是迷茫的、没有前途的，他们本应该是勇敢、勤奋、具有各种理性美德的"模范"，应该是有足够能力承担起各种负担却又能够保持童真的"小大人"。于是，在凯斯特纳的笔下，少年儿童不再是其他母爱型作品或者顽童型作品中的淘气包，不再是整天嬉皮笑脸无忧无虑的快乐小孩，而是有自己的愁绪、自己的痛苦、拥有真情实感、敢于承担责任的"成人化"儿童，是父爱型作品的典型人物。他自己曾经也表露过："因为摔坏一个布娃娃而哭泣，还是长大后失掉一个朋友而悲伤，都无关紧要。人生里重要的绝不是因为什么而悲伤，而是在怎样地悲伤。孩子的眼泪绝对不比大人的眼泪小"⑤，由此可以看出，凯斯特纳认为，成人不能以自己的视域衡量儿童的悲欢，这也充分体现出凯斯特纳对儿童文学创作中成人本位视角的批判，并对儿童本位观持赞同态度。例如前

---

① Erich Kästner, *Gesammelte Schriften in 9 Bänden*. Müenchen：Deutscher Tauchenbuch Verlag，2004：136.

② 申景梅，《"十七年"儿童小说中儿童成长模式探析》，《电影文学》，2009 年第 15 期，第 113-114 页。

③ 钱歆睿：《儿童"成人化"现象之道德审视》，南京：南京师范大学，2012 年，第 36 页。

④ Erich Kästner, *Erich Kästners Gesammelte Schriften in 9 Bänden*. Müenchen：Deutscher Tauchenbuch Verlag，2004：9.

⑤ Erich Kästner, *Erich Kästners Gesammelte Schriften in 9 Bänden*. Müenchen：Deutscher Tauchenbuch Verlag，2004：46.

文所提到的马克斯，他虽然只是一个身高不超过十五厘米的九岁袖珍男孩，但他同样拥有自己的烦恼——想要长大、成为和正常人一样的体型，也有自己的调皮——和成年人玩躲猫猫、伶牙俐齿地与其他人拌嘴，同时也表现出有担当作为的一面——肩负着马戏团的声望和命运，肩负着全村袖珍人的希冀与出路，他本可以像其他许多孩童一样沉浸在无忧无虑的童年中，却选择了坎坷艰辛的路途，以汗水为伴，逐渐成长为时代所需要的"小大人"。凯斯特纳真实地描绘了当时儿童的生存状况以及面对的困境难题，笔触之下虽有童话般的虚构色彩，却仍旧不失写实特征。

# 3. 结语

综上所述，从凯斯特纳所生长的特殊社会环境和家庭结构可以看出，他笔下的"小大人"语言源自两个方面的因素影响：一方面家庭的残缺导致儿童急于通过模仿成为"临时的成年人"以获得父亲或母亲的注目和认可，表达了一种对家庭完满的诉求；另一方面外界的期待效应导致儿童承担起更多的责任，或被动或主动地肩负起时代寄予的重担，更早地失去童年和面对社会现实，同时更多地承受其他时代孩童所未拥有的压力。凯斯特纳作为一名德国儿童文学史上举足轻重的作家，具备正确的儿童观，足够重视儿童的主观感受，而不是站在高高在上的成人视角将孩童的一切思想与行为视为幼稚低级。他重视刻画作品中的"小大人"形象，对儿童的品德发展及成长模式倾注以期待，认为在特殊的家庭条件以及社会环境下的儿童同样需要肩负起特殊的历史使命。儿童应在不失去自身童真本性的条件下，展露不输于成年人的成熟气质。作品中的成人化儿童语言正是他心中合理的"小大人"的表现形式，儿童的言语兼具成人模式的同时也流露出儿童本性的顽皮和纯真，这也正与他的儿童观紧紧联系起来：政局的动荡与生活的波澜迫使儿童过早背负起时代的重任和期待，他们需要尽早成长起来以面对接踵而至的困难，而儿童终究是儿童，不能为了一味的成长而丢失了作为儿童的特性。他们理应逍遥自在地安度童年，却选择将轻松的生活抛在身后，以骑士般的勇气面对残酷冷漠、失去了童话庇护的现实，这样的觉悟当为成年人重视并感慨，转变心目中对儿童的刻板印象，而不是对他们的眼泪嗤之以鼻、冷漠相待。

# 参 考 文 献

[1] Kästner, Erich. *Das doppelte Lottchen*[M]. Stuttgart：Klett, 2000.

[2] Kästner, Erich. *Das fliegende Klassenzimmer*[M]. Stuttgart：Klett, 2016.

[3] Kästner, Erich. *Der fünfunddreißigste Mai oder Konrad reitet in die Südsee*[M]. Dressler：Dressler Verlag, 1931.

[4] Kästner, Erich. *Der kleine Mann und die kleine Miss*[M]. Dressler：Dressler Verlag, 1931.

［5］Kästner，Erich. *Der kleine Mann*［M］. Dressler：Dressler Verlag，1992.

［6］Kästner，Erich. *Emil und die Detektive*［M］. Dressler：Dressler Verlag，2003.

［7］Kästner，Erich. *Pünktchen und Anton*［M］. Dressler：Dressler Verlag，2009.

［8］Kästner，Erich. *Gesammelte Schriften in 9 Bänden*［M］. Müenchen：Deutscher Tauchenbuch Verlag，2004.

［9］边霞. 论儿童文化的基本特征［J］. 学前教育研究，2000(01).

［10］陈巍. 关于儿童模仿能力的理论解释模型及其研究展望［J］. 学前教育研究，2010(12).

［11］何毅，潘玉驹. 拯救孩子的童年：儿童成人化现象研究［J］. 天津师范大学学报(基础教育版)，2008(03).

［12］贺利中. 影响儿童语言发展的因素分析及教育建议［J］. 教育理论与实践，2007(06).

［13］侯素琴. 埃里希·凯斯特纳早期少年小说情结和原型透视［D］. 上海：上海外国语大学，2009.

［14］侯素琴. 赫克托尔的父亲隐喻——凯斯特纳早期小说中的"代父"形象分析［J］. 名作欣赏，2011(03).

［15］黄进. 童年形象的建构与审思［J］. 教育研究与实验，2010(06).

［16］林泳海. 论儿童模仿及其教育价值［J］. 应用心理学，1987(01).

［17］刘万海. 当前教育中儿童的成人化倾向省思［J］. 教育理论与实践，2007(01).

［18］孙大鹏，沈岗. 当代德国儿童文学的内在特性探析［J］. 编辑学刊，2014(06).

［19］吴丹妮. 儿童文本与成人建构：西方儿童文学批评的理论探索［J］. 惠州学院学报，2021，41(01).

［20］严兵. 浅析儿童剧中的"成人化"问题［J］. 中国戏剧，1997(01).

［21］杨实诚. 论儿童文学语言［J］. 中国文学研究，1999(02).

［22］张更立. 异化与回归［D］. 南京：南京师范大学，2011.

［23］张学东，李红霞. 儿童语言早熟与家庭社会工作干预策略［J］. 北京青年政治学院学报，2010(03).

［24］周国光. 儿童语言习得理论的若干问题［J］. 世界汉语教学，1999(03).

# 做盲从者还是思考者

## ——布莱希特教育剧《说是的人·说不的人》解读

华中科技大学　谭　渊

**摘要：** 布莱希特创作于 1930 年的短剧《说是的人·说不的人》是其教育剧中的典型作品。该剧改编自英国著名汉学家阿瑟·威利翻译的日本能剧《谷行》，原本讲述的是一个男孩因朝拜途中生病而被按照习俗抛入山谷、最终却被神明所救的故事。布莱希特将其改编为校园剧《说是的人·说不的人》，为故事增添了新的内容，使剧中男孩有了遵从和拒绝旧习俗的选择权，从而让剧情产生出两种截然不同的结果。从短剧所采用"教育剧"形式，我们可以看到布莱希特对传统表演艺术的大胆突破创新，这种创新也为他此后发展叙事剧和辩证剧理论奠定了基础。

**关键词：** 布莱希特；《说是的人·说不的人》；《谷行》；教育剧

1929 年 7 月，德国室内音乐节在南部城市巴登-巴登举行，当时因《三角钱歌剧》（*Die Dreigroschenoper*）而在戏剧界声名鹊起的布莱希特（Bertolt Brecht）推出了自己的新剧《林德伯格的飞行》（*Der Flug der Lindberghs*）和《巴登的赞同教育剧》（*Das Badener Lehrstück vom Einverständnis*）。此处的"教育剧"（Lehrstück）一词为布莱希特首创，它也非常符合此次音乐节所倡导的"实用音乐"（Gebrauchsmusik）主张①。从此，"教育剧"一词不仅出现在舞台剧的剧名中，而且成为布氏戏剧理论中的重要概念。作为对这一理念的实践，1929—1930 年间，布莱希特和作曲家库尔特·魏尔（Kurt Weill）合作，为柏林新音乐节（Tage der Neuen Musik）创作了一部新的教育剧，这就是《说是的人》（*Der Jasager*）。为了更好实现与"教育"目的的结合，布莱希特在写作时使用了小学生也可以理解和朗诵的语言，并配上了合唱，使之成为适宜在学校内排演的校园音乐剧。这明显不同于布莱希特针对革命斗争需要，为工人剧团街头演出而写的"教育剧"，如《常规与例外》（*Die Ausnahme und die Regel*）、《措施》（*Die Maßnahme*）。该剧不需要大制作的舞台装置或服装，故事简单，但有着深远寓意。因此，"教育剧"也被翻译成教材剧、教训剧等各种名称，同时又与寓言剧、叙事剧、陌生化戏剧等概念存在重合或交叉，在布莱希特的戏剧体系中占有重要地位，而布莱希特的后期戏剧也大多具有教育剧的色彩。

---

① 雅恩·克诺普夫：《贝尔托特·布莱希特：昏暗时代的生活艺术》，黄河清译，北京：社会科学文献出版社，2018 年，第 235 页。

教育剧《说是的人·说不的人》与布莱希特的许多作品一样都并非其原创，而是来自世界文学的宝库。该剧改编自日本 15 世纪有着浓厚宗教色彩的能剧《谷行（たにこう）》，相传为剧作家金春禅竹（1405—1470）所作，英国著名汉学家阿瑟·威利（Arthur Waley）将其译成英语 *Taniko-The Valley-Hurling*，收入 1921 年出版的《日本能剧》（*The Noh Plays of Japan*）一书。当时欧洲有许多知识分子希望能在欧洲之外的文化传统中找到启发和精神养料，布莱希特的合作者伊丽莎白·豪普特曼（Elisabeth Hauptman）也是如此，她关注到此剧并将其译成德语，定名为《谷行或掷入山谷》（*Taniko oder Der Wurf ins Tal*），使布莱希特首次与东方戏剧发生了接触①。

能剧《谷行》讲述的是一个寺院学校中的男孩为了让生病的母亲能够康复，加入老师带领的进香队伍，和他们一起去葛城山中朝拜神明，但是男孩在进香路上生了病。由于疾病被视为一种失去身心纯洁性的标志，而只有心诚者才能进山求神，祈祷才会灵验，所以病倒的男孩听从猎人的意见，让同行者将自己从一块岩石上掷入山谷中。后来，朝圣者到达山顶，他们向神明役行者和不动明王祈祷时，神明抱着男孩降临，使他重新返回人世。② 可以说，该剧本身包含的是传统宗教伦理，即心诚则灵，精诚所至，金石为开。虽然威利在翻译时删去了原剧结尾的说教，但戏剧的宗教色彩依然十分明显。

1930 年 1 月，布莱希特完成了该剧的第一个德语改编版本：《说是的人》。在以能剧剧本为原始素材进行加工时，布莱希特最初对这个凡人跳下山崖又奇迹般获救的故事只更改了少量的细节，剔除了其中的宗教内容，代替朝圣的是一次科考之旅。总体上，日本故事的原型得到了保留，但进山朝拜进香变成了科学考察和学习医药知识，男孩随考察队上山也是为了向两位大医师求药，以便给母亲治病，而不是向神明祈求母亲康复，这一点体现了布莱希特对宗教题材的科学处理原则。布莱希特的再创作使得教育剧更符合现实，也体现了他创作教育剧时尽力贴近社会现实，从而调动观众的主观能动性、使观众受到启发的目的。

《说是的人》情节主要如下：一位老师到一个学生家中拜访，学生听说老师要带队到大山另一边的城市去拜访几位大学者，于是要求同行，以便到那座城市去向大医师给生病的母亲求取药品并学习治疗。教师警告他这将是一次危险的旅行，少年尽管知道自己可能在途中丧命，但为了母亲，他无论如何也要同往。最后少年还是一起出发了。然而在半路上，少年因劳累和疾病无法再继续前行，其他队员也无法帮助他攀越陡峭的山脊。根据旧习俗，中途不能随队继续攀登的人必须被遗弃掉，以免拖累整个队伍。于是，考察队按照习俗询问生病少年是否同意自己被遗弃，同时也告诉少年，按照旧俗，生病的人应当回答他同意，以便使其他人不必中断旅程陪他一起折返。这个少年同意了，但由于害怕一个人孤零零地死去，因此他请求队友将自己掷下了山谷。队友们最后

① 余匡复：《布莱希特和传统》，《上海戏剧学院学报》，2001 年第 2 期，第 32 页。
② 参见 Arthur Waley, *The Noh Plays of Japan*. New York：Tuttle Pub., 2009：190-195.

还抛下一些土块和石头掩埋了他的尸骨。

但《说是的人》在 1930 年 6 月 23 日首演之后却没有取得预期的效果，甚至还遭到了剧评人士的质疑，被询问的小学生们也认为，少年之死毫无意义。当然，这与布莱希特完全去除了原剧中的宗教虔敬色彩不无关系。原本少年作为虔诚的朝拜者为保证朝觐队伍的纯洁而甘愿自我牺牲，这种行为在宗教氛围下很容易被信徒们所理解，少年最终被神明复活也说明他的行为从宗教意义上来讲是伟大而神圣的，无论是放在 15 世纪的日本还是欧洲，都笼罩着一层神圣的宗教光环，少年的死而复活在虔诚的信徒看来也是顺理成章的。但布莱希特的修改却使 20 世纪的观众陷入了疑惑，如果仅仅因为少年生病就要将他抛入山谷，这不仅没有必要，而且也看不出这种牺牲有什么伟大的意义。这种"教育剧"最多只能使学生们对日本的旧习俗产生怀疑，却难以让学生产生更多思考，这促使布莱希特转换思路，在 1930 年下半年为《说是的人》添加了一个原作所没有的姊妹篇——《说不的人》(Der Neinsager)。布莱希特在剧本开头的舞台说明中特别强调："该剧的两个部分应尽量一起上演，而不应割裂开来。"[1]这说明二者构成了一个有机整体，不能分开来进行演出和诠释。

《说不的人》在结构上与《说是的人》完全相同，两个姊妹篇的前半部分内容也差不多完全一样，后半部分则出现了两种不同的选择和故事走向，即：是按照旧俗表示赞同还是在思考之后表示抗拒。同时，教师带队翻越高山的动机与第一版《说是的人》相比也产生了很大变化。布莱希特在此设计了新的矛盾冲突——整个城市被瘟疫所侵袭，因此老师要带领学生到山另一边的城市去寻找几位很棒的大医师，以便学习治疗并为全城百姓带回治病用的药品。因此，当少年因病无法再继续前进时，他的抉择就不再仅仅只影响到他个人，而是将决定整支队伍是否要因照顾他而折返，并因此耽搁全城人与瘟疫的斗争，而那样一来，家乡可能会有更多人死去，其中也包括他染上瘟疫的母亲。这是典型的古典悲剧冲突，即当个人与集体利益发生冲突时，个人是否甘愿承担起重任，为集体和信念而付出牺牲。[2] 这也意味着，在《说是的人》第二版中，少年所做的自我牺牲可以为全城人赢得时间，甚至使更多生命得救，这种牺牲自己而拯救更多人的行为正是集体主义精神的表现。1935 年 12 月，库尔特·魏尔在接受记者采访时也曾进行这样的诠释："我们(给日本原型)增添了'赞同'的概念，并借此改写了这部剧作：少年如今不再(如原作中)毫无意志地被扔进山谷，而是首先询问了他的意见，通过表示赞同，他证实了自己学会了为一个集体或者为一个他支持的理念而承担后果。…… 通过'赞同'的倾向性，这部教育剧在更高意义上发挥了政治作用。"[3]

---

① Bertolt Brecht, *Werke. Große kommentierte Berliner und Frankfurter Ausgabe*. Hg. von Werner Hecht u. a., Berlin / Weimar / Frankfurt a. M.: Suhrkamp, 1988-1997. (= GBA，文中凡引自此文集之处均只注明卷数和页码)此处为 GBA 3, p. 58.

② 克诺普夫：《贝尔托特·布莱希特：昏暗时代的生活艺术》，第 250 页。

③ 同上。

《说不的人》在前半部分内容上与《说是的人》相同，两剧的分歧点在最后部分：当老师按照旧俗询问学生并告诉他，为了不拖累其他人折返，他应该同意大家按照"伟大的习俗"将其丢进山谷时，学生犹豫了。作品中写道：

> 教师：你希望大家因为你的缘故半途而废吗？或者你是否同意大家按照伟大的习俗将你丢进山谷？
> 男孩：(停顿思考片刻后) 不，我不同意。①

这个出人意料的"不"和男孩随后陈述的理由使老师和队友们陷入沉思，但是经过讨论之后，大家认为男孩的意见是正确的，于是他们中断旅程，冒着被家乡父老耻笑的风险，将男孩送回了家中。我们从新的结局看到，剧本的主题在此发生了很大的变化，它意在教育观众不要被所谓"伟大的习俗"所束缚住，随随便便地附和他人意见或社会成见、做一个"赞同者"。正如剧本开头处合唱队在合唱中所评述的：

> 学习之至要，在于学会赞同。
> 许多人说是，但却并非赞同。
> 许多人根本就没有被问起，
> 许多人对错误也点头称是。
> 因此：学习之至要在于学会赞同。②

换言之，该剧的立意在于教育观众不要盲从，而要运用理性，独立地思考问题，敢于做一个说"不"的质疑者和思考者。

在表现手法方面，布莱希特在剧中通过运用合唱、解说等多种手段，使演员常常作为叙事者来进行客观陈述和评论，从而进一步激发观众的思考能力，让观众通过自己的思考来获得结论。因此，布莱希特的《说是的人·说不的人》在戏剧革新方面相当具有先驱性，这一"教育剧"姊妹篇正预示了叙事剧的未来发展方向。

从作品与布莱希特所处的时代来看，1929 年 10 月爆发的世界性经济危机大大加速了德国纳粹势力的扩张，这其中很大一部分原因在于德国人在悲观主义与民族主义情绪下的盲从。早在几年前创作《人就是人》(Mann ist Mann)一剧时，布莱希特就已经批判了德国人的盲从之风，呼吁每个人要有自己的独立思考。在《说是的人·说不的人》中，布莱希特再次加强了作品中的辩证因素，在前一部分《说是的人》中，主人公认同了个人为集体利益而牺牲的解决方案，从容接受了自己的命运，但在后一部分《说不的人》中，孩子却有了更多的思考，认为现在出现的是新的情况，因此问问题者的出发点就已

---

① GBA 3, p. 71.
② GBA 3, p. 59.

经出错了，而"那个古老而伟大的习俗，我在其中看不到丝毫的理性"，现在"需要一个新的伟大习俗，一个我们必须立即引入的习俗——就是在每一种新的情况下进行新的思考"，① 因此他拒绝盲从。这引发了三个学生和教师的思考，他们商讨后认为这个男孩说的话确实合情合理。值得注意的是：三个学生和教师的态度也在发生着改变，男孩对习俗的抗拒态度促使他们也开始对旧习俗产生怀疑，在运用理性、思考旧习俗是否真的合理之后得出了新的结论，即他们应该接受一种正确的思想，和男孩子一起返回："那我们想折返回去，而且没有什么嘲笑和羞辱能阻止我们按理智行事，没有什么旧习俗能阻碍我们接受一种正确的思想。"②

可以说，男孩的存在是一个类似于"引导者"的角色，他诱导周围人进行思考。而教师和三个学生则更多地代表着普通民众，他们在没有运用理性时只要求男孩遵守旧习俗，但是在强有力的抗拒中他们也站到了更为理性的立场上，与男孩一起发生了转变，凸显了"教育剧"所要传达的教育内涵。

《说是的人·说不的人》的前后两个部分体现出布莱希特对于盲从的批判，他通过这种正反说理的方式将辩证思考引入教育剧中，使得剧本改变了单一的说教，更加富有教育意义。在实际首演时，他还通过让学生表演给其他学生看，引发了学生的学习兴趣，使其达到了课本教学难以达到的效果。③ 也正是在改编该剧的同时，1930 年，布莱希特在为戏剧《马哈哥尼城的兴衰》(*Aufstieg und Fall der Stadt Mahagonny*)所写的演出说明中提出了"现代戏剧是叙事剧"的主张，对叙事剧体系进行了详细的阐述，并以表格的形式对比了叙事剧与传统戏剧④，后人常引用此表说明布莱希特的叙事剧体系与传统的亚里士多德戏剧表演体系之间的差别。这标志着布莱希特创作理论的一个重要发展。1935—1936 年间，布莱希特又写下了《娱乐剧还是教育剧?》(*Vergnügungstheater oder Lehrtheater?*)一文，指明叙事剧在本质上是"教育剧"，并且再次对比了它与传统戏剧的不同。⑤ 布莱希特创立"教育剧"的目的在于让观众通过学习来了解世界，认识到社会中存在的不合理现象，从而得到教育，并进一步产生改变世界的动力。⑥ 从思想高度上来看，"教育剧"的提出表明布莱希特从 1926 年学习马克思的《资本论》开始，已经逐步将马克思主义运用于戏剧创作领域，从对社会现象的关注转向揭示造成社会现象的根本原因，即阶级社会的本质，以求通过对民众的现实教育来"改变现实"。借用马克思的名言："哲学家们只是用不同的方式解释世界，而问题在于改变世界。"⑦我们也许可

① GBA 3, p. 71.

② GBA 3, pp. 71-72.

③ 李其昌：《布莱希特教育剧对剧场的应用》，《戏剧艺术》2016 年第 4 期，第 28 页。

④ GBA 24, pp. 78-79.

⑤ GBA 22, pp. 109-110.

⑥ 卞之琳：《布莱希特戏剧印象记》，北京：中国戏剧出版社，1980 年，第 30 页；参见余匡复：《布莱希特论》，上海：上海外语教育出版社，2002 年，第 251-259 页。

⑦ 马克思、恩格斯：《马克思恩格斯全集》第 3 卷，北京：人民出版社，1972 年，第 6 页。

以这样总结布莱希特创新"教育剧"的根本目标所在：历史上的剧作家只是在用各种各样的方式呈现现实世界，然而更重要的在于改变现实。

## 参 考 文 献

［1］Waley, Arthur. *The Noh Plays of Japan*［C］. New York：Tuttle Publishing, 2009.

［2］Brecht, Bertolt. *Werke. Große kommentierte Berliner und Frankfurter Ausgabe*［M］. Hg. von Werner Hecht u. a., Berlin／Weimar／Frankfurt a. M.：Suhrkamp, 1988-1997.（＝GBA）

［3］卞之琳. 布莱希特戏剧印象记［M］. 北京：中国戏剧出版社, 2007.

［4］雅恩·克诺普夫. 贝尔托特·布莱希特：昏暗时代的生活艺术［M］. 黄河清, 译. 北京：社会科学文献出版社, 2018.

［5］李其昌. 布莱希特教育剧对剧场的应用［J］. 戏剧艺术. 2016(4).

［6］余匡复. 布莱希特［M］. 成都：四川人民出版社, 2002.

［7］余匡复. 布莱希特论［M］. 上海：上海外语教育出版社, 2002.

［8］余匡复. 布莱希特和传统［J］. 上海戏剧学院学报. 2001(2).

# 说是的人·说不的人

## （校园剧）

[德]贝尔托特·布莱希特　著

合作者：[德]伊丽莎白·豪普特曼，[德]库尔特·魏尔

谭渊　译

【《尝试》第 11 卷中的说明：校园剧《说是的人·说不的人》由魏尔作曲，用于在校园演出。该剧的两个部分应尽量一起上演，而不应割裂开来。】

出场人物：教师、男孩、母亲、三个学生、合唱队

## 说是的人①

### （校园剧）

### 1

| | |
|---|---|
| 大合唱： | 学习之至要，在于学会赞同。 |
| | 许多人说是，但却并非赞同。 |
| | 许多人根本就没有被问起， |
| | 许多人对错误也点头称是。 |
| | 因此：学习之至要在于学会赞同。 |

[教师在房间 1，母亲和男孩在房间 2]

教师：　　我是一名教师。在这个城市里有一所学校，有一个学生的父亲已经过世了，照料他的就只有他的母亲。现在我要去看看他们并与他们道别，因为我不久就要朝山里进发了。我们这座城市中爆发了一场瘟疫，而在山那一边的城市里住着一些很棒的医生。[他敲了敲门]我可以进来吗？

男孩：　　[离开房间 2 来到房间 1]谁在那儿啊？噢，是老师来了，老师来看望我们了！

教师：　　为什么你这么长时间都没来城里上学？

男孩：　　我没法来，因为我母亲生病了。

教师：　　我不知道你母亲也生病了。请你马上告诉她，就说我来了。

---

① 根据阿瑟·威利(Arthur Waley)的英译日本能剧《谷行》(*Taniko*)改编。——原注

| 男孩： | [向房间 2 喊道]妈妈，老师来了。 |
|---|---|
| 母亲： | [坐在房间 2 里]请他进来吧。 |
| 男孩： | 请您进来吧！ |
| | [他们俩走进房间 2] |
| 教师： | 我已经很长时间没来这里了。您的儿子说，病魔也侵袭了您。您现在感觉好一点了吗？ |
| 母亲： | 遗憾的是我并没有怎么好转，因为迄今为止都还没有能对付这种病的良药。 |
| 教师： | 是得去找点什么药啊。我正是为此来和您告别的：在山那边的城市里有些很棒的医师，明天我就翻山越岭，去拿药品和医嘱。 |
| 母亲： | 一支要翻越崇山峻岭的求救队伍？是啊，其实我早听说在那里住着几位名医，但我也听说这条路上危险重重，或许您打算带上我的孩子一同前往？ |
| 教师： | 这可不是一次适合带上孩子的旅行。 |
| 母亲： | 好吧。但愿您能平安归来。 |
| 教师： | 现在我必须走了，您多保重！[退回房间 1] |
| 男孩： | [跟在老师身后进入房间 1]我得向您说点什么。 |
| | [母亲在门口偷听] |
| 教师： | 你想说什么？ |
| 男孩： | 我想和您一起进山去。 |
| 教师： | 正如我刚才对你妈妈所说，这是一段艰难而危险的旅程。你不能一起来。还有，你怎么能离开你正在生病的母亲呢？留在这儿吧。你跟我一起去是完全不可能的。 |
| 男孩： | 正是因为我的母亲生病了，我才想和您一起去，这样才能从山那边的名医那里得到药品和医嘱。 |
| 老师： | 我需要与你的母亲再谈一谈。 |
| | [他走回房间 2，男孩在门口偷听] |
| 教师： | 我又回来了。您儿子说他想和我们一起去。我告诉他，在您生病的时候，他不能离开您，而且这是一段艰难而危险的旅程。照我说，他根本不可能跟我们一起去。但他说，为了给您治病，他必须和我们一起去山那边的城市求取药品和医嘱。 |
| 母亲： | 我听到了他的话。我毫不怀疑这孩子说的话——他很高兴能加入这次危险的旅程。进来吧，我的儿子！[男孩进入房间 2]<br>自从你的父亲离开我们以来，<br>除了你，我再没有什么人陪伴左右，<br>即便是在我为你做饭缝衣，挣钱糊口时， |

你也从未长久地从我的脑海和眼前离开过。

男孩： 一切都像你说的那样，但尽管如此也没有什么东西能让我放弃计划。

男孩、教师、母亲(合)：我(他)将不畏艰险，踏上旅程。为我的(你的/他的)母亲
从山那边的城里找来治病的良药和医嘱。

大合唱： 他们看出，没有什么劝告能使他动摇。于是老师和母亲异口同声
地说：

教师、母亲：许多人会同意错误的意见，但他不会赞同疾病，而是要将病治愈。

大合唱： 但母亲说：

母亲： 我没什么力气了。
如果你无论如何都要去，
那就和老师先生一起走吧。
但你要尽快、尽快
摆脱险境，回到家来。

## 2

大合唱： 队伍已经踏上进山的旅程。
老师和男孩都在他们中间。
男孩已经不堪重负，
他的心脏过于疲惫，
急需赶快回家休歇。
黎明时分当他们来到山脚，
他再也拖不动疲惫的双脚。

[老师和三个学生走进房间 1，最后还有那个拿着水罐的男孩]

教师： 我们很快登上了山峰。那边就是第一个小屋。到了那里，我们就稍事
休息。

三个学生：我们听您的。

[他们走向房间 2 中的平台，男孩拦住了老师]

男孩： 有件事我不得不说。

教师： 你要说什么？

男孩： 我觉得不舒服。

教师： 住嘴！一旦踏上这段旅程，就绝不允许说这种话。也许只是因为你不习
惯翻山越岭，有些累了。你在这里停留一会儿，休息一下吧。[他走上
平台]

三个学生：看来这男孩是爬山累了。这事情我们得去问下老师。

大合唱： 是的。去吧！

三个学生：[面对老师]我们听说那个男孩爬山爬累了。该怎么办？您是否担心他？

教师：　　　他感觉不舒服，但除此之外一切都正常。他只是登山累着了。

三个学生：那您就不担心他吗？[长时间的停顿]

三个学生：[相互交头接耳]你们听到了吗？老师说，这个男孩只是登山累着了。可他现在看上去是不是很奇怪？过了小屋可就到了狭长的山脊。只有用双手紧紧抓住岩壁才能勉强爬过去。但愿他不是生病了。因为如果他无法再继续前行，我们就只能把他留在这里了。

[他们手呈喇叭状放在嘴边，对着房间 1 呼喊]

现在我们要问一下老师。[面对老师]我们刚才问起小男孩的事情时，您说他只是翻山越岭有些累着了，但现在他看起来很奇怪，连站都站不起来了。

教师：　　　我看，他是生病了。你们试一下，看看是否能将他抬过那段狭长的山脊。

三个学生：我们会努力尝试的。

[技术指导：这三个学生正试图把男孩拉过"狭长的山脊"。表演者必须利用平台、绳索、椅子设计出"狭长的山脊"。必须表现出：这三个学生虽然自己可以单独过去，但如果还要抬上男孩，就万万做不到了。]

三个学生：我们没法把他带过来，而且我们也不能留下来照看他。无论如何，我们必须继续前行，因为全城人都在等待我们把药品带回去。我们真害怕把那句话挑明，但如果他不能跟上我们，那我们就只能把他丢在这座山上了。

教师：　　　是的，也许你们必须这样做。我无法回绝你们。但我认为，先询问生病者，是否赞成大家因他的缘故半途而废，那才是正确的。我从心底为这条生命感到极大的遗憾。我想去他那儿，让他能对自己的命运有所准备。

三个学生：请您就这样做吧。[他们站在那里面面相觑]

三个学生、合唱队：

> 我们（他们）要问他，他是否期盼
> 人们为他的缘故半途而废。
> 但即便他渴望那样，
> 我们（他们）也不愿就此回去，
> 而是希望将他丢下，继续前行。

教师：　　　[来到小男孩所在的房间 1]你听好了！因为你已经病得不能继续前行，我们只能将你留在这里。按道理应当询问生病者，是否要大家为他的缘故半路折返。而按照习俗，生病者应回答：你们不应折返。

男孩：　　　我明白了。

教师：　　　你要大家为你的缘故半路折返吗？

男孩：　　　你们不应折返！

教师：　　　那么你也同意被丢下吗？

男孩：　　　我要考虑一下。[停顿以进行思考]是的，我同意。

教师：　　　〔从房间 1 向房间 2 喊〕他已经按照他所必须做的回答了。

大合唱、三个学生：〔三人下到房间 1〕他说是的：继续吧！

　　　　　　　　〔三个学生站着不动〕

教师：　　　现在继续前进，不要停下！

　　　　　　因为你们已经决定继续前进。

　　　　　　〔三个学生站着不动〕

男孩：　　　我想说一句：我请你们不要把我丢在这里，而要把我丢进山谷，因为我
　　　　　　害怕一个人孤零零地死去。

三个学生：我们不能这样。

男孩：　　　等一下！我希望这样。

教师：　　　你们已经决定继续前进并且将他丢下。

　　　　　　决定他的命运很容易，

　　　　　　但要执行它却很难。

　　　　　　你们准备把他丢下山谷吗？

三个学生：是的。〔三人把男孩抬到房间 2 的平台上〕

　　　　　　将你的头靠在我们的手臂上。

　　　　　　你别紧张。

　　　　　　我们会小心翼翼地抬着你。

　　　　　　〔三个学生站到靠近平台后缘的地方，男孩被他们所遮住〕

男孩：　　　〔只闻其声〕虽然我知道，我在这次行程中可能会失去我的生命。但因
　　　　　　为对母亲的牵挂，我无法抗拒这次旅程的诱惑。请你们拿上我的罐子
　　　　　　吧！当你们返回时，请将它装满药品交给我的母亲。

大合唱：　　于是朋友们拿起罐子

　　　　　　悲叹着人世间这令人悲伤的道路和让人痛苦的法则。

　　　　　　而后把男孩掷下山去。

　　　　　　他们脚挨着脚挤站在一起

　　　　　　在深渊的边缘

　　　　　　闭上眼睛，将他向深谷掷去。

　　　　　　没有谁比身边的人多一分罪责。

　　　　　　他们后来还扔下了土块

　　　　　　和扁平的石头。

## 说不的人

### （校园剧）

### 1

大合唱：　　学习之至要，在于学会赞同。

许多人说是，但却并非赞同。

许多人根本就没有被问起，

许多人对错误也点头称是。

因此：学习之至要在于学会赞同。

［教师在房间 1，母亲和男孩在房间 2］

教师：　我是一名教师。在这个城市里有一所学校，有一个学生的父亲已经过世了，照料他的就只有他的母亲。现在我要去看看他们并与他们道别，因为不久后我就要进山旅行去了。［他敲了敲门］我可以进来吗？

男孩：　［离开房间 2 来到房间 1］是哪位啊？啊，是老师，老师来了，老师来看我们了！

教师：　为什么你这么长时间都没来城里上学？

男孩：　我没法来，因为我母亲生病了。

教师：　我不知道你母亲也生病了。请你马上告诉她，就说我来了。

男孩：　［向房间 2 喊道］妈妈，老师来了。

母亲：　［坐在房间 2 里的木椅上］请他进来吧。

男孩：　请您进来吧！

　　　　［他们俩走进房间 2］

教师：　我已经很长时间没来这里了。您的儿子说，病魔侵袭了您。您现在好一点了吗？

母亲：　您不用担心我的病，它起不了大风浪。

教师：　我很高兴听到这消息。我是来和您告别的，因为我马上要开始一次翻山越岭的科考之旅，目标是山那边城市里的几位大学者。

母亲：　一次深入大山的科考旅行？是啊，其实我早听说在那边住着几位大医师，但我也听说那条路上危险重重，或许您打算带上我的孩子一同前往？

教师：　这可不是一次适合带上孩子的旅行。

母亲：　好吧。但愿您能平安归来。

教师：　现在我必须走了，您多保重！［退回房间 1］

男孩：　［跟在老师身后进入房间 1］我得向您说点什么。

　　　　［母亲在门口偷听］

教师：　你想说什么？

男孩：　我想和您一起进山去。

教师：　正如我刚才对你妈妈所说，这是一段艰难而危险的旅程。你不能一起来。还有，你怎么能离开你正在生病的母亲呢？留在这儿吧。你跟我一起去是完全不可能的。

男孩：　正是因为我的母亲生病了，我才想和您一起去，这样才能从山那边的大医师那里得到药品和医嘱。

老师： 那么无论在路上发生什么事情，你都会坦然接受吗？

男孩： 是的。

老师： 我需要与你的母亲再谈一谈。

［他走回房间 2，男孩在门口偷听］

教师： 我又回来了。您儿子说他想和我们一起去。我告诉他，在您生病的时候，他不能离开您，而且这是一段艰难而危险的旅程。我说，他根本不能跟我们一起去。但他说，为了给您治病，他必须和我们一起去山那边的城市求取药品和医嘱。

母亲： 我听到了他的话。我毫不怀疑这孩子说的话——他很高兴能加入这次危险的旅程。进来吧，我的儿子！［男孩进入房间 2］

自你父亲离我们远去，

除了你，

我再没别人陪伴左右，

即便是

在我为你做饭缝衣，

挣钱糊口时，

你也从未长久地

从我脑海和眼前离开。

男孩： 一切都像你说的那样，但尽管如此也没有什么东西能让我放弃计划。

男孩、教师、母亲(合)：

我(他)将不畏艰险，踏上旅程。

为我(你/他)的母亲

从山那边的城里找来

治病的良药和医嘱。

大合唱： 他们看出，没有什么劝告

能将他动摇。

于是老师和母亲

异口同声地说——

教师、母亲： 许多人会赞同错误的意见，但他不会赞同疾病，而是要将病治愈。

大合唱： 但母亲说——

母亲： 我已然筋疲力尽。

如果你非去不可，

那就跟老师先生去吧。

但你要尽快、尽快

脱离险境，回到家来。

## 2

| | |
|---|---|
| 大合唱： | 队伍已经踏上进山的旅程。 |
| | 老师和男孩也在他们当中。 |
| | 男孩已经劳累不堪， |
| | 他的心脏过于疲惫， |
| | 急需赶快回家休歇。 |
| | 黎明时分他们来到山脚， |
| | 他再也拖不动疲惫双脚。 |
| | [老师和三个学生走进房间 1，最后还有那个拿着罐子的男孩] |
| 教师： | 我们很快登上了山峰。那边就是第一个小屋。到了那里，我们就稍事休息。 |
| 三个学生： | 我们听您的。 |
| | [他们走向房间 2 中的平台，男孩拦住了老师] |
| 男孩： | 有件事我不得不说。 |
| 教师： | 你要说什么？ |
| 男孩： | 我觉得不舒服。 |
| 教师： | 住嘴！一旦踏上这段旅程，就绝不允许再说这种话。也许只是因为你不习惯翻山越岭，有些累了。你在这里停留一会儿，休息一下吧。 |
| | [他走上平台] |
| 三个学生： | 看来这男孩是爬山累着了。这事情我们得去问下老师。 |
| 大合唱： | 是的。去吧！ |
| 三个学生： | [对老师]我们听说那个男孩爬山累着了。那该怎么办？您是否担心他？ |
| 教师： | 他感觉不舒服，但除此之外都一切正常。他只是登山累着了。 |
| 三个学生： | 那您就不担心他吗？[长时间的停顿] |
| 三个学生： | [相互交头接耳] |
| | 你们听到了吗？老师说，这个男孩只是登山累着了。 |
| | 可他现在看上去是不是很奇怪？ |
| | 过了小屋可就到了狭长的山脊。 |
| | 只有用双手紧紧抓住岩壁才能勉强爬过去。 |
| | 我们可没法抬一个人过去。 |
| | 我们是否该遵循伟大的习俗，将他丢入山谷？ |
| | [他们的手呈喇叭状放在嘴边，对着房间 1 呼喊。] |
| | 你是不是因为爬山而生病了？ |
| 男孩： | 没有。你们看，我不是还站着吗？ |
| | 要是我生病的话，我难道还不坐下吗？ |

[停了一会儿，男孩坐下了]

三个学生： 我们得把这告诉老师。先生，我们刚才问起小男孩的事情时，您说他只是登山有些累着了，但现在他看起来很奇怪。连站都站不起来了。我们说到这点时，自己也觉得胆战心惊，因为本地自古以来就有一个伟大的习俗：不能再继续前进的人，将被抛入山谷。

教师： 什么，你们要将那孩子抛入山谷？

三个学生： 是的，我们想这样做。

教师： 这是一个伟大的习俗。我也无法抗拒它。但伟大的习俗也规定了，人们应询问生病者，是否要大家因他的缘故中途折返。我从心底对这条生命感到莫大的遗憾。我要到他那里去一下，用和缓的语气告诉他这个伟大的习俗。

三个学生： 请您就这样做吧。[他们站在那里面面相觑]

三个学生、合唱队：

我们（他们）要问他，他是否要求

大家为他的缘故中途折返。

但即便他提出这般要求，

我们（他们）也不愿就此回去，

而是要将他抛入山谷。

教师： [下到小男孩所在的房间 1]你听好了！自古以来就有规定，一旦谁在这样的旅程中生病了，就必须被丢进山谷。他会立刻死去。但习俗也决定了，人们应询问生病者，是否要大家因为他的缘故半途而废。而习俗也规定了，生病者应回答：你们不应半途而废。如果是换了我在你现在的情况下，我会多么乐意选择死亡啊！

男孩： 我明白了。

教师： 你希望大家因为你的缘故半途而废吗？或者你是否同意大家按照伟大的习俗将你丢进山谷？

男孩： [停顿思考片刻后]不，我不同意。

教师： [从房间 1 向房间 2 喊道]你们下来吧！他没有按照习俗作答！

三个学生： [下到房间 1]他说了"不"。[面朝男孩]你为什么不按照习俗来回答？一旦说了甲，就必须也说乙。当他问你是否能坦然接受旅途中可能发生的任何事情时，你回答的可是一个"是"。

男孩： 我当时所作的回答是错误的，但你们提出的问题就更错得更远了。说了甲的人，并非必须说乙。他也可以分辨清楚，甲是错误的。我原本想去给我的母亲取药，但是现在我自己也生病了，所以这件事已不再可能。根据新的情况，我想要立即返回。也请你们和我一起折返回去，并把我送回家。你们完全可以先等等再去那边学习。如果说能如我所愿在那边学到什么东西的话，那它也仅可能是：在我们这种情况下必须折返。至于那个古老而伟大的习俗，我看不到其中有丝毫的理性。我更需要一个新的伟大习俗，一个我们必须立即引入的习俗——就是在每一种新的情况下进行新的思考。

三个学生：　［对教师］我们该怎么办？这个男孩的话虽然缺少英雄气概，但却合情合理。

教师：　　　我让你们抉择应该何去何从。但我必须告诉你们，如果你们折返回去，你们将会被众人的嘲笑和羞辱所淹没。

三个学生：　他所说的都是为了他自己好，这难道不可耻吗？

教师：　　　不，我看不出这有什么可耻的。

三个学生：　那我们想折返回去，而且没有什么嘲笑和羞辱能阻止我们按理智行事，没有什么旧习俗能阻碍我们接受一种正确的思想。

　　　　　　把你的头靠在我们的手臂上。

　　　　　　你不必紧张。

　　　　　　我们会小心翼翼地抬着你。

大合唱：　　于是朋友们带上了朋友，

　　　　　　并创立了一个新的习俗、

　　　　　　一条新的法则。

　　　　　　他们将男孩也送回了家。

　　　　　　肩并肩，紧紧走在一起，

　　　　　　迎着羞辱，顶着嘲笑，

　　　　　　干脆闭上了眼睛，

　　　　　　没有一个人比身边的人懦弱。

**全剧终**

# 对资本主义社会的反讽之歌

## ——布莱希特歌舞剧《小市民的七宗罪》解读

华中科技大学　谭　渊

**摘要**：布莱希特与魏尔合作创作的歌舞剧《小市民的七宗罪》(1933)虽然剧情简单，但作为舞台剧具有短小精悍、一气呵成的特点，对资本主义金钱至上和小市民唯利是图的丑恶面貌都进行了揭露。剧名中的"七宗罪"这样一个有着强烈宗教色彩的字眼也影射着资本主义对人性的扭曲，暗示资本主义社会把唯利是图、泯灭人性作为了自己的信条，而善良的人性才是他们眼中真正要戒除的"罪孽"。从舞台艺术上来讲，《小市民的七宗罪》全剧将音乐、舞蹈和诗歌结合在一起，代表了一种新的舞台风格，体现了布莱希特在戏剧艺术上对不懈创新的追求。

**关键词**：布莱希特；《小市民的七宗罪》；资本主义；异化

1933年2月27日国会纵火案发生后，早已被纳粹党列入黑名单的布莱希特不得不走上流亡异国的道路。这年秋天，布莱希特应他的合作者、作曲家库特·魏尔的邀请来到巴黎小住。在巴黎期间，布莱希特与魏尔合作创作了芭蕾歌剧(ballet chanté)《小市民的七宗罪》(*Die sieben Todsünden der Kleinbürger*)。该剧于1933年6月7日在巴黎香榭丽舍剧院首演，这也是魏尔与布莱希特合作的最后一部戏剧。

《小市民的七宗罪》的故事发生在美国。主人公安娜姐妹来自路易斯安那州，她们的父母和两个兄弟想在密西西比河畔盖一座房子，于是把姐妹俩当成赚钱的工具，让她们到大城市靠出卖色相、玩弄诡计赚钱。其中大安娜是一副唯利是图的经理人嘴脸，美丽的小安娜则成为被买卖的商品。但因小安娜还良心未泯，不愿屈从于姐姐的安排，所以还时不时犯下资本主义眼中不可饶恕的错误，即基督教所谴责的七种罪孽——懒惰、傲慢、愤怒、暴食、色欲、贪婪及嫉妒①。姐姐则以导师的形象出现，与她形影不离，时刻提醒她切勿越轨纵情、失去赚大钱的机会。不过，基督教的本意是教诫信徒远离这些凡人常常会犯下的错误，从而走上一条正确的修身之路，而布莱希特却在这部戏剧中将所谓"罪孽"置于资本主义唯利是图的原则之下，小安娜是因

---

① "七宗罪"概念出自13世纪经院派哲学家、基督教神学家圣托马斯·阿奎那(St. Thomas Aquinas，约1225—1274)的著作，但丁在《神曲》中也采用了这一分类。参见欧南：《20世纪歌剧巡礼——魏尔〈七宗罪〉》，《歌剧》，2014年第9期，第39页。

为"工作"不够积极、心中还存有人性的善良和尊严，有违资本主义冷血、贪婪、不顾廉耻的要求，所以才屡次遭到谴责。在资本主义"潜规则"的驯规下，小安娜最终一步步丧失了人性，虽然她赚到了很多钱，家中的房子也越盖越高，但她却牺牲了青春和幸福，最后留给自己的只有眼泪。值得一提的是，剧中的七幕戏发生在美国的七座大城市里，美国在这里代表了富有但却冷血的资本主义世界，唯利是图、蔑视人性是其根本特征。由于这出芭蕾歌剧着重于对资本主义社会"潜规则"进行有力的揭露和讽刺，与观众对芭蕾舞剧及歌剧的传统认知相去甚远，因此在上演以后反响平平，其对资本主义道德的辛辣讽刺更是惹怒了一些保守的观众，丹麦国王在观看演出时甚至中途便愤然离席。

整体来看，该剧缺乏剧情和深度，只有七个故事框架，虽然插入了多首歌曲(诗歌)，但很难使观众对人物和故事产生深刻印象。值得注意的是，布莱希特为该剧撰写了大段舞台说明，力图通过各种姿态(Gestus)营造出一种哑剧与舞剧的混合效果，显示出他开创一种全新舞台剧风格的努力。

在人物塑造方面，安娜姐妹中的小安娜无疑是全剧的核心，她代表理想主义和人性中善良的一面，还时不时会对资本主义作出反抗；大安娜则是现实主义的代表，她不断跳出来，逼迫小安娜放弃那些出于人性本能的冲动，屈从在资本主义的虚伪道德和金钱至上的潜规则之下。布莱希特在全剧开始处的说明中写道：每一场开头"小安娜会由她的姐姐送到市场上"。小安娜仿佛不过是摆在市场上的一件商品，作为资本主义社会商品的小安娜甚至没有任何台词，只能默默地按照姐姐的指示，在舞台上"展示七宗罪可以如何被戒除"①。

如第二场"傲慢"中，小安娜在一个肮脏的小剧场中找到了一份舞女的工作，她的舞虽然跳得很别致，一时"沉醉在她的艺术中"(269)，但那种严肃的艺术却并非看客们所想要的。为了表现这些看客的贪婪，布莱希特把他们塑造成"像鲨鱼一样"，面具上显示出"巨大的嘴巴和可怕的牙齿"，他们真正想要看到的是"又粗俗又淫荡"的脱衣舞，而小安娜拒绝跳那种下流舞蹈，于是作为经纪人的大安娜便出来谴责小安娜的"傲慢"并扯掉了妹妹"过长的裙子"。她"正告"妹妹："骄傲是只属于那些有钱人的！"而小安娜应该"想想……在路易斯安那州的房子"(269)。在金钱的诱惑和对家庭义务的重压下，小安娜只得在姐姐的敦促下无奈地重新走上舞台，放下"傲慢"，"把她的裙子高高掀起"，靠出卖色相赢得了观众的掌声。由此可见，这里被戒除的并不真是什么傲慢，而是对女性尊严的捍卫、对舞蹈艺术的热爱。这一情节揭露出资本主义为了赚取金钱可以不择手段、践踏人性的"潜规则"，正如《共产党宣言》所说："资产阶级抹去了一切向来受人尊崇和令人敬畏的职业的神圣光环。它把医生、律师、教士、诗人和学者变成了它

---

① Bertolt Brecht, *Werke. Große kommentierte Berliner und Frankfurter Ausgabe*. Band 4, Hg. von Werner Hecht u. a., Berlin / Weimar / Frankfurt a. M.: Suhrkamp, 1988-1997：267. 以下对《小市民的七宗罪》的引用均出自此书，只在文中注明页码，不再一一标明出处。

出钱招雇的雇佣劳动者。"①也正因为如此，在资产阶级眼中，舞女对尊严的守护就只能是"小市民"的一种罪孽。

马克思、恩格斯在《共产党宣言》中还尖锐地指出："资产阶级撕下了罩在家庭关系上的温情脉脉的面纱，把这种关系变成了纯粹的金钱关系。"②剧中所批判的小市民家庭中的种种唯利是图行为正是资产阶级这种本质的体现。剧中，小安娜在家人的逼迫下不断向上爬，努力赚取更多的金钱，对所谓"七宗罪"的逐次戒除实质上只是贪得无厌的家人对其压榨的升级。小市民家庭中的寄生虫们也从来没有关心过安娜姐妹的生活，他们所知的只有索取金钱，故而他们一次次指责安娜姐妹"懒惰"，不能及时往家里寄钱，甚至因此陷入愤怒。而大安娜则不顾小安娜的感情，唯利是图，强迫妹妹与贫穷的恋人分手，将她强行推入一个富有追求者的怀抱。失去了爱情的小安娜则一步步变得麻木，对于爱人和粉丝的自杀也同样无动于衷，成为一个除了赚钱之外对一切都麻木不仁的机器。因此，此处所谓戒除"小市民的七宗罪"的真实内涵也就是马克思所批判的资本主义社会对人的"异化"作用，体现着布莱希特在接受马克思主义之后对资本主义社会金钱至上观念的有力批判，具有很强的教育意义。

《小市民的七宗罪》也是对资本主义虚伪道德观念的辛辣讽刺。例如第一场"懒惰"中，姐妹二人靠玩弄诡计从城市公园中的几对已婚夫妇那里榨取钱财，其中小安娜负责缠住妻子，而大安娜则乘机向丈夫勒索钱财，几次得逞之后，大安娜却发现妹妹累得在长凳上睡着了，于是马上叫醒她来继续"工作"。这时，布莱希特设计的唱队（由安娜姐妹的父母兄弟等组成）唱出了《家庭之歌》，告诫安娜姐妹："懒惰是一切罪恶的开端""莫让自己失去必不可少的勤奋"（269）。然而，这里的"勤奋"其实只意味着更加努力地去敲诈勒索，意味着用不义之财来为自己的家族积累原始资本，充满了讽刺的意味。又如在第三场"愤怒"中，在电影片场跑龙套的小安娜看到男影星虐待马匹，于是愤然上前夺下鞭子，但如此一来她马上遭到解雇。大安娜忙上前挽回局面，并告诉小安娜："谁若伸出手去将不公阻挡，谁就将无处可去。谁若碰上暴行就出离愤怒，谁就会被立刻埋葬。……谁若在此公开反对不公，他就会遭到严厉的惩罚。"（270-271）所以，所谓戒除"愤怒"，其实就是要求尚有良知的小安娜对有钱有势者低头，为自己的前途着想，明哲保身，在利益面前放弃自己的良知。在最后一场"嫉妒"中，舞台上出现了这样一幕：小安娜终于"迎来了凯旋"，与此同时，舞台上其他代表着她天性的戴着"安娜"面具的演员都在她面前倒下了，"谦卑地在她面前构成了一条人巷"（276）。这象征着小安娜最终扼杀了自己心中所有的善良、纯洁、欢乐，也抛弃了自己的青春，用这一切换来了所谓的成功——密西西比河畔的房子。

整体来看，戏剧《小市民的七宗罪》虽然剧情简单，但其作为舞台剧，具有短小精

---

① 马克思、恩格斯：《共产党宣言》，中共中央马克思恩格斯列宁斯大林著作编译局编译，北京：人民出版社，2017年，第30页。

② 同上。

悍、一气呵成的特点，对资本主义金钱至上和小市民唯利是图的丑恶面都进行了揭露。剧名中的"七宗罪"这样一个有着强烈宗教色彩的字眼也影射着资本主义对人性的扭曲，暗示资本主义社会把唯利是图、泯灭人性作为了自己的信条，而善良的人性才是他们眼中真正要戒除的"罪孽"。从舞台艺术上来讲，《小市民的七宗罪》全剧将音乐、舞蹈和诗歌结合在一起，代表了一种新的舞台风格，体现了布莱希特在戏剧艺术上对不懈创新的追求。

## 参 考 文 献

[1] Brecht, Bertolt. *Werke. Große kommentierte Berliner und Frankfurter Ausgabe* [M]. Band 4. Hg. von Werner Hecht u. a., Berlin／Weimar／Frankfurt a. M.: Suhrkamp, 1988-1997.

[2] 马克思，恩格斯. 共产党宣言[M]. 中共中央马克思恩格斯列宁斯大林著作编译局，编译. 北京：人民出版社，2017.

[3] 欧南. 20 世纪歌剧巡礼——魏尔〈七宗罪〉[J]. 歌剧，2014(9).

# 小市民的七宗罪

[德] 贝尔托特·布莱希特　著

谭　渊　译

**出场人物**：大安娜、小安娜、父亲、母亲、两个兄弟、几对夫妇、小剧场观众、舞台总监、一个老舞女、电影明星、导演、电影摄制人员、跑龙套人员、经纪人、两个仆人、爱德华(小安娜的一位富有朋友)、阿道夫(小安娜的恋人)、爱德华的朋友们、路人、街头流浪儿、读报者、两个自杀者、其他戴有安娜面具的人

这部芭蕾舞剧讲述了一对南方姐妹的经历。她们的名字都叫安娜，一心要为自己和家人赚到修建一座小房子的钱。在两姐妹中，一个安娜是经理，另一个安娜是艺术家；一个(大安娜)是销售商，另一个(小安娜)是商品。舞台上有一个小黑板，上面画出了她们在七座城市巡回演出的路线，同时，大安娜由一个小指挥棒指引着。舞台上还有不断变化的市场布景。小安娜会由她的姐姐送到市场上。在每场戏的结尾处，在展示了七宗罪可以如何被戒除后，都会有小安娜回到大安娜身边的场景。舞台上还有姐妹们在路易斯安那州的家人，包括父亲、母亲和他们的两个儿子。他们背后那幢靠戒除七宗罪赚来的小房子在不断增高。

**《小市民的七宗罪》**
行不义之事时的懒惰
坚守自身优点的傲慢(不妥协)
对卑劣行为的愤怒
暴食(饱食，独食)
色欲(忘我的爱)
贪婪(在抢劫和欺诈时)
对幸福者的嫉妒

**《姐妹之歌》**
我们姐妹都来自路易斯安那，
月光下密西西比河流淌的地方，

就如你在歌中听到的那样，
我们想有一天回到那故乡。
别说什么明日，我只盼今朝。

我们已动身上路整整四周，
去大城市里试试运气如何，
盼七年后终能大获成功，
而后我们便可以回归故乡，
但若只需六年那岂不更好。

因为在路易斯安那的父母
和两个兄弟还在等待我们。
我们赚来的钱全都寄给了他们，
路易斯安那州密西西比河畔，
那些钱将要用来建起一座小房。
是这样吧，安娜？
是的啊，安娜。

我妹妹很漂亮，我很务实。
我妹妹有点疯狂，我很理智。
我们其实真算不上两个人，
而是仅仅只有一个。
我们俩都名叫安娜，
有一个过去、一个未来，
共有一个心脏、一个存折，
每人所做的都是为另一人好。
是这样吧，安娜？
是的啊，安娜。

## 1."懒惰"

（a）这是她们巡演的第一座城市。为了赚到第一桶金，两姐妹耍了一个花招。她们在城市的公园里游荡，窥视着几对已婚夫妇。（b）小安娜猛地扑向一位丈夫，就像认识他一样，拥抱他，指责他，简而言之，那种种动作让他十分窘迫。在此期间，大安娜出来试图拦住她。而后，小安娜突然扑向一旁的妻子，用她的遮阳伞威胁她。与此同时，大安娜则向那个男人勒索钱财，作为她带走妹妹的酬劳。她们这一诡计很快就多次得逞。(c)但后来却出了问题：大安娜将一个男人从他妻子身边引开后，试图对他进行勒索。她原本确信妹妹在此期间已经缠住了他的妻子，但却惊恐地发现妹妹根本没在干活，而是坐在长凳上睡着了。(d)她必须叫醒她来继续工作。

**《家庭之歌》**
但愿我们的安娜能控制住自己，
她总是只顾自己安逸舒适。
要是你不把她扔下床去，
她早上根本就不会起来。
我们常为此告诫她：懒惰
是一切罪恶的开端，安娜。


另一方面，我们的安娜
是一个很理智的孩子，
在父母面前谦恭柔顺。
我们盼她纵然身在异乡
也莫让自己失去
必不可少的勤奋。


## 2."傲慢"

(a)一个肮脏的小剧场，里面坐着四五个客人，小安娜在他们的掌声中登上了舞台。那些人看起来非常可怕，令她十分恐惧。她穿得破破烂烂，但她的舞跳得很别致。(b)她虽已竭尽所能，但却收效甚微。客人们显得非常无聊，他们像鲨鱼一样打着哈欠（面具上展现出巨大的嘴巴和可怕的牙齿），还把东西朝舞台上扔去，甚至把仅有的灯泡也打落下来。小安娜继续跳舞，沉醉在她的艺术中，(c)直到舞台总监将她领下台去，并将另一个又老又胖的舞女送上舞台，她向安娜展示了如何才能在这里赢得掌声。老舞女的舞蹈又粗俗又淫荡，一时掌声雷动。(d)小安娜拒绝跳这种舞蹈。大安娜已经站在舞台边上，刚才她是唯一一个对妹妹的表演报以掌声并为她的失败献上泪水的人，她敦促妹妹像他们所希冀的那样跳舞。她扯掉了妹妹过长的裙子，把她重新送上了舞台，(e)并像那个老舞女所传授的那样，在观众的掌声中把她的裙子高高掀起。(f)最后她陪着心力交瘁的妹妹回到了小黑板旁，想要安慰她。

### 《姐妹之歌》

当我们被装扮起来，
有了里里外外的衣裳和帽子，
便在小剧场找了份舞女的工作。
在孟菲斯，我们此行的第二座城市。

唉，这对安娜来说并不简单。
衣裳和帽子让女孩有模有样，
她便想当个艺术家来将艺术创作，
但这却并非人们想要的东西。
在孟菲斯，我们此行的第二座城市。

因为那些人付了钱，于是就希望
别人会为了钱向他们展示点什么。
若女人把肉体像臭鱼般掩盖起来，
那她可就别指望能得到多少掌声。
所以我正告我的妹妹：安娜，
骄傲只是属于那些有钱人的！
莫以为别人期待你做你所想，
那些人要你做什么就得去做！

有多少夜晚我为她操碎芳心，
要让她戒除骄傲又多么困难！
我安慰她，又叮嘱她：想想
我们在路易斯安那州的房子！
然后她说：好吧，安娜。

### 《家庭之歌》

简直毫无进展！
她们寄来那点小钱，
哪里够盖什么房子！
她们把钱全自己用掉！
必须给她们洗洗脑子，
否则就没有丝毫进展。
她们寄来那点钱，
哪里够盖什么房子！

必须给她们洗洗脑子，
莫把钱全用在自己身上。

## 3. "愤怒"

（a）安娜在一个电影摄制组中跑龙套。（b）一个道格拉斯·范朋克①类型的男影星要骑马越过一个花篮，因为这匹马很笨拙，他狠狠抽打着马匹。马倒了下去，尽管人们拿毯子垫在它身子下面，并用糖块来引诱它，但它还是站不起来了。当影星再次抽打它时，跑龙套的安娜挺身而出，义愤填膺地夺下马鞭并用鞭子抽打了他。（c）结果她当场遭到解雇。（d）但她的姐姐冲到她身边，说服她回到了影星那里，在他面前跪倒下来并亲吻了他的手，于是他转而向导演推荐了她。

《姐妹之歌》
现在事情正在向好，我们已来到了洛杉矶。
所有大门都向跑龙套的人敞开着。
如果我们现在小心行事，
避免出现任何失误，
我们定将势不可挡。

谁若伸出手去将不公阻挡，
谁就将无处可去。
谁若碰上暴行就出离愤怒，
谁就会被立刻埋葬。
谁要是不能容忍卑劣，
别人又如何能将他容忍。
谁要是一无亏欠，
他就将在世间赎罪。

所以，我让我的妹妹戒除愤怒，
在洛杉矶，我们此行的第三座城市。
谁若在此公开反对不公，
他就会遭到严厉的惩罚。

---

① 道格拉斯·范朋克（Douglas Fairbanks，1883—1939），美国好莱坞著名电影演员，曾与卓别林等人共同创建联美公司，同时也是美国电影艺术与科学学院的创始人之一和首任主席。

我总是告诫她：

克制住你自己啊，安娜！你可知道，

缺少自控会将你引向何方？

她认为我所说的没错：

她说：我知道，安娜。

## 4. "暴食"

(a)现在安娜自己也是一位明星了。她签了一份合同，根据合同她必须保持体重，因此什么都不能吃。(b)有一天，她偷了一个苹果悄悄吃掉了，但在例行称重时，(c)她被称出来重了一克，经纪人气得揪住了她的头发。(d)从这时起，她即便在吃饭时也受到姐姐的监控。两个带着左轮手枪的仆人伺候左右，并且只允许她从众人共用的盘子里拿走一只小瓶。

### 《家庭之歌》

这是一封费城来信。

安娜现在过得很好：终于有钱可挣。

她得到份舞女的合同，

按规定不能吃得太多。

而这将困难重重：因她实在能吃。

但愿她能谨守合同！

费城人可不想看什么河马，

嗯嗯，那是理所当然。

她每天都须接受称重，

倘若增加一克，就得吃些苦头，

因为那些人毫不含糊，

买下既是五十二公斤，

只要多出一分，那就将是邪恶。


但安娜的确很通情达理！

她将确保合同就是合同。

等最终回到路易斯安那，

她将会说：安娜终于可以开怀痛吃！

牛角面包！煎肉排！童子鸡！

还有黄色的蜂蜜小蛋糕！

想想我们在路易斯安那的房子！
你看，它已拔地而起，
一层一层正在长高！
警醒你自己吧：贪食的欲望便是邪恶。

## 5. "色欲"

．（a）小安娜现在有了一个非常富有的男朋友。他爱上了她，送给她衣服和首饰。可她还有一个她所爱着的恋人，此人又拿走了她的首饰。（b）大安娜责备她，强迫她与阿道夫分手并对爱德华保持忠实。（c）但有一天，当小安娜从一间咖啡厅前经过时，发现大安娜正与阿道夫坐在那里，后者正徒劳地追求着大安娜，（d）于是小安娜扑向大安娜，（e）与她在爱德华及其朋友们面前扭打起来，（f）旁边还有跑过来看热闹的行人和街头流浪儿。流浪儿们露出了他们宝贵的屁股，而爱德华则惊恐地逃走了。（g）大安娜谴责了妹妹并把她送回爱德华身边，她与阿道夫的诀别令人为之动容。

《姐姐之歌》
我们在波士顿找到一个男人，
他出手大方并且是出于真爱。
我为妹妹费尽苦心，因她虽也
坠入爱河：爱的却是另一男人。
她为他可花费不少，
并且也是出于真爱。

啊，我反复告诫她：缺少忠实，
你就最多只能值一半价钱，
男人不会为那种母猪付钱，
而只会为他所崇拜的对象！
女子若能特立独行，
在大事上方可成就。
若她忘记周围处境，
你也无从将她取笑。

我对她说：脚踩两条船，终会一场空！
然后我去将那男人拜访，

　　　　　我对他说：这样的感情，
　　　　对我妹妹只能意味毁灭。
　　　　　女子若能特立独行，
　　　　　在大事上方可成就。
　　　　　若她真是如此忘我，
　　　　　你也无从将她取笑。


　　　　　不幸我与阿道夫相遇更频。
　　　　可笑！我们之间又能有啥！
　　　　　但我妹妹偏偏看到我们，
　　　　　可叹她就立刻朝我扑来。
　　　　　这才是整个事件原委，
　　　　　人们太容易将它忽略！
　　　　　事情的表面如此不利，
　　　　　那时你其实无能为力。


　　　　　她把白白屁股暴露人前，
　　　　　那比小小工厂还要值钱，
　　　　　看客与流浪儿尽得便宜，
　　　　　世俗之眼免费饱览春光。
　　　　　要是人们一时忘记自己，
　　　　　这种事情总是难以避免！
　　　　　只有那特立独行的女子，
　　　　　在如此大事上方可成就。


　　　　啊，让一切恢复正常是如此困难！
　　　　告别阿道夫吧，去向爱德华道歉！
　　　　　而在那些漫漫长晚之中，
　　　　　我听到妹妹在那儿哭诉：
　　　这是正确做法，安娜，虽然它如此艰难。


## 6. "贪婪"


　　（a）没过多久，爱德华因为安娜的缘故崩溃了，最终开枪自杀。（b）报纸上刊登了恭维安娜的文章，读者们敬畏地向安娜摘帽行礼，随后纷纷手拿报纸去追求她，而后也被她所毁掉。(c)没过多久，第二个年轻人在被安娜盘剥殆尽之后从窗口跳了下去。(d)这时候姐姐插手干预，救下了第三个正要上吊的男人，帮他从小安娜那里拿回了他的钱。(e)她这样做，是因为小安娜的贪婪已经使得她声名狼藉，人们纷纷在回避她。

### 《家庭之歌》

恰如报纸所说，如今我们安娜
名扬田纳西州，形形色色人等
为她举枪自杀，带去财源滚滚。


这事登上报纸，
实在妙不可言！
女孩一举成名！
事业蒸蒸日上。


但她务要小心，
切莫过于贪婪。
否则不久就会，
人皆敬而远之。


谁若露出贪婪，
就被大家疏远，
众人指指点点，
因他贪得无厌。
左手伸去索取，
右手就须给予。
索取也当回报！
一磅换来一磅，
法律写得分明！


但愿我们安娜，
如此通情达理，
不要夺走众人，
身上最后衬衣。
她须知道清楚：
赤裸裸的贪婪，

并不值得推荐。

# 7. "嫉妒"

（a）人们再次看到小安娜从大城市中穿过，她边走边审视着其他"安娜"们（所有跳舞者都戴着安娜的面具），她们或是沉沦在游手好闲中，或是肆无忌惮地犯下各种罪孽。（b）芭蕾歌剧展现着"最后的将要成为最前"的主题：在"安娜"们骄傲地在灯光中行走时，小安娜拖着沉重的步伐艰难前行，（c）但后来她慢慢开始崛起，步伐变得越来越骄傲，最后迎来了凯旋。（d）与此同时，其他"安娜"们倒下了，并谦卑地在她面前构成了一条人巷。

**《姐妹之歌》**

我们此行最后一站是旧金山。
一切都称心如意。只有安娜
总是那么累，并且嫉妒每个
懒懒散散度过每天生活的人。
他们高傲，无法用金钱收买，
会因任何一种暴行陷入愤怒，
率性而为。真是幸福的人啊！
只爱着真正的恋人，
无须遮掩就取得他一直所欲！
我对可怜的妹妹说：

妹妹，我们都生而自由，
我们只要乐意，便可在光明中行走。
就像凯旋的傻瓜们一样挺直腰杆，原地转圈，
只是他们并不知道将会去向何方。

妹妹，抛弃欢乐跟我走吧，
那是你像其他人一样追求的。
哦，把欢乐留给那些愚人们吧，
灭亡之前他们不知担心为何物。

不要吃饭，不要喝酒，不要偷懒，
想想那些出于爱的惩罚！
想想看，如果你做了你想做的那些事情，

又将发生什么！

别惋惜什么青春：它终将逝去！

妹妹，跟我走吧，你会最终看到，

你的一切付出换来了凯旋，

但她们却原地踏步，面临着可怕的转折！

在紧闭的大门前一无所有地发抖！

然后，我和妹妹(我们的孩子们)回到了路易斯安那。

密西西比河水在月光下流动，

正如您从歌中可以听到那样。

她们在七年前向大城市进发，

去试试我们的运气：现在

我们已然成功。

现在房子已建立起来，现在就矗立在那里，

我们在路易斯安那的小房子，

我们在密西西比河畔路易斯安那的小房子。

**全剧终**

# 《秘密的中国·屋顶花园》导读

华中科技大学　冯翰轩

报告文学是散文的一种，介于新闻报道和小说之间，兼具新闻和文学的特点。埃贡·艾尔温·基希(Egon Erwin Kisch)是捷克的新闻记者和报告文学家，在中国常常被称为报告文学的创造者①。基希通过其翔实而有趣的描写，使报告文学在文坛上第一次得到了持久的认可，而这部《秘密的中国》可以算作中国报告文学的启蒙作品，对中国报告文学的发展具有重大意义。

"九一八"事变后，国联理事会通过决议，决定派一个调查团到远东实地调查该事变的实情，基希便跟随这个由英国李顿勋爵带领的调查团，前往中国进行秘密采访。1932年，他通过在上海、南京、北京等城市进行实地采访，获取了大量关于当时中国的第一手资料。《秘密的中国》也以一个外国记者的特殊视角深刻地反映出20世纪30年代中华民国时期的社会状况和中国民众，尤其是底层民众的真实生活。它揭露了资本主义社会的种种弊端和黑暗，对劳动群众和被压迫人民寄予深厚的同情，对剥削阶级和上层统治人物进行无情的鞭笞。② 因为《秘密的中国》是当时社会的真实写照，所以它也成为日后研究20世纪30年代中国社会状况的重要文献资料。

《秘密的中国》于1933年在德国出版后，由于涉及反帝国主义和反法西斯的内容，遭到纳粹焚毁。然而该书在被禁之前已经被译成法文和英文在欧美世界流传。周立波先生(本名周绍仪，中国现代作家、编译家)于1938年根据迈克·达维德生(Michael Davidson)的英译本，将其中23章译成中文。在周立波翻译《秘密的中国》之前，虽然报告文学理论当时已经被译介到中国，但还没有一部外国报告文学著作被译介给中国读者，因此周立波先生选择译介基希这部反映中国底层民众苦难生活的报告文学集很合时宜。

《秘密的中国》里最后一章"屋顶花园"(Der Dachgarten)是基希根据1932年6月10日在北平演出的两幕手拉木偶讽刺剧改编而成，出版社认为其不符合报告文学的特点，所以于1940再版时就删除了这一章节，后面通行的译本也就如此。笔者对照基希德语版的《秘密的中国》，对此章节进行翻译，以期使读者通过这两幕由基希改编的剧本了解到国联调查团的列强代表们在北京大饭店里无所事事的丑态，并对基希在报告文学中

---

① 丁晓原：《周立波对报告文学名著的翻译与研究》，《理论与创作》，1997年第1期，第33页。
② 孙坤荣、赵登荣：《基希——报告文学的大师》，《外国文学研究》，1981年第3期，第47页。

对写实性和文学性的结合产生更为深入的认识。

## 参 考 文 献

[1]Kisch, Egon Erwin. *China geheim*[M]. Berlin und Weimar：Aufbau-Verlag, 1989.

[2]丁晓原. 周立波对报告文学名著的翻译与研究[J]. 理论与创作，1997(1).

[3]孙坤荣，赵登荣. 基希——报告文学的大师[J]. 外国文学研究，1981(3).

# 屋 顶 花 园[①]

[德]埃贡·艾尔温·基希 著

冯翰轩 译

(1932 年 6 月 10 日上演的木偶戏，现分为两幕)

## 第一幕

| | |
|---|---|
| 舞台演员： | 女士们，先生们！我很荣幸…… |
| 木偶： | [把头伸出幕布]荣幸之至！[下场] |
| 舞台演员： | [对木偶]闭嘴，木偶。[对观众说]我很荣幸地向你们展示北京大饭店的屋顶花园，以及这里每晚的生活。你看到的是屋顶花园的月亮，但我有幸向各位先生展示…… |
| 木偶： | [如前]荣幸之至！ |
| 舞台演员： | 让我一个人静静，静静，木偶你把我打断了，我说到哪儿了？ |
| 木偶： | 月亮。 |
| 舞台演员： | 没错，就是月亮。因为屋顶花园的客人在装有彩灯的花环下面翩翩起舞，所以他们看不到月亮。此外，大家在那里只能看到自己，直到我剧中的主角带着随从进入后，大家就只会盯着主角，只会谈论他。 |
| 木偶： | 那为什么大家都会盯着主角看呢？为什么都只谈论他呢？他是位如此高尚的绅士吗？ |
| 舞台演员： | 那不算什么，因为这里每个人都是高尚的绅士。 |
| 木偶： | 他们在屋顶花园的时候当然很高尚，哈哈！ |
| 舞台演员： | 你这个傻瓜，他们是名人。只有名人才能在我的舞台上表演，傻瓜。 |
| 木偶： | 不，我不是傻瓜，但你是既愚蠢又爱胡说的人。[模仿]"只有名人才能在我的舞台上表演。"你说的那个带着随从，进门 |

① 本译文根据的版本为：Egon Erwin Kisch, *China geheim*. Berlin und Weimar：Aufbau-Verlag, 1989.

时大家都会盯着看的男人的确很显眼。但他们都是显赫的人物，谁会相信这种胡言乱语呢？

舞台演员：　　我能马上证明。先随便让一个穿白色燕尾服的绅士或穿金色晚礼服的女士上台吧。比如，这个。［向后台喊］请你上前一步，稍等片刻。对，就是你！现在，站在那里，告诉观众你的名字吧。

李顿勋爵：　　我是李顿勋爵。

木偶：　　　　这么高的一个大块头。

舞台演员：　　大人，您的职业是？

李顿勋爵：　　我没有职业。

舞台演员：　　您的职业，大人？

李顿勋爵：　　我没有职业。我是国际联盟委员会的负责人。

木偶：　　　　哈哈，那儿的领导可不好当。

舞台演员：　　很抱歉，给您添麻烦了，大人。我只是想告诉我的观众，这位即将带着随从出现在这里，并引起轰动的绅士，并不是屋顶花园里唯一的名人。

李顿勋爵：　　但我绝对是最突出的，我可具有世界政治意义，就算是我的拐杖也对世界很重要。你没在报纸上见过我的手杖吗？

舞台演员：　　见过，大人。不过我不知道我的观众是否见过。也许您能好心地给大家简单说明一下。

李顿勋爵：　　那我很乐意说明一下，这就是我来这儿的目的。前几天我去郊游，回到北京的时候却发现我的手杖丢了。也许我把它落在某个寺里，也许我给弄丢了，也许被偷了。总之，政府下令，将所有拉过我们的黄包车夫全都逮捕。他们正在竭力地寻找拐杖的下落，会对找回拐杖的人给予奖赏。

舞台演员：　　大人，是您给赏金吗？

李顿勋爵：　　我给？当然是中国政府给。

舞台演员：　　那时候手杖这么值钱吗？

李顿勋爵：　　当然不是。但不能让他们偷我的东西！如果我拿不回手杖，我就把满洲判给日本人。

木偶：　　　　一根手杖！一根手杖决定一个国家的归属！

李顿勋爵：　　是的，必须确保中国人记住这点，要么还手杖，要么承认满洲国是日本的。

麦考伊将军：　［冲到台上］大人，我抗议，您在这里发表言论……我代表美国政府和美国纺织业联合会提出抗议。

李顿勋爵：　　麦考伊将军，美国政府和德士林工业公司又没保护我的手杖。我不拿回它，中国就拿不回满洲。

麦考伊将军：　　可是大人，您这是在削弱南京政府的地位啊！

李顿勋爵：　　　这不关我的事。南京政府不关心我的手杖，就是不关心满洲。

麦考伊将军：　　李顿勋爵，您想想看推翻南京政府，就意味着中国苏维埃的胜利！苏维埃政府管理着六千万中国人，至少还有这么多人同情苏维埃，因为苏维埃实行了分田制，废除鸦片，建立了不腐败的政府。如果蒋介石倒台，我们将有一个共产主义的中国。

李顿勋爵：　　　看在上帝的分上，我宁愿放弃我的手杖。来吧，我想现在就把这事正式敲定下来。

[两人都下台]

舞台演员：　　　[对观众说]女士们，先生们，你们看，真的只有世界上著名的人物才能来到我的舞台上。

木偶：　　　　　哦，你这个大骗子，你只选了两名显贵，只有这两名。

舞台演员：　　　哈哈，别开玩笑，哈哈。你看到坐着的那个中国人吗？

木偶：　　　　　那边那个瘦子？

舞台演员：　　　是的，他身材瘦削，有一个英文洗礼名，还有位比利时妻子。你现在知道他是谁吗？

木偶：　　　　　猜谜可是我的弱项。

舞台演员：　　　嗯，他自己会告诉你的。[喊道]你好，过来一下！

威灵顿·辜①：　有什么事情吗？

舞台演员：　　　首先，告诉观众你的名字吧。

辜：　　　　　　我叫威灵顿·辜。

舞台演员：　　　你认为自己是显贵吗？

木偶：　　　　　我觉得你不可能比我更尊贵。我可是中国外交部长，虽然日本抗议我参加国联的满洲之行，但这根本就算不了什么。我在凡尔赛和谈中，可是把整个上西里西亚判给了波兰人。我一个人的投票起到决定性作用。

舞台演员：　　　阁下，在我们下面，我们下面，我们下面深处就是北京。告诉我你是为得到波兰的几百万选民，或是因为你的比利时岳母，还是为了保护中国人在上西里西亚的利益才这么做的？

辜：　　　　　　我拒绝回答。不管怎么说，我就是能这么判决这片土地的归属，我可以理直气壮地说，自己是称得上尊贵的。晚上好，

---

①　此处影射谙熟中西文化的辜鸿铭。实际上辜鸿铭已经于 1928 年去世。——译者注

|  | 女士们，先生们。［下台］ |
|---|---|
| 舞台演员： | 好了，木偶，你现在相信我吗？ |
| 木偶： | 你们之间似乎真有莫名的稳定关系。你为什么不能给我们展示一些大人物的照片看看呢？ |
| 舞台演员： | 我自己都认不全。［转向后面］比如这位，能告诉大家您的名字吗？ |
| 康特·西亚诺： | 我叫康特·西亚诺。 |
| 舞台演员： | 很高兴见到你。请问你是尊贵的人吗？ |
| 康特·西亚诺： | 真奇怪！你不知道我是谁吗？我是埃达·墨索里尼的丈夫。我是法西斯分子的女婿，我是意大利驻华特使。你在二十八岁时能比我更尊贵吗？ |
| 木偶： | 真厉害啊！法西斯分子的女婿，那一定是个好职位！墨索里尼还有一个女儿吗？ |
| 康特·西亚诺： | ［对舞台演员］还有事吗？ |
| 舞台演员： | 没了，谢谢您，伯爵先生。 |
| 康特·西亚诺： | ［举起手］哇呀呀，啊呀呀！哇呀呀！［下台］ |
| 木偶： | 啊，啊，啊呀呀！啊嘿！这人真有趣！［对舞台演员］还有这样有趣的人吗？这个戴单片眼镜的同性恋少年是谁？ |
| 舞台演员： | 他可不是个戴单片眼镜的同性恋少年。 |
| 木偶： | 不是吗？ |
| 舞台演员： | 对啊，她是个戴单片眼镜的同性恋少女。［转向后面］请近前来，女士，您能告诉我们您可爱的名字吗？ |
| 黄娜婷： | 我叫黄娜婷。 |
| 木偶： | 您是男人还是女人？ |
| 黄： | 我穿男装，是因为在中国，女性遭人斜视。 |
| 木偶： | 但中国人斜视你并不是因为他们眼睛歪了，而是因为你在"柏林这片天堂"。 |
| 黄： | 没错，我那些落后的同胞根本不了解欧洲的时髦是什么。 |
| 舞台演员： | 您也有职业吗，是称呼您黄先生还是黄小姐呢？ |
| 黄： | 叫我"先生"吧。我是张作霖的副官，对了，那位少帅就坐在那边。再见。［下台］ |
| 木偶： | 再见，你这个失败者。我现在很热。 |
| 舞台演员： | ［对木偶］你听到他说什么吗？张学良少帅也在这里，他是张作霖的儿子，也是蒋介石的副手。这样的人物也是我剧团的一员，张学良是中国的第二大权贵，也是华北地区，包括满洲在内的华北地区中最有权势的人…… |

| | |
|---|---|
| 木偶： | ……确实如此。 |
| 舞台演员： | 嗯，日本人占领奉天(今沈阳)时，他没站在日本人那一边，因为当晚他在梅兰芳的剧院订了一个包厢。这个剧院的包厢可不是每天都有的，你的确不能白白浪费机会。 |
| 木偶： | 当然。他们宁可让满洲分崩离析。那边的老先生又是谁呢？ |
| 舞台演员： | 那是施耐博士，前德属东非的前总督。 |
| 木偶： | 啊哈，过气的人物。他在这里做什么？ |
| 舞台演员： | 你可以自己问他。施耐阁下，您愿意过来给我们澄清一下情况吗？您在说什么？当然，如果您不愿意的话，也可以让其他先生代劳。 |
| 克劳德尔： | [自我介绍]我是法国代表克劳德尔将军。 |
| 奥尔德罗万迪： | [也自我介绍]奥尔德罗万迪伯爵，意大利代表。 |
| 施耐： | [也说道]施耐，德国代表。 |
| 舞台演员： | 请问各位先生，你们在这做什么？ |
| 他们三人： | 没什么，我们是国际联盟委员会成员。 |
| 舞台演员： | 那国联委员会是做什么的？ |
| 三人： | 当然是来花钱的。 |
| 有观众说： | 对，我们今天在《北京晚报》上看到这条消息：迄今为止，北京市已为国联委员会花费了 6 万美元。这些绅士们的一次泰山踏青，就花费了 8000 美元。 |
| 木偶： | 那个李顿勋爵还为此弄丢了手杖。 |
| 有观众说： | 北京市议会因为这些开支，将官员的工资削减了百分之二十，但这每月也才 3000 美元，根本不够这些绅士客人们二十个月的开销。因此他们停止救助北京的贫困人口。 |
| 三人： | 我们可不负责。北京市的费用可以由中华民国政府报销。 |
| 观众们： | [笑了]呵呵！呵呵！ |
| 木偶： | 安静！国联都这么说，就没什么可笑的！ |
| 三人： | 再说，我们又不是只在北京待着。我们在北京只待了二十天，但我们在中国已经有四个月。 |
| 木偶： | 人们可以计算一下整个住宿的费用。 |
| 有观众说： | 光是这辆铁路列车，在北京火车站停留的这二十天，就意味着亏损 17.4 万美元。 |
| 三人说： | 国联理事会可是给了我们 50 万瑞士法郎。中国为什么不抗议我们的日内瓦之行？还有，我们现在要去日本，日本人会支付这笔费用。 |
| 观众： | 一路顺风！旅途愉快！ |

| 三人： | [鞠了一躬]非常感谢，我们将在报告中提到中国人民的热情好客。 |
|---|---|
| 有观众说： | 我们想知道国联委员会在这里取得了哪些成果？ |
| 三人： | 哦，我们已经取得了成功。尽管日本在没有宣战的情况下攻占了中国最大的城市，占领了中国最好的三个省份，但中国一直不敢与苏联建立外交关系，它是唯一能帮助中国的帝国，这都要感谢我们的干预。 |
| 有观众说： | 施耐博士，德国为什么愿意参加这个委员会？德国和中国一样，都遭到《凡尔赛和约》肢解。现在我们看见德国却与中国的敌人同仇敌忾。 |
| 施耐博士： | 德国决不能允许自己在国际政治行动中被淘汰。这也是阳光下的一块土地。 |
| 有观众说： | 那委员会在这里做什么呢？ |
| 施耐博士： | 这你得问委员会的秘书和专家。[下台] |
| 舞台演员： | 委员会的各位秘书和专家在吗？ |
| 秘书和专家： | [胡言乱语道]波萨鲁伊斯塔，戈斯波丁，科内茨诺，戈斯波丁。 |
| 木偶： | 他们是俄国人吗？ |
| 波克罗夫斯基： | 当然，我们满洲的专家都是俄国人。 |
| 舞台演员： | 苏俄人？ |
| 波克罗夫斯基： | 您疯了吗？您在侮辱我吗？我可是个移民。苏俄和国联能有什么关系？ |
| 秘书和专家团： | 苏俄人可能根本就没有白大褂。<br>哈哈，哈哈。<br>哈哈，哈哈。<br>……完全没有白大褂。 |
| 舞台演员： | 你们全都是俄国人吗？ |
| 帕斯图霍夫： | 不，不，我不是俄国人。 |
| 舞台演员： | 这什么意思？ |
| 帕斯图霍夫： | 意思是，我就不是"俄国人"。 |
| 舞台演员： | 那你为什么会说俄语？ |
| 帕斯图霍夫： | 我是波兰人，有捷克斯洛伐克护照。但俄语是我们的商务语言，因为我们的正式女友都是哈尔滨的俄国妓女。[对其他人]请原谅我的表达，先生们？ |
| 秘书和专家团： | 但是，好吧。不过真相就是真相。 |
| 舞台演员： | 公使馆参赞先生，请您介绍一下委员会在这里是如何度过这 |

|  | 一天呢？ |
| --- | --- |
| 帕斯图霍夫： | 当然，并非所有的先生都是如此。早晨七点钟，骑着小马出门，九点，有人在泳池里洗澡，有人打网球，也有人逛古玩店。在酒店把铁板烧当午餐，之后稍事休息，但人们不能顶着下午的阳光工作，五点钟他们被邀请去喝茶或打高尔夫，晚上穿上白色的燕尾服，去屋顶花园与女友共进晚餐，和她跳舞后，一同去休息。 |
| 木偶： | 又睡吗？可怜的东西，晚上连休息的时间都没有！ |
| 帕斯图霍夫： | 晚上我们能获悉最重要的信息，因此我们能预见很多事情。 |
| 木偶： | 预见吗？预见事物的外交官？这可真是出乎预料啊！ |
| 舞台演员： | 您能预见什么呢？公使馆参赞先生，说说看吧。 |
| 帕斯图霍夫： | 哦，有很多啊。以坐在那儿的挪威随员和俄国女士为例。 |
| 舞台演员： | 对他能预见什么呢？ |
| 帕斯图霍夫： | 首先，他今晚将得知苏联人打算入侵挪威，其次，他后天就会得知自己有个身背命案的脱衣舞娘。［下台］ |
| 木偶： | 萨普洛特武官，你的团队中竟然有预言家，果真都是名人。我很想知道谁能像你一开始说的那样，给这个社会引起这么大的轰动。 |
| 舞台演员： | 因为你的不信任让我耽误了这么久，所以我现在必须要休息片刻。10 分钟后，第二幕即将开始。 |

## 第二幕

| 蒙古公主托尔古特： | 阿斯特夫人请把您的胭脂借给我。我一定要把自己打扮得漂漂亮亮的，毕竟我是托尔古特公主，更何况这里还有个国联专员。 |
| --- | --- |
| 英国阿斯特夫人： | 托尔古特公主请把您的镜子借给我，我一定要让自己变美，毕竟我是阿斯特夫人，更何况还带着特使。 |
|  | ［两人都下台］ |
| 大使： | 参赞，我请您出来是想借您的单片眼镜。我的忘在家里了，毕竟我必须在其他大国的代表前代表自己的大国。毕竟，这是我们在北京唯一要做的事情。 |
| 大使馆参赞： | 嘿嘿，但在欧洲，人们认为我们在中国政府面前代表我们的国家。欧洲人可不知道中国政府是在南京，从这里坐快车需要两日。 |
| 大使： | 嘿嘿，就像大使在斯德哥尔摩和教廷一起住的情形。 |
| 大使馆参赞： | 外交部肯定知道我们不在政府所在地，是吗阁下？ |

| | |
|---|---|
| 大使： | 当然，但美国人认为，我们的邮件从这到南京，比从柏林或巴黎要快。但欧洲的电报其实能更早地到达南京。 |
| 大使馆参赞： | 嘿嘿！ |
| 大使： | 是，参赞先生，我必须请您从家里再拿一副单片眼镜。否则您就不能继续留下来。整个世界都在看我们。 |
| 大使馆参赞： | 好的，阁下。 |

[两人都下台]

| | |
|---|---|
| 中国服务员： | [冲上舞台]巴·肖·艾尔，巴·肖·艾尔！第八十二号来了！ |
| 康特·阿尔德罗万迪： | [冲上台]张宗昌来了！我穿上新大褂是为了什么！ |
| 大使： | 来，参赞，把你的单片眼镜还给你。我们不需要单片眼镜，只要张宗昌在这里，那就根本没人看我们。[下台去] |
| 阿斯特夫人： | 你的眼镜还给你，托古特公主，我不需要它了。张宗昌带上了他所有的妻妾。 |
| 中国服务员： | 巴·肖·艾尔，巴·肖·艾尔，第八十二号来了！ |
| 国联秘书团的情妇们： | 该死，见鬼去吧！现在我们在这里完全是多余的。我们的绅士们都在看张宗昌的女眷。 |
| 国联的秘书们： | 该死，见鬼去吧！现在我们在这里完全是多余的。我们的女士们都在看张宗昌，就是"八十二"先生！ |
| 木偶： | "八十二"是什么意思？ |
| 舞台演员： | 就是把八十二块银圆给摞起来。 |
| 木偶： | 那把八十二块银圆摞在一起是什么意思呢？ |
| 舞台演员： | 说明他体质特别阳刚。 |
| 木偶： | 我不明白。 |
| 舞台演员： | 你也不用懂。 |
| 一位国联专家： | 将军先生看到他的女眷了吗？女孩一个比一个漂亮！最小的才八岁呢。 |
| 将军： | [好色的目光]八岁！八岁！啊……[他死去] |
| 一位法国记者： | 大使先生，您什么时候能允许我采访一下张宗昌呢？ |
| 大使先生： | 我允许？他连我都拒绝接待。 |
| 大使夫人： | 他拒绝接待我的丈夫，堂堂的法国大使！这太夸张啦！[她死了] |
| 大使先生： | [冲尸体鞠了一躬说道]再见，亲爱的。[面向记者们]请联系我们工业银行的主管巴达克，他给张宗昌提供钱和武器。如果巴达克尽心尽力，你就能见到他。[下台] |
| 贝格伯爵夫人： | 请告诉我，董清磊教授身边都是些年轻女孩，他是怎么做 |

| | 到的？ |
|---|---|
| 董清磊教授： | 每两年他就连同退休工资和现任妻子一起送走。对他不满意的女人，他就把她嫁给苦力。五年前，当他不得不逃到日本时，他杀死了自己最美丽的姑娘们，这样就不会便宜了其他男人。 |
| 伯爵夫人： | 可怜的中国女孩们！ |
| 董清磊教授： | 不仅是中国女孩，其中也有欧洲女孩。他炫耀自己的女眷遍布五十个国家。 |
| 伯爵夫人： | ［透过长柄眼镜看向他］这个张宗昌长相英俊。那他现在有没有带任何欧洲的女人呢？ |
| 董清磊教授： | 没有，他瞧不起欧洲人。自 1929 年以来，他一个欧洲女人都没有。［伯爵夫人死去］ |
| 多尔蒂上将： | ［携妻子上台］我无法忍受这里。当我想到这种家伙和几十个最漂亮的女孩生活在一起，而我却要和你共度一生，你这个蠢婆娘…… |
| 多尔蒂上将夫人： | "蠢婆娘"——你对一位女士这样说话？那你又是什么？你还不如一个蠢男人。就算是年轻的时候，你也不可能和那些漂亮的女孩做什么。我昨天和贝伊上校在一起，他比你大五岁，但却很有男子气概…… |
| 多尔蒂上将： | 你和贝伊上校在一起……［他死去］ |
| 中国青年顾维登： | 李巴，我们为什么要上去，为什么？ |
| 中国女青年李巴： | 别那么激动，我们到北京饭店的屋顶花园是来看看这什么状况？ |
| 顾维登： | 为什么是这儿！太可怕了！我为我的民族感到羞愧。洋人在这里挥霍我们的钱，还觉得我们低人一等。张宗昌，这个家伙上了台后，给他们足够的权利来鄙视我们。 |
| 李巴： | 你管他干什么？ |
| 顾维登： | 他是我们受压迫的象征。他掠夺江西，吉林，奉天和山东省。作为师长时他掠夺，地区专员时他掠夺，军长时他也掠夺，当了省长他还掠夺。 |
| 李巴： | 对，你看他肯定有很多钱。他女人有漂亮的衣服和珍贵的珠宝。 |
| 顾维登： | 但他生活的地方，农民已经吃不起饭了。他把一切都榨干了！ |
| 李巴： | 他用那么多钱做过什么吗？ |
| 顾维登： | 他把它们全都挥霍掉，成百上千万地挥霍。他已经一无所 |

有了。

| | |
|---|---|
| 李巴: | 那他怎么还能维持如此开销呢? |
| 顾维登: | 外国列强给他钱,确保他要帮助反对安南的独立运动和我们的苏维埃领地。而他,这个卑鄙无耻的恶棍,来这里给自己长脸,喝着香槟,向他的女孩们展示…… |
| 李巴: | 他的女孩也喝香槟。 |
| 顾维登: | 当然,这样他能提高自己的信誉,让人们看到他有很多钱扩军。 |
| 中国服务员: | [冲上舞台]巴·肖·艾尔!车子开过来了! |
| 李巴: | 为什么叫他巴·肖·艾尔? |
| 顾维登: | 就是把八十二块银圆摞起来的意思。 |
| 李巴: | [把眼睛往下看]噗!那他多大了? |
| 顾维登: | 五十岁了。 |
| 李巴: | 那他当将军之前是干什么的? |
| 顾维登: | 一个土匪,和我们所有的将军一样。 |
| 李巴: | 土匪?他看起来一点儿不像。 |
| 顾维登: | [酸酸地说]那你喜欢他? |
| 李巴: | 我?我觉得他很恶心。 |
| 顾维登: | 但你一直在看着他。 |
| 李巴: | 你在嫉妒那个怪物,你借此来侮辱我。 |
| 顾维登: | 恕我直言,中国不处置这些匪徒,令我很不爽。因为国民党和这些洋人不让,他们甚至还在给那个无赖付钱…… |
| 李巴: | 嘘,他来了 |
| 张宗昌: | [一个巨人,带着十三个女孩,停在李巴面前,抓住她的胸]露出你的腿。[李巴照做了]很好,你以后就跟着我吧。 |
| 李巴: | 好的。[张宗昌带着随行人员和李巴下台] |
| 顾维登: | [去追她,一个士兵把他推了回来。他跳上屋顶花园的护栏]那我只有死了……不,他才必须死。敌人才必须死,我们必须活着。[大喊]中国,听我说!中国,敌人正压迫你!中国,外族人正压迫你!中国,有些中国人正压迫你! |

**幕帘前**

| | |
|---|---|
| 舞台演员: | 我不想让这个戏这么严肃地结束,可我没办法。 |
| 木偶: | 已经结束了吗? |
| 舞台演员: | 嗯,我想这不是永远。 |

**全剧终**

# 最后一次袒露心扉的君特·格拉斯

## ——评《最后的时光——秋日谈话录》

华中科技大学　张小燕

**摘要：**《最后的时光——秋日谈话录》是德国诺贝尔文学奖获得者君特·格拉斯在2015年逝世之前与好友兼德国毕希纳文学奖评委会主席海因里希·戴特宁进行的谈话"断片"。它延续了欧洲文化史上的"谈话"传统，以格拉斯艺术创作中广为人知的争议焦点为出发点，探讨了格拉斯人生、创作、政治观三者之间的互动关系，从作家本人的视角对其半个多世纪的创作生涯进行了剖析，真实地反映了作家的个性与思想。同时，该书对多个德国战后文学史上的争议问题进行了澄清，具有很高的文学史料价值，对格拉斯研究更具有重要的启示作用。

**关键词：**君特·格拉斯；战后文学；自传

君特·格拉斯(Günter Grass，1927—2015)凭借其1959年发表的小说《铁皮鼓》(*Die Blechtrommel*)开创了德国战后文学的新纪元，1999年获得的诺贝尔文学奖更确立了其在德国战后文坛中一代宗师的地位。与此同时，格拉斯热衷于谈论政治，时常在作品中和新闻媒体上抨击德国政府在难民政策、德国与以色列关系、两德统一等问题上的虚伪态度，被德国知识分子视为"国家的良心"，但这也令他饱受公众和学界争议。格拉斯晚年隐居在德国小城贝伦多夫(Behlendorf)，逐渐淡出公众视线。2014年，在格拉斯去世前一年，德国毕希纳文学奖评委会主席、德意志语言文学科学院院长海因里希·戴特宁教授(Heinrich Detering)曾两次到访贝伦多夫，与格拉斯进行了坦诚的对话。《最后的时光——秋日谈话录》(*In letzter Zeit Ein Gespräch im Herbst*)(下文简称《最后的时光》)正节选自这两次谈话。它不仅探讨了格拉斯的文学创作轨迹，而且记载了格拉斯本人对其人生经历、创作风格、政治立场、艺术观点的最后一次解读。该谈话对于了解德国战后文学鲜为人知的一面以及深入理解格拉斯其人其作具有重要的史料价值。

## 1

"谈话录"是欧洲文化史上具有悠久传统的一种随笔形式，其历史至少可以追溯到柏拉图的《谈话录》。德国历史上的《马丁·路德桌边谈话录》《歌德谈话录》就是理解大师思想的重要一手资料。《最后的时光》其实并非戴特宁教授与格拉斯的首次对话。早在 2013 年，两人合作出版了安徒生作品集《五次海上之旅》（ *Die fünffache Seereise* ），其间进行过一次畅谈，并将对话作为后记载入书中。在此次对话中，戴特宁教授与格拉斯从安徒生谈到格林兄弟，再谈到格拉斯本人的作品，内容长达十页，十分丰富精彩。[①] 初次畅谈所取得的成功使两人产生了进一步合作的计划，正如戴特宁教授在前言所述："当时想法很简单。我们打算进行一场很长的谈话……我们并未打算为谈话预设某些目的、主题，仅有一个共同的心愿：不再将诗人格拉斯限定在一个政治评论家的角色上，而是从他的文学谈起——那些融合了童话想象、艺术游戏与政治感知的作品。"[②] 本书的魅力正在于此。

《最后的时光》由两场谈话和三封书信组成。在 2014 年 11 月 6 日的信件中，格拉斯写道："您提出的这些问题再也不会有人问起，即便有其他人，也不会如您这般充分理解我的作品！"（In letzter Zeit：126）格拉斯何以如此感慨？其原因在于，书中谈话一开始就触及了格拉斯内心最深的一道伤痕，也是伴随这位德国作家毕生创作的痛楚：永远失去的故乡。格拉斯于 1927 年出生在德国、波兰之间的"自由市"但泽（Danzig）。历史上，这座城市曾在德国、波兰之间反复易手。最终，随着德国在"二战"中的惨败，但泽被并入波兰，德意志人也被从这块土地上赶走。格拉斯的成名小说《铁皮鼓》就主要以这座具有独特历史意义的城市为背景。戴特宁教授从格拉斯对但泽的独特感受入手，将谈话逐步引向格拉斯的政治观点和社会活动对其创作的影响。他首先指出，在德国大众眼中，格拉斯喜欢对一切政治事件发表言论，其"指手画脚"甚至招来攻击："诗人，干好你自己的事情！"（In letzter Zeit：30）。对此，格拉斯澄清道，自己只对涉及德国、波兰、以色列三个国家的事情发表意见：作为德国人，他关心德国的历史、分裂和"过于匆忙"的统一；作为但泽人，他关心德国和波兰的边界问题；作为和平主义者，他批评拥有核武器的以色列政府；作为离开家乡的"流亡者"，他心系难民和流亡问题。格拉斯发表的政治观点都与其个人经历和公民责任感息息相关。在《最后的时光》中，他再次反思了 1933 年纳粹党上台的原因："当时鲜少有公民对基础薄弱的魏玛共和国采取保护的态度。"格拉斯认为："面对德国如今艰难重建起来的民主，倘若没有足够多的公民批判性地认同它、注意它，它必将走向毁灭"。（In letzter Zeit：18）有鉴于此，作家并不应该远离政治，而那些对格拉斯的攻击和指责则"愚蠢而又无聊"。出于作家的社会责任感，格拉斯不仅多次呼吁其他作家同行参与社会和政治批评，还捐资设立了多个奖项来激励个人对社会做出贡献，以及出资为优秀青年作家提供创作场所。

---

① 参见：Hans Christian Andersen, *Die fünffache Seereise：Mit Hans Christian Andersen in Schleswig und Holstein*. Hrsg. von Heinrich Detering und Günter Grass. Neumünster：Wachholtz, 2014：158-167.

② Günter Grass, Heinrich Detering, *In letzter Zeit-Ein Gespräch im Herbst*. Göttingen：Steidl, 2017, Vorwort. 后文出自同一著作的引文，将随文标出该著作名称首词和引文出处页码，不再另注。

2012 年，格拉斯在德国《南德意志报》(*Süddeutsche Zeitung*)上发表了政治诗歌《不得不说的话》(*Was gesagt werden muss*)，该诗指出："以色列的核能力威胁着世界的和平"，格拉斯以此谴责德国向以色列提供核潜艇的行为，警示核潜艇被以色列用于同伊朗作战的可能性。该诗甫一发表，格拉斯立刻被扣上了"反犹主义者"的帽子。对于作品所引起的这场"以色列风波"，格拉斯回应道："当 1968 年德国学生出于错误的左倾立场反对以色列时，我就是捍卫以色列的少数人之一，但是是以批判的方式。但在以色列成为占领国后，它开始变得同样滥用强权。"(In letzter Zeit：20) 1967 年，以色列主动发起与阿拉伯国家的"六日战争"，随之掀起在东欧各国以及德国六八学生运动中的"反犹太复国主义"浪潮。在当时的一片反对声中，格拉斯极力声援以色列，足见他并非"反犹主义者"。"由于历史原因，批评以色列在德国是严格的禁忌"，但格拉斯毫不畏惧争议，理性地对以色列政府和德国政府做出公开批判。格拉斯还强调，他不仅反对以色列的占领政策，还不认同德国的以色列政策，尤其是德国总理默克尔 2009 年将以色列视为德国国家安全利益所在的方针。

尽管格拉斯是成名已久的文学大师，但他与文学评论界的关系却相当紧张，德国"文学教皇"拉尼茨基(Marcel Reich-Ranicki, 1920—2013)尤其是他长期挥之不去的阴影。当戴特宁教授提及此事时，格拉斯仍难以释怀。1995 年 10 月，拉尼茨基对格拉斯的新作《旷野》(*Ein weites Feld*, 1995)发表了公开恶评，评价其"一无是处"，加之《明镜》(*Der Spiegel*)周刊刊登拉尼茨基手撕《旷野》的照片作为封面，令格拉斯的自尊心受到极大伤害，两人关系也从此降至冰点。尽管拉尼茨基后来曾主动登门拜访，有意修复与格拉斯的关系，但格拉斯对此并不买账。又如 2013 年，格拉斯的著作——"但泽三部曲"之一《狗年月》(*Hundejahre*, 2013)再版，他特意精心在书中附上了上百幅铜版画，以期引起读者和评论家的注意，但文学评论界反应寥寥，这令格拉斯耿耿于怀。由此，格拉斯将文学评论界类比为动物"群嚎"，"当一个人起头后，其他评论者纷纷附和，人云亦云"(In letzter Zeit：40)，可见，他对当前德国整个文学评论环境不甚满意。

此外，格拉斯还简单解释了他对天主教认同而又批判的矛盾关系。格拉斯 13 岁时即脱离天主教，但他的作品中始终保留着大量的宗教素材，例如在《铁皮鼓》中他就拿耶稣和圣母像开涮，这使其屡遭天主教人士敌视和攻击。对此，格拉斯表示，他反对的只是机构化的宗教，而天主教丰富的内涵和多彩鲜明的形象一直在他作品中扮演着重要的角色。

## 2

在第二场谈话中，戴特宁主要围绕格拉斯的艺术创作展开提问，探索格拉斯人生与作品的内在联系，如"但泽三部曲"中的奥斯卡(Oskar Matzerath)、阿姆泽(Amsel)等人物形象都投射着格拉斯本人的性格特征和思想意识,《狗年月》中主人公"半犹太人"阿姆泽和《铁皮鼓》中犹太玩具商马库斯(Markus)都反映了格拉斯对犹太人的同情和好感。此外,作品《狗年月》中独特的叙述角度,《狗年月》与《蟹行》(*Im Krebsgang*,2002)之间的文本间性,自传三部曲《剥洋葱》(*Beim Häuten der Zwiebe*,2006)、《盒式相机》(*Die Box*,2008)、《格林的词语》(*Grimms Wörter*,2010)之间的紧密联系也由格拉斯亲自进行了解读。尤其对于由《剥洋葱》引发的爆炸性争议,即格拉斯早年曾参加党卫军的经历,他再度进行了自我辩护。格拉斯成长于一个普通家庭中,自幼生活在狭窄逼仄的环境里。对于当时15岁的格拉斯而言,参加"希特勒青年队"仅仅意味着逃离封闭狭窄的家庭环境:"参加党卫军违背了我的意愿,我本意是加入潜艇队——但像许多青年人一样,我们被直接征入了党卫军。"(In letzter Zeit:97)戴特宁教授继续追问到公众对他的另一层愤怒和失望,即效力党卫军的经历是否公开得太迟。对此,格拉斯辩解道:"只有认真阅读过《剥洋葱》这本书的人,才有资格对此进行评价。"在他看来,公众的指责和他本人的反思并不是同一个问题,他真正需要忏悔的是当年明哲保身,对纳粹暴行的默许:"我当时的错误在于选择了沉默,甚至当身边的同学突然从学校消失,临死前才在希登塞被发现的时候,我没有(对暴行)提出质疑……这是我难辞其咎的事情,并且我至今为自己的懦弱深感内疚。这种内疚感并非源于我做了什么,而恰恰源于我曾经无所作为。"(In letzter Zeit:96-97)格拉斯自认为在党卫军中时间不到半年,并没有参与纳粹的罪行,更何况当时党卫军的罪行还未曝光,因此自己的行为"无可指责"。但战争经历赋予了格拉斯特殊的责任感,即"通过文学作品来记录那些在战争中逝去的人"(In letzter Zeit:89),这也是格拉斯长期保持旺盛的创作力的动机之一。

除了文学创作外,格拉斯的绘画和雕刻才能也令戴特宁印象深刻。但戴特宁发现,相比格拉斯长期陷入的"政治风波",他最初、也是最重要的艺术家身份似乎逐渐遭到公众的忽视。格拉斯对艺术一直有着浓厚的兴趣,他战后曾在杜塞尔多夫从事石雕工作,后又在艺术院学习版画和雕刻。在这里,格拉斯初次欣赏到莱姆布鲁克(Wilhelm Lehmbruck,1881—1919)和巴拉赫(Ernst Barlach,1870—1938)等表现主义大师的雕刻作品,以及绘画大师夏加尔(Marc Chagall,1887—1985)的画作。这段经历为格拉斯打开了全新的艺术世界大门,并且这种艺术热情和乐趣在格拉斯的作品中一直得以保留,他强调:"(我的作品)始终会回归到纯审美的东西,无论如何这是第一位的。"(In letzter Zeit:112)有感于此,戴特宁教授特意在谈话录中插入多幅格拉斯的画作,借此提醒读者重忆"艺术家"格拉斯的成就。

值得一提的是,在《最后的时光》中,格拉斯毫不讳言与战后一代德语作家的交往轶事。他不仅曾与战后文学代表作家伦茨(Siegfred Lenz,1926—2014)和伯尔(Heinrich Böll,1917—1985)惺惺相惜,也与诸多名气普通的作家有过密切交往,如约翰内斯·波勃罗夫斯基(Johannes Bobrowski,1917—1965)。格拉斯对待朋友率真友好,但也曾出现过一些不愉快的插曲。例如东德作家约翰逊（Uwe Johnson，1934—1984）和舍德利希（Hans Joachim Schädlich，1935—   ）都曾是格拉斯的挚友，但两段友谊均未能维持长久。格拉斯曾支持过的瑞士著名作家马克斯·弗里施（Max Frisch，1911—1991）甚至公开发文称格拉斯插手政治是为了炒作，提高知名度。这些小插曲令耄耋之年的格拉斯依旧耿耿于怀，不免反映出他率真之余又敏感脆弱的性格特征。

# 3

《最后的时光》这本谈话录语言朴实率直，几乎涉及所有针对格拉斯的尖锐争议，不仅适合作为了解格拉斯文学世界的入门读物，而且可以修正大众对格拉斯的刻板印象和偏见。更重要的是，这部谈话录揭示了格拉斯人生经历、文学创作与社会政治观之间的复杂关系。2014 年 10 月 13 日，在第一次谈话过后不到三天，格拉斯致信戴特宁教授，称他为"第一个，也是唯一一个向我提出这些迫切的，同时也是触碰到我受伤原因问题的人"（In letzter Zeit：125）。格拉斯本意是成为一名积极参与政治的艺术家，他在政治演说或采访中常常表现得十分尖锐、强硬，甚至具有攻击性，因此戴特宁教授想尽力通过谈话录给格拉斯一个更加柔和、友好、坦诚地展现自己的机会。虽然谈话所涉及的个别话题与格拉斯以往采访或自述有所重复，但戴特宁教授强调，这本书的创新之处不在于格拉斯说了什么，而在于格拉斯谈话时的坦诚、温暖与幽默，这是大众不熟识、但更真实的格拉斯。因此，这是一本值得读者咀嚼，直接从格拉斯谈话语气领略其性格与思想的谈话录。

笔者在德国访学时，曾向戴特宁教授请教过他与格拉斯进行谈话的深层次动机。戴特宁教授坦言：他想通过谈话摆脱桎梏，将对格拉斯的作品从政治化解读的框架中解放出来，还原作家文学创作与人生的本来面貌。此外，对于夭折的第三次谈话，戴特宁教授不无惋惜。他向笔者透露了早已计划好的第三次谈话的主题：格拉斯和文学史的关系；格拉斯对巴洛克文学的看法，尤其是对赐予其写作灵感的流浪汉小说鼻祖格里美尔斯豪森（Hans Jakob C. von Grimmelshausen，1622—1676）的评价；格拉斯对自己所崇拜的作家榜样——德国作家德布林（Alfred Döblin，1878—1957）和托马斯·曼（Thomas Mann，1875—1955）——的见解；格拉斯与童话的渊源。2015 年 3 月底，格拉斯再度致信戴特宁教授："我们还有希望能在 5 月底见面，或继续谈话，或给之前的谈话材料找个合适的形式予以出版。"（In letzter Zeit：127）不料，格拉斯 4 月因旧病复发，溘然长逝，计划中的第三次谈话被迫永远搁浅。格拉斯逝世一年后，在其遗孀乌特·格拉斯（Ute Grass）和好友兼格拉斯作品丹麦语译者奥特加教授（Per Øhrgaard，1944—   ）的鼓励下，戴特宁教授将这些谈话材料进行了整理，并于 2017 年 6 月以"断片"的形式正式出版。尽管格拉斯亲自回答剩下的问题已不再可能，但这些问题对未来的格拉斯研究而言无疑极具启发意义。从书中所附的格拉斯亲笔信也可以看出，这些谈话材料必将对学界解读和评价格拉斯产生新的启迪。

## 参 考 文 献

［1］Grass，Günter & Detering，Heinrich. *In letzter Zeit-Ein Gespräch im Herbst* ［M］. Göttingen：Steidl，2017.

［2］Andersen，Hans Christian. *Die fünffache Seereise：Mit Hans Christian Andersen in Schleswig und Holstein* ［M］. Hrsg. von Heinrich Detering und Günter Grass. Neumünster：Wachholtz，2014.

 翻译研究

# 路德《圣经》译本语言影响研究①

华中科技大学　宣　瑾　谭　渊

**摘要：**在宗教改革的进程中，马丁·路德意识到德语作为民族语的重要性。他将宗教改革与德语的变革相结合，重新翻译和阐释了《圣经》，在打破罗马教廷文化霸权的同时也挑战了拉丁语的霸主地位。他在翻译《圣经》中所使用的语言对德语的发展产生了重要影响，成为人民传播宗教改革思想和自由表达意愿的重要工具，并深刻影响了德语文学的发展。

**关键词：**马丁·路德；宗教改革；《圣经》翻译；德语

1517 年 10 月 31 日，奥古斯丁会教士、德国维滕堡大学神学教授马丁·路德（Martin Luther，1483—1546)在维滕堡教堂大门上贴出《九十五条论纲》，揭露罗马教会贩卖赎罪券的骗局，由此掀开了德国宗教改革运动的帷幕。这场运动打破了罗马天主教在思想文化上的垄断，对德国历史乃至世界历史进程都产生了深远影响。

在宗教改革中，路德认识到重新诠释《圣经》的重要性与必要性，著名的 1521 年沃尔姆斯帝国会议更是给他以决定性推动，使其下定决心将《圣经》译成德语。而这绝非一次简单的翻译活动，从深层目的来看，路德使用德语翻译《圣经》的真正意图在于创造一个重新阐释《圣经》和传播新学说的机会，而从更为根本的动因来看，这涉及伽达默尔所说的一种"重新发现"（Wiederentdeckung），即"重新发现某种并非绝对不知道、但其意义已成为陌生而难以接近的东西"②。在这个"重新发现"的过程中，路德不仅借助翻译《圣经》的契机确立了"因信称义"学说，挑战了罗马教廷的权威，而且凭借惊人的毅力，从一向被视为落后、贫乏的民族语中发掘出大量优美的德语表达方式，在短短二十几年的时间里树立起标准德语的典范，为德语走向统一、取代拉丁语成为哲学家、科学家的语言作出了杰出贡献。因此，路德《圣经》译本至今仍有重要的研究价值。

---

①　基金项目：本文系华中科技大学学术前沿青年团队项目"变异学研究"（项目编号2017QYTD15)的阶段性成果。

②　伽达默尔：《真理与方法：哲学诠释学的基本特征》(上卷)，洪汉鼎译，上海：上海译文出版社，2004 年，第 226 页。

## 1. 德国宗教改革运动与路德《圣经》的诞生

马丁·路德生于 1483 年，早年学习文学，后进入奥古斯丁修会并在维滕堡大学研习神学，1512 年获得博士学位后成为维滕堡大学教授，开始讲授《圣经》。当时罗马天主教会已十分腐败，为继续压榨德意志人民，教会垄断了文化教育，并禁止使用拉丁语《通俗本圣经》(Vulgate) 之外的其他《圣经》版本，而懂得拉丁语《圣经》的又只有教会人士，这就为教会愚弄百姓、肆意曲解《圣经》提供了条件。1517 年，教皇利奥十世为修建罗马圣彼得大教堂、从德国这头"教皇的奶牛"那里攫取更多财富，派人到维滕堡附近地区推销所谓的"赎罪券"，宣称有罪的信徒可以购买历代圣徒积累下来的"善功"，从而免遭炼狱之苦。拿着教皇敕令的推销员在演讲中甚至厚颜无耻地吹嘘"随着钱币叮当一声掉进钱箱，人的灵魂就立即飞出炼狱"①。同年夏天，路德看到一封美因茨大主教阿尔布莱希特·冯·勃兰登堡 (Albrecht von Brandenburg, 1490—1545) 写给贩卖赎罪券的神父的信件，在信中，大主教提到要将贩卖赎罪券利润的一半用来清偿他个人欠银行家富格尔 (Fugger) 家族的债务，而他正是用这笔钱在 1514 年牟取了美因茨大主教及选帝侯的位置。此信使赎罪券的欺诈性质暴露无遗，也令身为神学教授的路德怒不可遏。站在维护德意志民族利益的立场上，他写下了著名的《九十五条论纲》，并于 1517 年 10 月 31 日，即万圣节前一天公开张贴在维滕堡教堂大门上。② 在《论纲》中，他驳斥了教皇支持贩卖赎罪券行为的赦罪教条，并认为购买赎罪券并不会使人免罪，反而会增加贪欲，罗马教会所宣称的赦罪教条反映了教会在信仰上出现的偏差，因而需要一次彻底的宗教改革。

路德的行为得到了德国民众的支持，并赢得了萨克森选帝侯等贵族的共鸣，但他与罗马教廷的裂痕却迅速加深。罗马教皇先是派神学家与之辩论，结果不欢而散，这使双方对立愈加升级。1520 年 6 月 15 日，教皇利奥十世干脆签署《斥马丁·路德谕》，要求路德放弃自己的观点，但路德坚持己见，并于同年 8 至 10 月连续发表了《致德意志民族基督教贵族的公开信》(An den christlichen Adel deutscher Nation)、《教会的巴比伦之囚》(De captivitate Babylonica ecclesiae) 和《论基督徒的自由》(De libertate Christiana) 等一系列改教论文。于是，教皇于 1521 年 1 月 3 日发布谕令开除路德教籍，教皇党徒也开始公然烧毁路德的作品。而路德则在民众支持下走上了公开抗争的道路，将教皇谕令当众付之一炬，以此作为对罗马教廷的回应。由于宗教改革导致德国面临分裂的危险，皇帝

---

① 罗伦·培登：《这是我的立场——改教先导马丁·路德传记》，陆中石、古乐人译，上海：上海三联书店，2013 年，第 38 页。

② 对这一广为人知的说法，近代学者多有质疑，有学者认为马丁·路德在 1517 年 10 月完成《九十五条论纲》并寄给了美因茨大主教，但却没有得到后者的回复，因此按当时进行辩论的惯例将其公开张贴在了教堂大门上。

查理五世出于政治利益考虑，于 1521 年 5 月在沃尔姆斯召开帝国会议，要求路德前来忏悔。在接连不断的论战中，路德逐渐意识到德语对于赢得民众支持、推动宗教改革运动的重要意义。例如他的《九十五条论纲》原本是用拉丁语写成的，只是在被翻译成德语后，才得以在群众中迅速传播开来。而他于 1520 年发表的三篇改教檄文中虽有两篇仍使用拉丁语，但在《致德意志民族基督教贵族的公开信》中却使用了德语。在关键性的 1521 年沃尔姆斯帝国会议上，为维护自身立场，路德先是用拉丁语进行了辩论发言，然而当发言结束时，有人请求他用德语重述一遍，尽管当时的路德已疲惫不堪，他仍坚持用德语将发言复述了一遍。① 最后，他用一段掷地有声的话语结束了发言，为大众所熟知的"Hier stehe ich, ich kann nicht anders."（这就是我的立场，我别无选择。）便是出自此次德语发言：

> 除非用《圣经》的明证或清晰的理性说服我（我不能唯独信任教宗和议会的权威，因为众所周知，他们经常犯错并且彼此矛盾），因我被自己所援引的《圣经》所束缚，我的良心受上帝之道所左右，我不能够也不愿意撤销任何东西，由于违心之事既不安全，也不适当。
>
> 我别无选择，这就是我的立场，愿上帝佑助我，阿门！②

德语在改教之争中所扮演的重要角色强烈冲击了当时仍遵循教会惯例使用拉丁语进行论战的路德，使他意识到要让宗教改革思想深入民心，就必须将基督教会的改革与属于德意志大众的语言——德语结合起来。路德最早的《圣经》德语翻译片段完成于 1519 年夏天：在莱比锡神学辩论前期，他受邀在圣彼得和圣保罗殉道日上布道，为使平民百姓能够听懂，他在布道词前附上了《马太福音》第 16 章 13—19 节的德文译文。③ 受此启发，他在安全离开沃尔姆斯并以"容克·约克（Junker Jörg）"之名隐居瓦尔特堡后，仅用 11 周的时间就将《圣经·新约》从希腊语译成了德语。1522 年 9 月，路德版《圣经·新约》正式问世。1523 年，路德又出版了从希伯来语译出的《圣经·旧约》第一部分，使遭到教会欺骗的德意志人民可以读到一部用本民族语言——德语写成的《圣经》，从而打破了拉丁语《圣经》的霸权，直接挑战了天主教会对《圣经》阐释的垄断。

路德《圣经》译本出版后，拥护天主教的皇帝查理五世、勃兰登堡选帝侯、萨克森乔治公爵等诸侯大为恐慌，下令禁止传播路德译本。为此，路德撰文愤怒地控诉教会与

---

① 参见托马斯·马丁·林赛：《宗教改革史》（上卷），孔祥民、令彪、吕和声、雷虹译，北京：商务印书馆，1992 年，第 288 页。

② 马丁·路德：《路德文集》（第一卷），路德文集中文版编辑委员会编，上海：上海三联书店，2005 年，第 597 页。但也有学者认为这一名言首次出现是在 1557 年的木刻中。参见 Martin Treu, *Martin Luther in Wittenberg. Ein biografischer Rundgang.* Wittenberg：Stiftung Luthergedenkstätten in Sachsen-Anhalt, 2. Auflage, 2006：49ff.

③ Heinz Bluhm, *Martin Luther. Creative Translator.* London：Concordia Publishing House, 1965：37.

世俗权力勾结、欺骗人民："全能的上帝已经让我们的统治者疯狂了。他们只认为，他们可以为所欲为，并命令臣民只做他们乐意做的。臣民也被引入歧途，相信他们应该在所有事情上跟随统治者。"①与此同时，路德的改革主张获得了越来越多人民群众的拥护。到 1525 年，路德《圣经》译本在短短几年中便累计出版 22 次，此外还被翻印达 110 次之多，在当时有读书能力的德国人中，每三人就有一本路德《圣经》。② 此后，路德又经过艰苦的努力，最终在 1534 年完成了整本《圣经·旧约》的翻译出版工作。但路德并未就此满足，他随后又对译本进行了大量修订。1545 年，新的《圣经》德语全译本终于印刷出版。这部在德语发展史上占有重要地位的《圣经》译本深受德国民众喜爱，当马丁·路德于次年与世长辞时，该译本已有 430 种版本，传遍整个德国。而勃兰登堡、萨克森等北方天主教大邦国也转信新教，宗教改革运动在德国已势不可挡。

## 2. 德语《圣经》对罗马教廷阐释权威的挑战

据说，路德在瓦尔特堡翻译《圣经》时，魔鬼曾试图出来阻止，于是他抓起桌上的墨水瓶朝魔鬼掷去，打退了魔鬼，因此人们至今仍可在路德当年书房的墙上看到他所留下的一团墨迹。这一传说当然只是出于虚构，但却真实地折射出路德翻译《圣经》时的心态——他心中那个千方百计要阻止他的魔鬼就是已存在千年之久、顽固守旧的罗马教廷，而他手中最有力的武器就是德意志民族语言的宝库。换言之，路德的德语《圣经》实质上以民族语为武器，挑战了当时罗马教廷和拉丁语的权威，从而产生了巨大而深远的影响。正如德国著名诗人海涅所说："马丁·路德……不仅给我们行动的自由，而且也给我们行动的手段，也就是说，他给精神一个肉体。他也给思想一个语言。他创造了德语。"③

在 12 世纪时，天主教会在从宗教信仰上征服整个日耳曼人地区之后，就开始禁止当地人用本民族语言翻译和解读《圣经》，理由是民族语言的词汇、语言、表达方式都相对贫乏，不足以用来翻译和解释"基督教的玄义"，而用这种语言来翻译《圣经》就会造成经文含义遭到曲解。④ 1369 年，东罗马帝国皇帝甚至颁布法令，没收一切含有宗教内容的德语译本。而教廷压制《圣经》民族语译本背后的真正原因是：罗马天主教会作为基督教权威，为了巩固自身地位，需要牢牢把握《圣经》这一核心典籍的阐释权，而《圣经》被大量翻译成其他民族语言，甚至被异教徒翻译，则会使罗马教廷面临《圣经》

---

① Martin Luther, *D. Martin Luthers Werke. Kristische Gesamtausgabe*, *Band 11*. Weimar: Hermann Böhlaus, 1925: 246. 以下引用时简称为：WA 卷数，页码。

② Bernd Moeller, *Deutsche Geschichte. Band 4. 2. Aufl.* Göttingen: Vandenhoeck & Ruprecht, 1981: 90.

③ 亨利希·海涅：《论德国宗教和哲学的历史》，海安译，北京：商务印书馆，2016 年，第 48 页。

④ 参见谭载喜：《西方翻译简史》（增订版），北京：商务印书馆，2004 年，第 41 页。

阐释权旁落的威胁。因此，为防止自身权威遭到动摇，罗马教廷全力反对他人翻译《圣经》，攻击新的民族语译本。① 完整、可靠的民族语《圣经》版本的长期缺位为罗马教廷随意诠释经文，任意发布教条、谕令提供了可能，这也是赎罪券多年来得以大行其道、成功愚弄信徒的直接原因。因此，路德在宗教改革中要努力打破罗马教廷对《圣经》翻译的禁令，通过德语版《圣经》来让教徒绕过教会、直接与上帝"交往"，教徒们应当"唯信《圣经》"，"人们没有义务相信《圣经》之外的东西"②"除《圣经》的教导之外，没有必要建立别的信仰或道德"③，从而粉碎罗马天主教会对《圣经》的任意曲解。

针对罗马天主教会为兜售赎罪券而编织的一套谬论，路德早在担任维滕堡大学教授期间就已经初步形成了"因信称义"的神学观点。1521 年至 1522 年期间，路德借翻译《新约》的契机，在德译本中进一步树立了这一信仰原则，宣扬基督徒只需凭借其对上帝的信仰得救，而无需借助罗马天主教会的赎罪券。在翻译《罗马书》第 3 章第 28 节时，路德特地将"我们看定了，人因信称义，而不因遵行律法"翻译为"我们看定了，人**仅**因信称义，而非因遵行律法"（Wir halten, daß der Mensch gerecht werde, ohn des Gesetzes Werk, **allein** durch den Glauben.），从而否定了天主教会在信徒得救道路上的作用，也否定了教皇兜售的所谓圣徒"善功"。路德还据此一针见血地指出："既然灵魂的生命和称义只需上帝之道，所以显而易见，灵魂的称义维因信心，而无需任何善行。"④

然而，路德在翻译中对《圣经》内涵的"重新发现"引起了一场轩然大波，争议的焦点就集中在《罗马书》的翻译上。罗马天主教会指责路德在译文"人**仅**因信称义，而非因遵行律法"中添加了原文所没有的"仅"字（拉丁语 sola，德语 allein），篡改了经文。路德则在 1530 年发表《论翻译的公开信》（*Sendbrief vom Dolmetschen*），根据意译的原则公开答复：一方面，他说的是德语，加上"仅"才符合德语语言规范；另一方面，尽管原文中此处并没有"仅"字，但是从上下文中却可以看出这层含义：

> 无需教皇党徒来指教我。s-o-l-a 这四个字母不见于其中，那是事实，然而……他们却看不见这样才符合原文的含义，若想翻译得清楚而有力，这个字就必不可少。……不但是语言性质，而且原文本身和保罗的观点也都要求我这样翻译，并强烈迫使我这样做。⑤

伽达默尔对此评价道："路德和他的追随者……把它发展成为文本解释的一般原则，

① 参见谭载喜：《西方翻译简史》（增订版），北京：商务印书馆，2004 年，第 64 页。

② WA 7, p. 453.

③ WA 39 II, p. 43.

④ 马丁·路德：《路德文集》（第一卷），路德文集中文版编辑委员会编，上海：上海三联书店，2005 年，第 403 页。

⑤ Martin Luther, *Dr. Martin Luthers sämmtliche Werke. Band 65.* Frankfurt a. M. und Erlangen：Heyder & Zimmer, 1855：109-115.

即文本的一切个别细节都应当从上下文(contextus)，即从前后关系以及从整体所目向的统一意义即从目的(scopus)去加以理解。"①由此，路德以民族语为武器，重新揭示《圣经》文本的原本意义，打开了《圣经》阐释学上的新篇章，也打破了罗马教廷在诠释《圣经》上的独断专权，将德意志人民从罗马天主教会的思想禁锢中解放出来。

## 3. 路德《圣经》对拉丁语文化霸权的挑战

路德使用德语翻译《圣经》还意味着对另一个权威——拉丁语的挑战。从公元4世纪60年代开始，拉丁语便接替希腊语成为天主教举行礼拜仪式和日常祈祷活动所使用的官方语言，同时，它也是各学科的书面用语。在15世纪活字印刷术传到欧洲之后，拉丁语在出版书籍的语言中占据了绝对优势地位，其他民族语言则受到压制。由于强势文化与弱势文化不对等的权力关系，在将拉丁语作品翻译为德语的过程中，拉丁语的词汇、表达、语法都不断进入德语。15世纪时，不少德国语言学家在意大利人文主义思想的影响下崇尚古典语言，甚至试图根据所谓高雅优越的拉丁语来改造德语的结构与风格，将强势文化的标准强加给弱势文化，造成本来就因为长期封建割据而四分五裂的德语在统一道路上更加举步维艰。而作为弱势文化，德语的语言和文化特征都面临被抹煞的危险，这实质上阻碍了文化间的真正交流。② 随着民族意识的觉醒和对语言研究的深入，到15世纪末16世纪初，越来越多的德国学者意识到德语是一门独立的语言，在翻译时应当遵循德语的语言习惯，而不应该盲目模仿拉丁语，从而引发了一场关于直译与意译问题的论战。③ 起初，意译者反对直译的理由仅仅是逐词对译有碍读者理解，并没有意识到直译派按照拉丁语来改造德语的行为在本质上是一种语言和文化上的殖民。路德加入这场论战后明确支持意译派的观点，他认为人们"不应该问拉丁语，该怎么说德语"④，"德国的夜莺也能像罗马的黄雀一样唱得美妙"⑤，德语不应当放弃自身的特色，成为机械转达拉丁语字词的工具，相反，德语应被视为一门极具生命力和独特性的语言，在翻译中要追求"全然纯粹的德语词"。⑥ 因为"我既然用德文进行翻译，我所要说的就是德语，而非拉丁或希腊语……不管拉丁文、希腊文是否这样说，这却是地地道

---

① 伽达默尔：《真理与方法：哲学诠释学的基本特征》(上卷)，洪汉鼎译，上海：上海译文出版社，2004年，第228页。

② 参见张景华：《翻译伦理：韦努蒂翻译思想研究》，上海：上海交通大学出版社，2009年，第31页。

③ 参见谭载喜：《西方翻译简史》(增订版)，北京：商务印书馆，2004年，第56-58页。

④ Martin Luther, *Dr. Martin Luthers sämmtliche Werke. Band 65*. Frankfurt a. M. und Erlangen：Verlag von Heyder & Zimmer, 1855：110.

⑤ WA Br 2, p. 490.

⑥ Martin Luther, *Dr. Martin Luthers sämmtliche Werke. Band 65*. Frankfurt a. M. und Erlangen：Verlag von Heyder & Zimmer, 1855：113.

道的德文用法"①。

路德在《论翻译的公开信》中还表示他追求的是一种"完整的、德国式的、明晰的句子"。他认为，在准确把握原作整体内涵的前提下，意义上的准确传达优先于逐字逐句的对应，生硬地依照拉丁语逐字对译会使译文变得凌乱，而使用在民众中具有强大生命力的民族语言则更能够有效地传达句意。在这种情况下，路德提倡译者按照德语的语言习惯对个别字词进行改动，以便更加准确有力地传达原文含义，同时保留民族语言的特有风格。路德举例说：

> 基督说："言为心声。"……他们（教皇党徒）会将这几个字列在我面前而译为："从心中的过剩，口中就说出来。"请告诉我，那是德文吗？会有德意志人理解它吗？"心中的过剩"是什么东西呢？……"心中的过剩"正如"房屋的过剩""火炉的过剩"和"银行的过剩"一样不是德文，而家里的母亲和一般人则会说："言为心声。"这才是我为之努力的好德语……②

可见，反对逐字对译、重视意义传达和尊重德语民族语言的规律是路德在翻译时坚持的重要原则。同时，纯粹的德语语言也更加接近普通大众的日常生活，可以使译本深入人心。因此，路德在其《圣经》翻译中尽量保留了德语作为日常用语的语言特征，改变了德语作为译语时所处的劣势地位，对于在拉丁语挤压下民族语言的继续发展具有重要意义。

为使德语《圣经》具有经久不衰的强大生命力，路德还对罗马天主教会眼中落后、贫乏的日耳曼民族语言进行了"重新发现"，从平民百姓口中发掘、搜集了大量日常德语用法，并在此基础上进行了吸收与再创造：

> 基督说："言为心声。"我努力在翻译时使用一种纯粹和清晰的德语表达。对我们来说常常发生这样的事：我们花两、三周或四周的时间去探求一个字眼，却仍旧一无所获。翻译《约伯记》时，有时菲利普先生、奥罗迦鲁先生和我花四天才能勉强译完三行……我们不应像这些驴子（天主教士）一样，去问拉丁语中的字母该怎样说德文。我们必须去问家里的母亲，小巷中的孩子，市场上的普通人，看看他们嘴里如何说，并照此来进行翻译。只有那样，他们才能懂得我们在说什么，意识到我们是在对他们说德文。③

通过到民间进行实地考察和发掘整理，路德将百姓语言中大量生动活泼的口语表达

---

① Ebd., pp. 109-110.

② Ebd., pp. 110-111.

③ Ebd., pp. 109-110.

方式吸收到译文中来，仅在《圣经》中消化吸收的民谚就多达三千多条，如"Wer Pech angreift, besudelt sich（近墨者黑）"，"Der Geist ist willig, aber das Fleisch ist schwach（心有余而力不足）"等，而通过将民谚文学化，不仅大大丰富了路德《圣经》中德语的表现力，还使译文形成了朴实无华、通俗易懂的风格。同时，路德还通过创造新词进一步丰富了德语语言，如复合词 Gewissensbisse（良心的谴责）、Scheidebrief（离婚证）、Gotteshaus（教堂）、Feuertaufe（考验）等。而一些成语则被赋予了新的寓意，如 der Dorn im Auge（字面含义：眼睛里的刺，引申为"眼中钉"），durch die Finger sehen（字面含义：穿过指缝观看，引申为"睁只眼闭只眼"）等，使德语语言焕发出新的光彩。① 以上努力使罗马天主教会眼中难登大雅之堂的德语在 16 世纪放射出耀眼光芒，不仅衍生出一整套通俗易懂、受众广泛的德语表达，而且有力地阻止了居于强势地位的拉丁语对德语的继续入侵，留下了一笔丰富的德语文化财富。

对拉丁语地位的挑战，除了关系到民族语的发展，更直接关系到德意志民族的思想解放运动。正如我们在上文所提到的，拉丁语是 16 世纪德国经院哲学家和人文主义者使用最为广泛的书面语言；但另一方面，它所编织的语言藩篱却将广大的德国平民百姓排除在外，谈论自由与理性成为拉丁语共同体的"自说自话"。直到路德使用民族语德语翻译《圣经》，鼓励人们使用自己的理性来独立解释教义，德意志民众才真正产生了精神与思想的自由。因为随着通俗易懂的路德《圣经》在民间普及，平民百姓不需要高深的拉丁语知识，也可以用文字来发表意见，这扩大了思想解放的影响范围与宗教改革的受众群体，"人们将到处谈论自由，而自由的语言则将是圣经的语言"②。而这种"自由的语言"所催生的思想解放又进一步为德国哲学的发展提供了土壤，诗人海涅深有感触地说道：

> 自从路德以来，人们便不再把神学的真理和哲学的真理区分开来，人们在公众的市场上用德意志的民族语言毫无顾忌地进行争论。凡是承认宗教改革的诸侯，都把这种思想自由合法化了，思想自由开出的一朵重要的具有世界意义的花朵便是德国哲学。③

随着路德《圣经》的迅速传播，德语在社交、学术、宗教生活中的潜力得以被德意志人民重新认识，文化自信大为增强，德语的地位也成功得到了提高，其影响力渗透到社会生活的方方面面。1526 年，施佩耶尔帝国会议率先宣布德国人可以使用德语来代替拉丁语做礼拜，此后，拉丁语在德国教会生活领域持续千年之久的统治地位也被民族

---

① 参见陈杭柱：《德语简史》，北京：外语教育与研究出版社，2000 年，第 130 页。

② 亨利希·海涅：《论德国宗教和哲学的历史》，海安译，北京：商务印书馆，2016 年，第 50 页。

③ 同上，第 45 页。

语德语一步步取代，这积极推动了后世德国人文思想的繁荣和科学技术的发展，充分显示了路德《圣经》译语的非凡影响力。

# 4. 塑造德语共同语的路德《圣经》译语

中世纪德国王权衰落，邦国林立。根据 1521 年的一次统计，当时的德国分裂为 393 个大大小小的诸侯国。由于政治上分崩离析，文化上缺乏凝聚力，在路德所处时代，德意志民族尚无统一的共同语。尽管在 1517 年之前已出现过至少 18 个德语《圣经》译本，但这些译本所采用的都是德国各地方言，其中 14 个版本使用高地德语，4 个使用低地德语，语言质量也参差不齐；加之罗马天主教会的极力压制，译本传播范围和效果都十分有限。由于德国尚未形成统一的德语正字法规范，各个邦国使用着不同的"官语"，广大农村地区的方言更是差异巨大，因此直到中世纪后半叶，德意志境内仍未能形成统一的民族语言。但随着民族的融合、贸易的发展和印刷术的兴起，形成共同语的呼声已越来越高，这尤其体现在各地"官语"和方言的融合趋势加剧，小邦国的"官语"被大邦国所排斥。在此过程中，德意志东南部的书面语"维也纳帝国官语"（Wiener Reichskanzlei）和中东部的书面语"萨克森-维滕堡官语"（Sachsen-Wittener Kanzlei）脱颖而出，成为影响力最大的两种"官语"，并不断地相互渗透与补充。①

路德年轻时曾在德国多地生活，这段经历使得他在中部德语、低地德语和高地德语地区均积累了丰富的语言知识。在谙熟多种德意志方言的基础上，路德经过权衡，在两种影响力最大的"官语"中选择了认可度更高的"萨克森官语"（die sächsische Kanzleisprache）作为翻译《圣经》的基本语言。同时，路德的《圣经》译本发行后，在当地大量印刷，在 1522 年首次出版之后的 50 年里，单单是汉斯·卢福特（Hans Lufft）一个印刷商就在维滕堡印刷了十万份。人们孜孜不倦地阅读路德译文，甚至有不少人将其烂熟于心。② 如此一来，"萨克森官语"获得了广泛的群众基础，以至于南德地区的印刷业也不得不引入路德的语言。于是，在路德《圣经》译本的推动下，以中东部德语书面语言为主导的德意志共同语逐渐形成。路德曾谦虚地说："在德语中，我没有某种特殊的、似是而非的个人语言，我使用的是共同德语，不管是南方人还是北方人都能懂得我。"③但不容置辩的是，统一的德语书面通用语正是经由路德的《圣经》译本才逐渐得以确立。

路德在翻译《圣经》过程中，不仅以萨克森"官语"为基础，博采其他方言之长，并

---

① 参见李文哲：《论马丁·路德对德语的历史贡献》，《西安外国语学院学报》，1994 年第 4 期，第 61 页。

② 参见汉斯·约阿西姆·施杜里希：《世界语言简史》（第二版），吕淑君，官青译，济南：山东画报出版社，2009 年，第 145 页。

③ Gerhart Wolff, *Deutsche Sprachgeschichte*, *3. Auflage*. Tübingen：Franke，1994；131. Wilhelm Schmidt, *Geschichte der deutschen Sprache*. Berlin：Volk und Wissen Volkseigener Verlag，1969；106.

融入大量民间口语表达，还在进一步规范德语语言的同时进行了适当的语言创新，形成了一整套新的正字法规范，许多规则流传至今，成为现代标准德语的重要组成部分。例如在元音方面，路德将 e 看作长音符号，规定 ie 为复合长元音，取代中部高地德语的 i；在辅音方面，路德严格区分了辅音字母的发音，如单词首音 b- 和 p-。此外，路德在选择中东部德语作为基础语言的同时还博采众家方言之长，例如在 Bein，Stein 等词中采纳高地德语中的双元音 ei，在 glauben，taufen 和 Haupt 等词中采用南部德语的双元音 au 等。① 此外，在 1522 年出版首个《圣经·新约》译本后，路德在此后 24 年中不断对其译本的语言进行提炼和改进，对比 1522 年第一版路德《圣经》和 1546 年他去世时出版的最后一版《圣经》可以清楚地看出：路德对动词的运用日趋灵活，句式也不断简化，在短短的 24 年中，路德通过《圣经》翻译不仅确立了名词首字母大写、复合从句中采用尾语序等极具"德国化"特点的正字法规范，而且使德语从表达到拼写都变得更加清晰明了和易于接受，因此尽管路德并未将这一系列规则明确地书写下来，但他在《圣经》译语中所确立的一整套规则都获得了后世的认可，这些新规范也成为统一的现代标准德语的基石。

路德在《圣经》译语中所确立的正字法规范随着译本的普及深刻影响了德语语言的发展并促成了德意志共同语的形成，同时也对德语文学的发展起到了至关重要的作用。首先，译本语言简洁精练、生动形象，具有极大的表现力和欣赏性，其本身毋庸置疑就是一部影响力巨大的文学作品，德国哲学家尼采（Friedrich Nietzsche，1844—1900）称赞路德《圣经》"迄今一直是最优秀的德文书籍"，并宣称"与路德的《圣经》相比，几乎所有其他的一切都只不过是'印刷品'"。② 路德前后的德语文学最大的区别在于：在路德以前，作家们从不敢在固有的宗教意象中加以创造，无论是原罪还是基督降生，都是不可更改的事实，并且具有固定的象征意义，宗教不容侵犯的权威凌驾于文学之上，使文学失去了活力与个性；而路德之后所兴起的德国文学敢于提出怀疑和展现个性，宗教的权威被拉下圣坛，文学不再是普遍和朴素的，而是转向内心的抒情与反省。③ 因此，诗人海涅指出：路德亲手开创了一种"德国新文学"，④ 路德的《圣经》译语不但为后世德国作家的民族语写作提供了生动的语言素材，也塑造了德语文学的新风格。以德国文学巨匠歌德为例，他对《圣经》的引用贯穿了整个创作生涯，其代表作《浮士德》（*Faust*）直接引用了路德的《圣经新约》译本。⑤ 即便到了 20 世纪，当教会权威已经不复存在时，著名剧作家布莱希特在被人问到哪本书给他印象最深时，仍然回答道："您将会发笑：是

---

① 参见陈杭柱：《德语简史》，北京：外语教育与研究出版社，2000 年，第 127-128 页。

② 弗里德里希·尼采：《善恶的彼岸》，朱泱译，北京：团结出版社，2001 年，第 186 页。

③ 参见亨利希·海涅：《论德国宗教和哲学的历史》，海安译，北京：商务印书馆，2016 年，第 54-57 页。

④ 同上，第 53 页。

⑤ 参见孔婧倩、吴建广：《将神性自然秩序挪迻为人本自由世界——歌德〈浮士德〉中浮士德的〈圣经〉"翻译"》，《德国研究》，2017 年第 2 期，第 116 页。

《圣经》。"①他年轻时代的作品从剧本《巴尔》(*Baal*)到诗集《家庭祈祷书》(*Hauspostille*)无不渗透了路德《圣经》的影响。② 由此可见，500 年来，路德《圣经》译语对德语文学产生了深远影响，而这反过来又为德语最终走向统一奠定了重要基础。

# 5. 结语

马丁·路德一生勤于创作，著书等身，《路德全集》(魏玛版)甚至达到了惊人的 123卷，③ 但其中对后世影响最大、流传最广的却无疑是他的《圣经》译本。他用德语翻译《圣经》，不仅"重新发现"了《罗马书》中"因信称义"的学说，挑战了罗马教廷的权威，同时也"重新发现"了民族语——德语的生动性和巨大表现力，挑战了中世纪以来拉丁语在德国文化传播中的垄断地位。路德《圣经》将德语从教会的桎梏和拉丁语的阴影中解放出来，不仅为德意志民族挣脱罗马教廷的精神枷锁提供了有力的语言武器，而且对德语的统一和文学的发展都产生了巨大的推动作用，以至于革命导师恩格斯在《自然辩证法》中盛赞路德"扫清了德国语言这个奥吉亚斯的牛圈""创造了现代德国散文"④。总之，总结路德的《圣经》翻译成就，梳理路德版《圣经》对后世德语发展的影响，在今天的研究中仍具有重要价值。

## 参 考 文 献

[1]Bluhm, Heinz. *Martin Luther. Creative Translator*[M]. London：Concordia Publishing House，1965.

[2]Detering, Heinrich. *Brecht und Laotse*[M]. Göttingen：Wallstein，2008.

[3]Luther, Martin. *D. Martin Luthers Werke. Kristische Gesamtausgabe*[M]. Band 11. Weimar：Hermann Böhlaus，1925.

[4]Luther, Martin. *Dr. Martin Luthers sämmtliche Werke*[M]. Band 65. Frankfurt a. M. und Erlangen：Heyder & Zimmer，1855.

[5]Moeller, Bernd. *Deutsche Geschichte*[M]. Band 4, 2. Aufl. Göttingen：Vandenhoeck & Ruprecht，1981.

[6]Schmidt, Wilhelm. *Geschichte der deutschen Sprache*[M]. Berlin：Volk und Wissen

---

① 克劳斯·弗尔克尔：《布莱希特传》，李健鸣译，中国戏剧出版社，1986 年，第 7-8 页。这句经常被引用的话出自《妇女》(*Die Dame*)杂志副刊《散页》(*Die losen Blätter*)1928 年 10 月对布莱希特的采访。

② 参见 Heinrich Detering, *Brecht und Laotse*. Göttingen：Wallstein，2008：27 u. 53.

③ 林纯洁：《〈路德全集〉魏玛版的历史与未来》，《德国研究》，2012 年第 3 期，第 116 页。

④ 弗里德里希·恩格斯：《自然辩证法》，中共中央马克思恩格斯列宁斯大林著作编译局译，北京：人民出版社，1971 年，第 7-8 页。

Volkseigener Verlag，1969.

[7]Wolff, Gerhart. *Deutsche Sprachgeschichte*[M]. 3. Auflage. Tübingen：Franke，1994.

[8]陈杭柱. 德语简史[M]. 北京：外语教育与研究出版社，2000.

[9]弗里德里希·恩格斯. 自然辩证法[M]. 中共中央马克思恩格斯列宁斯大林著作编译局，译. 北京：人民出版社，1971.

[10]弗里德里希·尼采. 善恶的彼岸[M]. 朱泱，译. 北京：团结出版社，2001.

[11]伽达默尔. 真理与方法：哲学诠释学的基本特征(上卷)[M]. 洪汉鼎，译. 上海：上海译文出版社，2004.

[12]汉斯·约阿西姆·施杜里希. 世界语言简史(第二版)[M]. 吕淑君，官青，译. 济南：山东画报出版社，2009.

[13]亨利希·海涅. 论德国宗教和哲学的历史[M]. 海安，译. 北京：商务印书馆，2016.

[14]克劳斯·弗尔克尔. 布莱希特传[M]. 李健鸣，译. 北京：中国戏剧出版社，1986.

[15]孔婧倩，吴建广. 将神性自然秩序挪迻为人本自由世界——歌德《浮士德》中浮士德的《圣经》"翻译"[J]. 德国研究，2017(2).

[16]李文哲. 论马丁·路德对德语的历史贡献[J]. 西安外国语学院学报，1994(4).

[17]林纯洁.《路德全集》魏玛版的历史与未来[J]. 德国研究，2012(3).

[18]罗伦·培登. 这是我的立场——改教先导马丁·路德传记[M]. 陆中石，古乐人，译. 上海：上海三联书店，2013.

[19]马丁·路德. 路德文集(第一卷)[M]. 路德文集中文版编辑委员会，编. 上海：上海三联书店，2005.

[20]谭载喜. 西方翻译简史(增订版)[M]. 北京：商务印书馆，2004.

[21]托马斯·马丁·林赛. 宗教改革史(上卷)[M]. 孔祥民，令彪，吕和声，等译. 北京：商务印书馆，1992.

[22]张景华. 翻译伦理：韦努蒂翻译思想研究[M]. 上海：上海交通大学出版社，2009.

# 《中华帝国全志》中的《诗经》译本初探<sup>①</sup>

华中科技大学　李晓书　谭　渊

**摘要：**1735 年在巴黎出版的《中华帝国全志》中选译了《诗经》的 8 首诗歌，这是西方读者首次真正接触中国诗歌。同时，《中华帝国全志》的出版也是耶稣会在礼仪之争中为扭转不利局势而进行的一次重要努力。在从《诗经》中选择翻译对象时，耶稣会士马若瑟精心挑选了 8 部作品来介绍周人对"天"的信仰以及周朝的早期历史，为耶稣会在礼仪之争中的观点进行辩护。《诗经》也随之走向西方，推动了中国文化在西方的传播。

**关键词：**《中华帝国全志》；马若瑟；《诗经》；礼仪之争

## 1. 礼仪之争与《中华帝国全志》的诞生

《诗经》作为中国最早的一部诗歌总集，一直以来都被视为中国文学的灿烂源头，同时也是中华文化"走出去"的重要组成部分。早在 17 世纪，《诗经》就作为儒家"五经"之一被介绍到欧洲，成为西方早期汉学研究的一部分。最早在西方发表并且产生影响的《诗经》译本出自来华耶稣会士马若瑟（Joseph Marie de Prémare）之手，该译本收录于 1735 年出版的《中华帝国全志》（*Description géographique*，*historique*，*chronologique*，*politique*，*et physique de l'empire de la Chine et de la Tartarie chinoise*，下文简称《全志》）第二卷，对中国文学"走出去"具有重要意义。

《全志》被誉为"欧洲 18 世纪中国知识的最重要来源"<sup>②</sup>，它的诞生与"礼仪之争"事件息息相关。明末清初，为减少传教阻力，使基督教教义尽快被中国人接受，利玛窦（Matteo Ricci）、白晋（Joachim Bouvet）等来华耶稣会士出于自身利益需要，不仅努力与中国儒士阶层以及中国皇帝保持良好关系，而且对中国儒家文化进行了颇为正面的解读，对儒家的祭祖、尊孔、祭天礼仪也都采取宽容立场。受其影响，来华耶稣会士大多坚持利玛窦的"融儒路线"。

但耶稣会对中国儒家思想的吸收，对中国传统礼俗的妥协，对中国信徒敬天、祭祖、尊孔等行为的宽容，引起了教会内部其他教派的巨大不满，尤其是他们对中国文化

①　基金项目：本文系国家社科基金一般项目"中国文学在 17—18 世纪德国的传播与'中国故事'的多元建构研究"（项目编号 18BWW069）的阶段性成果。

② 蓝莉：《请中国作证——杜赫德的〈中华帝国全志〉》，许明龙译，北京：商务印书馆，2014年，"中文版序"，第 3 页。

的颂扬更激怒了欧洲保守势力。这些质疑者从狭隘的宗教观念出发，认为中国人既然不是基督徒，那么中国就必然是一个道德低下、灵魂需要拯救的国度，耶稣会对中国的正面报道就只能是谎言，祭祖、尊孔等中国礼仪也只能是迷信。① 自 17 世纪中叶起，多明我会便以"维护天主教纯洁"为由抨击耶稣会，耶稣会也自此陷入了与多明我会、方济各会长达百年的论战，即"礼仪之争"事件。1699 年，罗马教廷成立特别委员会，开始审查耶稣会关于中国的报道。1701 年，索邦神学院作出决议，谴责了耶稣会长老李明（Louis le Comte）在《中国近事报道》（*Nouveaux Mémoires sur l'État présent de la Chine*，1696）一书中对中国的歌颂，并随即禁毁此书。1704 年和 1715 年，教皇克莱芒十一世（Clement XI）又两度颁布谕令，禁止中国人祭祖尊孔。尤其是 1715 年教宗克雷芒十一世颁布的《自登基之日》通谕坚决反对中国礼仪②，这一禁令的颁布使得耶稣会在华传教活动受到极大阻碍。1718 年，从未到过中国的法兰西科学院院士雷诺多（Eusèbe Renaudot）推波助澜，发表了著作《译自阿拉伯文的 9 世纪两位穆斯林旅行家的印度和中国旧闻》，以一份唐代的阿拉伯文献为依据，全面否定了耶稣会对同时代中国的颂扬。这一敌视中国文化的立场自然招致耶稣会的反击。1722 年，杜赫德（Jean Baptiste Du Halde）在《耶稣会士书简集》第 14 卷卷首语中写道："建立在不争的事实基础上的舆论普遍认为，中国是亚洲最注重礼节、最明白事理，科学和艺术素质最高的国家，可是，雷诺多却竭尽全力想要摧毁这种舆论。"③为了挽救危局，耶稣会士们翻译了大量儒家经典作为论据，编者杜赫德正是在这样一个"最后决定性的喧闹阶段"，汇集 27 位来华耶稣会士的报告整理出版了《全志》一书。

## 2. 马若瑟与《诗经》

明末清初，出于"融儒路线"和适应性传教路线的需要，首批来华的利玛窦等有识之士就已开始对中国文化展开研究。而《诗经》作为中国最早的诗歌总集和儒家"五经"之首，历来深受研究者的重视。在耶稣会士中，金尼阁（Nicolas Trigault）、孙璋（Alexandre de la Charme）等人都曾对《诗经》进行过研究和翻译，但其译作或在出版时间上晚于《全志》或从来就未出版过④。作为在西方出版的首个《诗经》译本，《全志》中的马若瑟译本对《诗经》的外译与传播研究具有重要价值。

马若瑟（1674—1743）是一位颇具影响力的清代来华耶稣会士，前后在中国生活了

---

① 蓝莉：《请中国作证》，许明龙译，北京：商务印书馆，2015 年，第 156-158 页。

② 参见苏尔、诺尔编：《中国礼仪之争西文文献一百篇（1645—1941）》，沈保义等译，上海：上海古籍出版社，2001 年，第 94-102 页。

③ 蓝莉：《请中国作证》，许明龙译，北京：商务印书馆，2015 年，第 157 页。

④ 钱林森：《18 世纪法国传教士汉学家对《诗经》的译介与研究——以马若瑟、白晋、韩国英为例》，《华文文学》，2015 年第 5 期，第 10 页。

38 年，并一直与欧洲保持着书信往来，一生著述颇丰。受当时流行的"索隐派"影响，马若瑟认为《旧约》中所记录的早期人类历史在世界各民族的古代神话、经典中都留下了痕迹，故而中国古籍、汉字、传说中也必定充满古人对上帝早有认识的证据。因此，他将《诗经》《易经》《书经》等典籍视为解读中国古人宗教信仰的关键性钥匙，试图从中找到中国古人早已了解天主教信仰的证据，并撰写有《中国古籍中之天主教主要教条遗迹》一书。为引起法国学界的关注，从 1725 年开始，马若瑟特地将自己关于中国典籍的研究成果寄给同时代法国著名汉学家傅尔蒙（Étienne Fourmont）等人，《诗经》译本正是由此传至欧洲。

马若瑟从《诗经》中选译的 8 篇诗作打乱了原有顺序，排列为一组展现周朝兴衰的"史诗"：《周颂·敬之》写周人对上天的崇拜，《周颂·天作》和《大雅·皇矣》颂扬周文王的丰功伟业，《大雅·抑》是臣子对帝王的劝诫，《大雅·瞻卬》控诉君王暴政，《小雅·正月》和《大雅·板》哀叹百姓疾苦，最后一篇《大雅·荡》则以周文王口吻告诫末代君王应早日悔改，挽救国家危亡。这样别出心裁的排列，不仅向欧洲人展示了周朝的微缩历史画卷，也传达了中国人"敬天""修德"的思想。同时令人吃惊的是，占据《诗经》一半以上篇幅、反映各国风土人情的《国风》名篇在此无一入选，这显然是出于译者有意的忽略以及在选择翻译对象时的某种特定考量。

综合来看，马若瑟所选译的八首诗歌大多涉及周代的宗教信仰，其中出现次数最多的关键词便是"上帝"和"天"，尤其反映着周代先民的"敬天"思想，向西方传播了中国传统文化中"天人合一"的价值观念。如《全志》选入的第一篇作品《周颂·敬之》写道："敬之敬之，天维显思，命不易哉。无曰高高在上，陟降厥士，日监在兹。"强调天命难违，人要遵从上天旨意。而第二篇作品《天作》在描写周人的建国历史时也写道"天作高山，大王荒之"，塑造了一个作为创造之神的上天形象，同时，周朝先王既然是从"天"那里获得高山大地，其统治也就蒙上了一层"受命于天"的宗教外衣。在周人留下的《诗经》诗篇中，武王伐纣、以周代商都成为顺应"天命"的行为，如马若瑟选入的《大雅·荡》在第七小节就指责商朝君主背弃上天训导、造成天命改易，诗中写道："匪上帝不时，殷不用旧。"（并非上帝不善良，是殷商人废弃了先人典章。）马若瑟将此句译为："Ce n'est pas le Seigneur que vous devez accuser de tant de maux ; ne vous en prenez qu'à vous-mêmes."（不可以将灾难都归咎于天主，责任只在你自身。）[1]译文中出现的"Seigneur"（主人、天主）具有浓郁的天主教色彩，欧洲读者读到这里很难不将《诗经》里的"上帝"与《旧约》中向以色列人发怒、降下灾祸的上帝联系起来。

事实上，作为译者的马若瑟在处理《敬之》《荡》《皇矣》《正月》等诗篇的译文时，都有利用中文的多义性来刻意强化人格化神灵形象的倾向，这就使《诗经》中的"上帝"及"天"以一位全知全能的创造神形象出现在欧洲读者面前，并显示出与《旧约》中上帝形

---

① Du Halde, *Description géographique, historique, chronologique, politique, et physique de l'empire de la Chine et de la Tartarie chinoise*, vol. II. Paris: P. G. Le Mercier, 1735: 317.

象的相似之处。有时，马若瑟甚至不惜故意曲解原文含义来满足将中国人描写为"敬天"民族的需要。如《小雅·正月》中有一句"谓天盖高，不敢不局。谓地盖厚，不敢不蹐"，既讲到了"敬天"也讲了"敬地"，马若瑟在翻译时只保留了前半部分，使译文成为"我想到宇宙之主，想到他的威严与正义，我便会跪倒在他面前，害怕他离弃我"①。

## 3. 礼仪之争对《诗经》译文的影响

《全志》选篇中之所以会频繁出现"上帝"与"天"，与同时代的礼仪之争有着密切关联。在耶稣会与多明我会和方济各会的论战中，争议焦点之一就是中国古籍中的"上帝"和"天"是否能用于翻译《圣经》中的"天主"或"陡斯"（Deus）。在马若瑟等索隐派人士看来，中国人对至高无上的"天"和"上帝"的崇拜与天主教徒对天主的崇拜是相同的，马若瑟曾坚定地认为："中国的古文典籍当中确实涉及到了真正的上帝，还谈到了弥赛亚。"②然而，1704 年和 1715 年，教皇克莱芒十一世的谕令否定了耶稣会士关于中国传统礼仪的解释，禁止中国信徒祭祖祭孔，不许教堂悬挂"敬天"匾额，也不许再使用"上帝"字眼，对耶稣会造成了沉重打击。

对于耶稣会在"礼仪之争"中遭到的各种攻击，马若瑟于 1724 年撰写了一封长信作为回应，后发表在 1729 年的《耶稣会士书简集》（Lettres édifiantes et curieuses）第 19 卷中。在信中，马若瑟认为，中国古代儒家就已信仰"天"和"上帝"，而在道德方面，中国人"主张人人要从修身开始"。他接着写道："想要说服那些人，最好是简要地介绍中国人著作的精髓，这事并不容易，但是，最近有人翻译了中国人的好几部著作，或许很快就会印制发行，尽管出自近代人笔下，但是也能从中看到中国人的道德所追求的是什么。"③杜赫德非常重视马若瑟提出的译著出版计划。1730 年，他正式公布了出版规划并将其付诸实施，将 27 位传教士的报告和译作编辑在一起，这就诞生了 1735 年的《全志》。杜赫德写在《全志》序言中的一段话几乎就是马若瑟信中那番话的翻版："他们（来华耶稣会士）中的几位出于好心和善意，精心翻译了一些中国学者的著作，本书打算收录这些译文，这些译文所提供的事实将会为我的报道作证。"④

可见，在礼仪之争背景下，来华耶稣会士尽快找到有利证据并在欧洲将其公之于众就成为挽救危局的关键。作为利玛窦"融儒路线"的支持者，马若瑟翻译了大量中国典

---

① Du Halde, *Description géographique, historique, chronologique, politique, et physique de l'empire de la Chine et de la Tartarie chinoise*, vol. II. Paris：P. G. Le Mercier, 1735：314。

② 龙伯格：《清代来华传教士马若瑟研究》，李真、骆洁译，郑州：大象出版社，2009 年，第 8 页。

③ J. Prémare et. la, *Lettres Édifiantes Et Curieuses：Écrites Des Missions Étrangères, XIX Recueil*. Paris：Nicolas Le Clerc et P. G. Le Mercier, 1729：497.

④ Jean-Baptiste Du Halde, *Description géographique, historique, chronologique, politique, et physique de l'empire de la Chine et de la Tartarie chinoise*. vol. I. Paris：P. G. Le Mercier, 1735：ix.

籍以捍卫耶稣会在"礼仪之争"中的立场，他为《全志》提供的八篇《诗经》译文也正好反映了周人对一位具有人格化特点的"上帝"的认识，这与早期来华传教士利玛窦等人对中国经典的认识完全一致，正是耶稣会在礼仪之争中亟需的有力论据。因此，杜赫德在将马若瑟的《诗经》译作编入《全志》时一再称赞《诗经》不仅"在帝国中享有极高的权威"，而且"文笔简练"，包括"非常睿智的箴言"，"随处可见隐喻和大量古老谚语"，足以代表先秦时期中国古代文化的风采。①

1735 年法文版《全志》一经出版，在欧洲引起了极大关注，随即迅速被译为英语（1736、1738）、德语（1748）等多种语言，对《诗经》的传播和接受产生了重大影响。从今天看来，当年作为"索隐派"代表人物的马若瑟，在译介《诗经》时极力寻找中国古文化与基督教教义之间的联系，试图证明中国远古时代的信仰与基督教的相似性，以期为耶稣会在华传教路线作辩护。但马若瑟《诗经》译本中浓厚的基督教色彩，以及他以《圣经》中的上帝比附《诗经》中"天"和"帝"的译介模式，并没有得到当时所有欧洲读者的认同。以 1748 年德语版《全志》为例，该译本或出自一位新教人士之手，并非是对法文版《全志》的忠实转译，而是作出了被认为不利于耶稣会的评述。②

但客观上讲，《全志》不仅通过《诗经》作品展示了中国古代文化和信仰，而且首次向西方呈现了中国诗歌的悠久历史和艺术魅力，为中国诗歌走入西方打开了大门。

有鉴于此，笔者选取德语版《全志》中的《诗经》文本进行翻译，并将其与《诗经》原文进行对比，以德文、回译、《诗经》原文对照形式发表在本书中。同时在注释中以"笔者注"形式标明德文本较之法文本的增删之处，以期使读者从不同译本的细微变动之中，了解"礼仪之争"事件对翻译活动的影响。

## 参 考 文 献

[1] Du Halde, Jean-Baptiste. *Ausführliche Beschreibung des Chinesischen Reichs und der grossen Tartarey* [M]. Band II. Rostock：Johann Christian Koppe, 1748.

[2] Du Halde, Jean-Baptiste. *Description géographique, historique, chronologique, politique, et physique de l'Empire de la Chine et de la Tartarie Chinoise*, Vol. I-II [C]. Paris：P. G. Le Mercier, 1735.

[3] Prémare, J. et. la. *Lettres Édifiantes Et Curieuses：Écrites Des Missions Étrangères XIX Recueil* [C]. Paris：Nicolas Le Clerc et P. G. Le Mercier, 1729.

[4] 程俊英，蒋见元. 诗经注析 [M]. 北京：中华书局，2017.

---

① Jean-Baptiste Du Halde, *Description géographique, historique, chronologique, politique, et physique de l'empire de la Chine et de la Tartarie chinoise*, vol. II. Paris：P. G. Le Mercier, 1735：308.

② 柯卉：《在华耶稣会士与后"礼仪之争"时代——以德意志耶稣会士魏继晋为例》，《德国研究》2017 年第 2 期，第 92 页。

[5]柯卉.在华耶稣会士与后"礼仪之争"时代——以德意志耶稣会士魏继晋为例[J].德国研究,2017(2).

[6]蓝莉.请中国作证——杜赫德的《中华帝国全志》[M].许明龙,译.北京:商务印书馆,2014.

[7]龙伯格.清代来华传教士马若瑟研究 [M].李真,络洁,译.郑州:大象出版社,2009.

[8]苏尔,诺尔,编.中国礼仪之争西文文献一百篇(1645—1941)[C].沈保义,等译.上海:上海古籍出版社,2001.

[9]朱熹.诗集传[M].赵长征,点校.北京:中华书局,2017.

# 《诗经》简介及节译①

李晓书　编译

## 《诗经》简介

汉语中的"诗"即诗歌之意，整部作品中收录的无非周朝时期人们创作的一些颂歌、歌曲以及诗歌，描写了天子统治下各封地诸侯们的风俗习惯和准则。其中一些诗仅由三节组成，且阐述的都是近似的思想，只是后一节建立在前一节的基础上。另有一些诗歌似乎以非常高雅的文风写就。这些诗句的数量并不固定，有些可能由十节组成。

然而，中国的评论家们在阐释这些诗歌的意义时并不太幸运。他们对《诗经》各抒己见，其中不乏自相矛盾之处，因此只给这些本来可敬的古代典籍赋予了很少的荣誉。总的来说，这些诗对美德大加赞颂，其中也有许多睿智的箴言。因此，孔子对这些诗给予了很高的评价，并肯定作品中的准则是纯洁且合理的②。由于这个原因，有些评论家认为，书中混杂的其他诗歌致使整部作品被严重歪曲了③。同时，该书在整个帝国备受推崇。其文风晦涩，这种晦涩源于文笔的简练以及书中大量的隐喻和古老的谚语，但恰恰是这些隐晦的表达使《诗经》如此受人尊敬。

《诗经》中的诗歌可以分成五种类型。第一类是对人的颂歌，这些人因自身特殊的才能和美德而声名显赫，按照规定，人们在庄重的典礼、祭祀、葬礼或其他仪式上吟诵这些颂歌。第二类诗歌反映帝国中的风俗习惯，这些只不过是个人创作的小说，不被传唱，只在天子和他的大臣面前诵读。其中人民的习俗被描绘得非常自然，也直言不讳地批评民众和统治者的不足之处。第三部分被称为比兴诗，因为其中的一切都以比喻的方式呈现。第四类包含大量庄严崇高的诗歌，通常以大胆的讽刺开头，引起人们的钦佩，

---

① 笔者注：德文版见 Du Halde, *Ausführliche Beschreibung des Chinesischen Reichs und der grossen Tartarey* (Band II). Rostock：Johann Christian Koppe, 1748：357-366。法文版见 Du Halde. *Description géographique, historique, chronologique, politique, et physique de l'Empire de la Chine et de la Tartarie Chinoise*, Vol. 2. Paris：P. G. Le Mercier, 1735：308-317.

② 笔者注：德文本此处为"rein und vernünftig"，法文本此处为"très pure & très sainte"（非常纯洁且神圣的）。

③ 笔者注：法文本此句为："……夹杂的一些糟粕破坏了这部作品：因为其中包含有怪诞和无神论的内容，使其被视为伪经。"

吸引读者的注意力。第五类包含各种可疑的诗歌，即被孔子斥为"伪经"的诗。为了说明这本书的内容，我们将分享一些马若瑟神父翻译的材料①。

| 德语译文 | 德语回译 | 原文 |
|---|---|---|
| **1. Ein junger König bittet seine Minister um Unterweisung.**<br><br>Ich weiß es wohl, dass man unaufhörlich über sich selbst machen muß. Ich weiß es, dass der Himmel einen Verstand hat, dem nichts verborgen bleibet, und dessen Schlüsse unwiederruflich sind. Man sage demnach ja nicht, dass er so weit über uns erhoben und so weit von uns entfernet sei, dass er sich um uns hier auf Erden nicht bekümmere. Ich weiß, er verstehet alles, und ist ohne Unterlass und allenthalben gegenwärtig. Aber ach! Ich bin noch sehr jung; ich habe noch weinig Verstand, und merke nicht mit gehöriger Achtung auf meine Pflichten. Doch bemühe ich mich aus allen Kräften, ich will meine Zeit nicht gern umsonst zubringen; ich suche nichts begieriger, als immer vollkommener zu werden. Ich hoffe, ihr werdet mir eine so schwere Last tragen helfen. Euer guter Rath, den ich von euch erwarte, wird mich so tugendhaft machen, als ich es zu werden wünsche. | **1. 一位年轻的君王请群臣进谏**<br><br>我深知，人应当不断自我反省。我深知，什么都瞒不过上天的慧眼，他的决定也不可变更。所以别说老天高高在上，遥不可及，不问尘世间的事情。我深知，他洞悉一切，无时无处不在。但是，唉！我年纪尚轻，资质愚钝，对肩负的职责还不够重视。尽管如此，我还是要全力以赴，努力不浪费任何时间，我最渴望的莫过于变得更加完美。还望诸位助我担此重任，还望诸位赐我金玉良言，让我成为德行坚定之人，这便是我所期望的。 | **周颂·敬之**<br><br>敬之敬之，天维显思，命不易哉。无曰高高在上，陟降厥士，日监在兹。维予小子，不聪敬止。日就月将，学有缉熙于光明。佛时仔肩，示我显德行。 |

---

① 笔者注：法文本在此写道"马若瑟神父忠实地翻译了这些诗"。

| 德语译文 | 德语回译 | 原文 |
|---|---|---|
| **2. Eine Ode zum Lobe des Ven vang**① <br> Der Himmel hat diesen hohen Berg geschaffen；Tai vang aber hat ihn zur Wüste gemacht. Dieser Verlust rühret her aus seiner Schlud. Ven vang hat ihm wieder zu seinem vorigen Glanz verholfen. Der Weg, auf welchem sich jener verirret, ist voll Gefährlichkeiten：aber der Weg das Ven vang ist ebern und sicher. Ihr Nachkommen eines so weisen Königs, suchet dieses durch ihn hergestellte Glück unveränderlich beizubehalten. | **2. 文王颂** <br> 上天造下这座高山，但太王却将它变成荒漠。这损失是他的过错。文王已经使它恢复到了从前的辉煌。太王误入的歧途充满凶险，但文王的道路却平稳安全。作为这样一位英明君王的后裔，你们要永远珍惜他为你们谋取的福祉。 | **周颂·天作** <br> 天作高山，大王荒之。彼作矣，文王康之。彼徂矣岐，有夷之行。子孙保之。 |
| **3. Ein Lobgedicht auf eben denselben** <br> Derjenige, der allein ein König und der höchste Beherrscher ist, läst sich in seiner Majestät so weit herab, dass er sich um uns auf Erden bekümmert. Er sorget beständig für das wahre Heil der Welt, und seine Blicke beschauen den ganzen Erdboden. Er siehet insonderheit zwei Völker, die sein Gesetz verlassen haben, und der Allerhöchste verlässet sie doch nicht. Er prüfet sie und wartet auf sie. Er suchet allenthalben einen Mann nach seinem Herzen, und will sein Reich immer weiter ausbreiten. In dieser Absicht sind seine Augen gegen den Abend gerichtet. Daselbst will er wohnen, und mit dem neuen Könige regieren. | **3. 同上，文王颂** <br> 那位帝国中唯一的君主，最高的统治者，如此屈尊他的御驾，忧劳我们这些黎民百姓。他始终关心世间真正的福祉，他慧眼监察整个尘世。他特别关注两个民族，他们背弃了上天的法则，而至高者还没有放弃他们，而是审视他们等待他们悔改。他四处寻找合他心意之人，还想进一步扩大王国的版图。为此他将目光投向了西方，他将在那里与新王一同居住并治理王国。 | **大雅·皇矣** <br> 皇矣上帝，临下有赫。监观四方，求民之莫。维此二国，其政不获。维彼四国，爰究爰度。上帝耆之，憎其式廓。乃眷西顾，此维与宅。 |

① 原书注：Ven vang war nach dem Bericht der Ausleger und Geschichtschreiber der Vater des Vou vang, mit dem sich die dritte Dynastie der Käiser angefangen. Ven vang heisset so viel als ein König des Friedes. (据评论家和史学家们的说法，文王是第三个王朝首位君主武王的父亲，文王意即和平之王。)

| 德语译文 | 德语回译 | 原文 |
|---|---|---|
| Er rottet zuförderst① alle böse Kräuter aus, und befördert das Wachsthum der Frommen. Er beschneidet die Bäume, und setzet sie in eine weise Ordnung. Er vertilget das unnütze Gesträuche, und bauet die Maulbeerbäume. Der HErr will den Menschen zu ihrer vorigen Tugend verhelfen. Alle ihre Feinde sollen vor ihnen fliehen. Niemals in ein Wille unumschränkter gewesen. | 他首先铲除了一切邪恶的药草，促进了益草的成长。他修剪树木，使其秩序井然。他清理丛生的灌木，种下桑树。主想要帮助人们重拾过去的美德。所有的敌人都要避开他们。再没有比这更绝对的意志了。 | 作之屏之，其菑其翳。修之平之，其灌其栵。启之辟之，其柽其椐。攘之剔之，其檿其柘。帝迁明德，串夷载路。天立厥配②，受命既固。 |
| Der HErr schauet auf diesen heiligen Berg, Er ist eine Wohunug des Friedes; daher wächset auch auf demselben kein Holz, daraus man Waffen zubereitet. Es ist ein ewiges Reich; daher findet man Bäume darauf, deren Blätter nicht abfallen. Es ist ein Werk des Allerhöchsten. Er hat den Jüngern an die Stelle des Ältern erhoben.③ Er ist ihr Glück und Ehre. Der HErr hat ihn mit seinen Gütern erfüllet, und ihm die Beherschung der Welt zum Lohn gegeben. | 主看顾这座圣山，那是和平的所在，山上不生长制造武器的木材。这是一个永恒的王国，那里的树叶不会凋落。这是至高者的杰作。他把年轻人升至长者之位，这是他们的幸运和荣誉。主赐予他财富，并奖赏他统治尘世。 | 帝省其山，柞棫斯拔，松柏斯兑。帝作邦作对，自大伯王季。维此王季，因心则友。则友其兄，则笃其庆，载锡之光。受禄无丧，奄有四方。 |

---

① 原书注：Es muss dieses alles allegorisch verstanden werden, nach der Schreibart der alten Poeten. Das Buch Che King ist mit dergleichen Redensarten stark angefüllet.（这些都必须按照古代诗人的方式，从比喻以及象征的角度来理解。《诗经》一书中充斥着大量类似的惯用语。）

② 笔者注：对"配"的解释常见两种：（1）"配，贤妃也，谓大姜"；（2）"配"指"上可配天的君主""配天而有天下者"。法文本将"天立厥配"译为"上天希望给自己配一位同等地位的人"，且该句有注释："'配'的意思是同伴、匹配，有的时候也用来指夫妻。有些评论家认为，这里指的是上天为文王选定的妻子。《诗经》其他篇目中也称'天配'为上天的妹妹。"德文本删除"天立厥配"及其注释，仅保留"受命既固"。

③ 笔者注：法文本此处另有一句："il n'y a que Ven vang, dont le cœur sache aimer ses frères"（唯有文王，他知道如何敬爱他的兄弟），呼应下文被赏赐的即是文王本人，德文本删除该句。

续表

| 德语译文 | 德语回译 | 原文 |
|---|---|---|
| Der HErr schauet in das Herz des Ven Vang①, und findet daselbst eine geheime und unauflösliche Tugend, deren Geruch sich allenthalben ausbreitet. Er ist ein wundernswürdiger Sammelplatz seiner unschätzbarsten Gaben. Eine Vernunft, die alles ordentlich einrichtet. Eine Weisheit, die alles durchschauet. Eine Wissenschaft, die alles lehret. Ein kluger Rath, wohl zu regieren. Gottesfurcht und Leutseligkeit, sich liebenswürdig zu machen. Kraft und Majestät, sich Furcht zuwege zu bringen. Eine Gnade und eine Reizung, die alle Herzen an sich ziehet. Tugenden, die sich selbst immer gleich, und keines Wechsels fähig sind. Das ist die Ausstattung, die er von dem Allerhöchsten empfangen. Das ist ein Glück, das er auf seine Nachkommen fortgeerbet hat. | 主观察文王内心，发现他内心有神秘不可或缺的美德，这种美德的馨香遍布四方。这是一个奇妙的地方，汇集了他最珍贵的天赋：他有将一切安排妥当的理性，窥破一切的智慧，教化一切的学问，也有正确治理的办法。他敬畏上帝且平易近人，让自己变得和蔼可亲。他有力量与威严，让人产生敬畏之心。既仁慈又有魅力，尽得民心。他有着始终如一的美德，不容改变。这是他从至高者那里得到的禀赋，也是他传承给子孙后代的幸福。 | 维此王季，帝度其心。貊其德音，其德克明。克明克类，克长克君。王此大邦，克顺克比。比于文王，其德靡悔。既受帝祉，施于孙子。 |
| Der HErr hat zu Ven vang gesaget: Wenn das Herz nicht aufrichtig ist, und die Begierden nicht in gehöriger Ordnung gehalten werden; so ist man nicht im Stande, der Welt Bestes zu befördern. Dieser Fehler bist du ganz und gar nicht fähig. Steige demnach zuerst auf diesen Berg, und ziehe alle Welt dir nach. Siehe hier sind Rebellen, | 主对文王说：心地不正直又无法克制欲望，那就没有办法让世界变得更好了。你完全不会犯这种错误。因此，你要先爬上这座山，吸引全世界的人跟随你。看，这里有不服从君主的反叛者。他们将自己凌驾于 | 帝谓文王：无然畔援，无然歆羡，诞先登于岸。密人不恭， |

| 德语译文 | 德语回译 | 原文 |
|---|---|---|
| die ihrem Herrn nicht untertänig sein wollen. Sie bilden sich ein, mehr als Menschen zu sein, und herschen über ihre Untertanen tyrannisch. Waffne dich mit meinem Zorn; breite deine Fahnen aus, stelle deine Heere in Schlachtordnung, verschaffe allenthalben Friede, befestige das Wohlergehen deines Reichs, und erfülle das Verlangen der Welt. | 民众之上，对臣民采取专横的暴政。用我的愤怒武装你自己，展开你的旗帜，让你的军队列好阵势，促成各地的和平，巩固你帝国的安稳，满足世界的期望。 | 敢距大邦，侵阮徂共。王赫斯怒，爰整其旅，以按徂旅。以笃于周祜，以对于天下。 |
| Alsbald stieg Ven vang, ohne seinen Hof zu verlassen, auf diesen hohen Berg. Verkriechet euch, ihr Aufrührer gegen den Himmel, verkriechet euch in eure Höhlen. Das ist ein Berg des HErrn, dazu könt ihr nicht gelassen werden. Diese lebendigen Quellen geben ein reines Wasser, damit die Untertanen des Ven vang ihren Durst stillen. Diese Erquickungen schicken sich nicht für euch. Ven Vang hat diesen Berg erwählet; er hat selbst diese reinen Quellen geöfnet. Hieher sollen alle getreue Untertanen kommen; alle Könige sollen sich hieher wenden. | 文王没有抛弃他的宫殿，立即登上了这座高山。躲开！你们这些有违天道的暴徒！躲进你们的山洞里去吧。这是主的高山，你们不能被接纳。活泉汩汩流出纯净的水，让文王的臣民可以解渴。这些茶点不是给你们的。文王选择了这座高山，他自己开山引泉。所有忠实的臣民都应来这里，所有君王都应转向此地。 | 依其在京，侵自阮疆。陟我高冈，无矢我陵。我陵我阿，无饮我泉，我泉我池。度其鲜原，居岐之阳，在渭之将。万邦之方，下民之王。 |
| Der Herr hat zu Ven Vang gesaget[①]：Ich | 主对文王说：我欣赏你如 | 帝谓文王：予怀明德， |

① 原书注：Wir führen hiebei die Worte eines Schülers und Auslegers des Cchu hi an: Dieser wundernswürdige Mann ist gefällig und leutselig; er ist demütig, und weichet jederman gern. Wenn man ihn höret, so solte man meinen, dass er nichts wisse, und zu nichts fähig sei. Wenn ein Herz so beschaffen ist, mit was für Reichthümern kann es nicht erfüllet werden？Daher ist die Demut der herlichste und unbeweglichste Grund der Tugend. Und es ist kein Mensch erleuchteter, als derjenige, der wahrhaftig glaubet, dass seine Einsichten sehr eingeschränkt sind.（在这里我们引用朱熹弟子，一位阐释家的话：这个了不起的人和蔼可亲；他谦恭，也愿意屈服于任何人。当你听到他的话时，会以为他什么都不知道，什么都不会。但有着这样的心灵，还有什么东西是不能使它满足的呢？因此谦恭是美德最高贵、最不可动摇的基础。没有人比他更加开明，因为他真诚地认识到自己的知识非常有限。）

| 德语译文 | 德语回译 | 原文 |
|---|---|---|
| liebe eine reine und lautere Tugend, wie die deinige ist. Sie machet kein groß Geräusch; sie hat von aussen kein prächtiges Ansehen; sie will nicht gerne gesehen sein, und gefällt sich selbst nicht wohl. Man kann sagen, dass du deinen Verstand und Weisheit zu sonst nichts, als zum Gehorsam gegen meine Befehle anwendest. Du kennest deine Feinde; vereinige gegen sie alle deine Kräfte; mache dir Kriegesrüftungen; spanne deine Wagen an, und stürze die Tyrannen. Stoffe die Ungerechten und Kronenräuber vom Thron. | 此纯粹的美德，它不发出巨大的声响，外表并不华丽，既不愿被世人瞩目，也不取悦自己。可以说，你运用你的判断力和智慧不为别的，只为服从我的命令。你了解你的敌人，齐心协力对抗他们，为自己而战，驾驭你的战车，推翻那暴君。将不义之人和篡位的人推下王位。 | 不大声以色，不长夏以革。不识不知，顺帝之则。帝谓文王：询尔仇方，同尔弟兄。以尔钩援，与尔临冲，以伐崇墉。 |
| Ihr Rüstwagen, dränget euch nicht; ihr erhabenen Mauren, fürchtet euch nicht. Ven Vang übereilet seinen Feldzug nicht. Sein Zorn redet von lauter Friede. Er nimt den Himmel zum Zeugen von der guten Gesinnung seines Herzens. Er siehets gerne, wenn man sich ihm ohne Schwertschlag ergebt; er ist geneigt, auch den Boshaftesten zu vergeben. Seine grosse Sanftmuth bringt ihm keine Verachtung; er ist vielmehr niemals liebenswürdiger. Folgt man aber seinen gelinden Aufforderungen nicht, so brechen seine Wagen mit lauter Schrecken ein. Die Tyrannen verlassen sich umsonst auf ihre Wagen und hohe Mauren. Ven Vang greift sie an, er schläget sie, er überwindet sie, er zerstöret das grausame Reich. Es ist so ferne, dass ihn eine solche Gerechtigkeit verhaft machen sollt, dass vielmehr die Welt nie williger gewesen, sich seinen Befehlen zu unterwerfen. | 武装的战车，不要着急，高耸的城墙，不要畏惧。文王并未轻率开战。他的愤怒代表着真正的和平。上天为他内心的美德作证。他更愿意人们对他收起兵器投降，即使是最邪恶的人，他也愿意宽恕原谅。他极度的温柔并没有让他遭到轻视，相反，他从未像现在这样和蔼可亲。但如果你不听从他温和的呼吁，他的战车就会长驱直入，带来极度的恐惧。暴君们徒劳地指望自己的战车和高墙。文王发动攻击，击溃他们，战胜他们，摧毁了这个残酷的帝国。这样正义的举动远没有使他遭到憎恶，世界从未像现在这样愿意服从他的命令。 | 临冲闲闲，崇墉言言。执讯连连，攸馘安安。是类是禡，是致是附，四方以无侮。临冲茀茀，崇墉仡仡。是伐是肆，是绝是忽。四方以无拂。 |

续表

| 德语译文 | 德语回译 | 原文 |
|---|---|---|
| **4. Unterricht für einen König**<br>Ein äusserliches majestätisches Ansehen ist der Palast, darin die Tugend eines Königes wohnet. Aber man sagts, und es ist auch wahr, dass heut zu Tage die Unwissensten so gelehrt sind, anderer ihre Fehler zu sehen, aber dabei so verblendet, dass sie ihre eigenen Fehler nicht erkennen. | **4. 劝谏君王**<br>宫殿外观富丽堂皇，里面住着君王的美德。但人们也说得很对，现如今最愚笨的人都能学识丰富地看到他人的错误，却蒙蔽心智对自己的不足视而不见。 | **大雅·抑**<br>抑抑威仪，维德之隅。人亦有言：靡哲不愚。庶人之愚，亦职维疾。哲人之愚，亦维斯戾。 |
| Derjenige, der von niemand was fordert, was über seine Kräfte ist, der kann die Welt lehren; und ein wahrer Weiser thut selbst dasjenige, was er von andern verlanget. Fasset nie einen Vorsatz, der mit dem geringsten Eigennutz beflecket ist. Gebet allemal solche überlegte Befehle, dass ihr nicht genötigt werdet, etwas davon zu ändern. Lasset allenthalben Redlichkeit und Tugend aus eurem Thun hervorblicken, damit ihr in diesen beiden Stücken ein Muster der Welt werden könnet. | 从不向他人提超出他能力范围的要求，这样的人就能教导世人，真正的智者对别人的要求和对自己的要求是一致的。永远不要作出带有丝毫利己的决议。始终下达经过深思熟虑的指令，以免被迫更改任何命令。让诚实和美德从你的行为中表现出来，以便在这两个方面成为世间的楷模。 | 无竞维人，四方其训之。有觉德行，四国顺之。訏谟定命，远犹辰告。敬慎威仪，维民之则。 |
| Aber dergleichen Unterweisungen sind leider! nicht mehr im Gebrauch. Es ist alles umgekehrt, und unter einer schändlichen Trunkenheit begraben. Und weil man sich diese belieben lässet, so denket man nicht mehr an gute Ordnung, man machet sich die Reguln der alten Könige nicht mehr bekant, um ihre Gesetze aufrecht zu erhalten. | 但不幸的是，这种教导如今已经不再使用了。一切都被颠覆，沉湎在无可救药的酒色当中。而且因为你任由其发展，人们不再记得过往良好的秩序，也不再研究先王的准则以恢复他们明智的法度。 | 其在于今，兴迷乱于政。颠覆厥德，荒湛于酒。女虽湛乐从，弗念厥绍。罔敷求先王，克共明刑？ |

| 德语译文 | 德语回译 | 原文 |
|---|---|---|
| Der höchste Himmel, saget ihr, beschützet euch nicht mehr; wisset ihr aber nicht, dass er diejenigen liebet, die der Tugend zugethan sind. Ihr seid jetzt mitten im Strom, sehet zu, dass ihr nich hingerissen werdet. Merket ohne Unerlasz auf alle Kleinigkeiten; stehet zu rechter Zeit auf, und legt euch zu gesetzter Zeit nieder. Lasset es in eurem Hause ordentlich zugehen. Ihr werdet durch euer Exempel eure Unterthanen fleißig und ordentlich machen, wenn eure Wagen, Pferde, Soldaten und Waffen in gutem Stande sind. Ihr werdet dem Kriege zuvor kommen, und euch die Barbaren vom Leibe halten. | 你们说，至高的苍天不再庇佑你们，但你们难道不知道，它爱的是那些忠于美德的人啊。你们此刻立于河流之中，当心不要被水流冲走。你们得不遗余力地关注所有的琐事，按时起床，按时休息，妥善处理家务。如果你们以身作则，使战车、马匹、士兵和武器都保持良好的状态，那么臣民也会变得勤劳有序。你们将避免战争，让蛮夷远离。 | 肆皇天弗尚，如彼泉流，无沦胥以亡。夙兴夜寐，洒扫庭内，维民之章。修尔马车，弓矢戎兵，用戒戎作，用逿蛮方。 |
| Macht eure Unterthanen volkommener, und beobachtet die Gesetze zuerst, die ihr ihnen vorleget; dadurch werdet ihr vielem Verdruss entgehen. Insonderheit überleget eure Befehle recht reiflich, und haltet euch äusserlich wohl; alsdann wird alles gut und ordentlich stehen. Man kann einem Diamant durch fleißiges Reiben die Flecken abwischen; aber wenn eure Worte den geringsten Fehler an sich haben, so kan derselbe nicht abgewischet werden. | 让臣民变得更完美，首先你们自己得遵守给他们制定的法律，这样可以避免很多懊恼。特别是要审慎考虑你们的命令，也要保持良好的外在形象，这样一切就会变得井然有序了。一颗钻石可以通过不断摩擦去除污渍，但你们说的话哪怕有丝毫瑕疵，也是无法抹去的。 | 质尔人民，谨尔侯度，用戒不虞。慎尔出话，敬尔威仪，无不柔嘉。白圭之玷，尚可磨也；斯言之玷，不可为也！ |

续表

| 德语译文 | 德语回译 | 原文 |
|---|---|---|
| Redet daher nie ohne grossen Vorbedacht, und sagt niemals: wars doch nur ein Wort. Bedenket wohl, dass andere eure Zunge nicht halten können; wenn ihr sie daher nicht selbst haltet, so werdet ihr tausend Fehler begehen. Worte voll Weisheit sind wie die Tugend, sie bleiben nicht ohne Belohnung. Dadurch stehet ihr euren Freunden bei, und die Unterthanen, die eure Kinder sind, werden tugendhaft, wenn sie von einem Geschlecht zum andern euren lehren folgen. | 因此，没经过深思熟虑就不要说话，也不要说：这只是一句话而已。请牢记，没人能约束你们的舌头，所以如果你们自己不约束它，你们就会犯无数的错误。智慧之言犹如美德，不会没有回报。借此你们可以帮助朋友，而那些如同你们孩子一样的臣民，如果他们子子孙孙都遵循你们的教诲，他们也会变得品行端正。 | 无易由言，无曰苟矣，莫扪朕舌，言不可逝矣。无言不雠，无德不报。惠于朋友，庶民小子。子孙绳绳，万民靡不承。 |
| Wenn ihr euch unter weisen Freunden befindet, so verhaltet euch dergestalt, dass man an eurer Person nichts als lauter Liebenswürdiges finde. Lasset auch in eurem Hause nichts unordentliches offenbar werden. Wenn ihr auch in dem verborgensten Zimmer eures Hauses ganz alleine seid, so gestattet euch selbst nie was unanständiges. Sagt nicht: Siehts doch niemand. Denn es ist über euch ein verständiges Wesen①, das | 当你们和贤明的朋友相处时，应当只表现出亲切与和善。别让你们家里出现任何乱七八糟的东西。即使你们独自在家中最隐蔽的房间，也绝不允许自己有任何不雅的行为。不要说：没人 | 视尔友君子，辑柔尔颜，不遐有愆。相在尔室，尚不愧于屋漏。 |

① 原书注：Im Tchu hi heissets davon also: Man muss sich davon recht überzeugen, dass der HErr der Geister und aller unsichtbaren Dinge allenthalben gegenwärtig sei. Er kommt, ohne dass man seine Gegenwart merket, und man hat sich allemal zu fürchten, so aufmerksam man auch über sich selber ist. Was wird man nicht zu besorgen haben, wenn man sich selbst vergift! Dieses alles will so viel sagen, dass man nicht allein äusserlich ordentlich wandeln soll, sondern dass man auch die geringsten Bewegungen seines Herzens merken müsse. （朱熹对此有言：这意味着人们必须相信，神灵之主和所有无形之物时时刻刻都在。人们察觉不到他的到来，无论人们对自己多么关注，都需要对此保持警惕，心怀敬畏。如果一个人忘记了自己，还有什么是不用担心的呢?! 这些都是在告诫我们，人们不应该只追求外在的有序，而且必须注意自己内心最细微的活动。）笔者注：该注释参考朱熹在《诗集传》中对《抑》的诠释：无曰此非显明之处，而莫予见也。当知鬼神之妙，无物不体，其至于是，有不可得而测者。不显亦临，犹惧有失，况可厌射而不敬乎! 此言不但修之于外，又当戒谨恐惧乎其所不睹不闻也。

续表

| 德语译文 | 德语回译 | 原文 |
|---|---|---|
| alles siehet. Es ist bei uns, wenn wirs am wenigsten glauben：und das muss uns in einer beständigen Aufmerksamkeit über uns selbst erhalten. | 看得见。因为在你们之上有一个全知全能的存在。在最意想不到的时候，它就在我们身边：这促使我们必须不断地警醒自己。 | 无曰不显，莫予云觏。神之格思，不可度思，矧可射思！ |
| Eure Tugend muss nicht was gemeines sein, sondern ihr müsset nach der besten Volkommenkeit streben. Richtet alle eure Bewegungen ordentlich ein, damit ihr nicht des rechten Weges verfehlet. Ueberschreitet nie die Gränzen, die euch von der Tugend vorgeschrieben sind；vermeidet alles, was sie beleidigen kan. Suchet ein Muster der ganzen Welt zu werden, das sie ohne Bedenken nachahmen könne. Man giebt, sagt man im Sprichwort, für eine Pfirsiche wol eine Birn. Ihr könnet aber nichts anders ernten, als was ihr gesäet habt. Wer euch das Gegentheil sagt, der betrüget euch. Das heisset, nach dem Sprichwort, Hörner an der Stirn eines jungen Lammes suchen. | 你们的德行不可平庸，而应当努力追求至善的完美。妥善安排你们所有的行动，以免误入歧途。绝不僭越美德所规定的界限，避免一切可能有损美德的事情。争取成为世人的典范，让他们毫不犹豫地模仿。俗话说：投桃报梨。你们只能收获自己播种的东西。如果有人告诉你们不是这样，那这人必定是在欺骗你们。就像那句谚语说的，羊羔头上找犄角。 | 辟尔为德，俾臧俾嘉。淑慎尔止，不愆于仪。不僭不贼，鲜不为则。投我以桃，报之以李。彼童而角，实虹小子。 |
| Ein weiches und zartes Blatt nimmt allerlei Gestalten an；und ein weiser Mann besitzt die Demut als den Grund aller Tugenden. Redet ihr mit ihm von den Weisheitsreguln der Alten, so wird er dieselben unverzüglich annehmen, und sie auszuüben trachten. Der Unverständige aber meinet, dass man ihn betriege, und will nichts glauben. Ein jeder folget seinen Neigungen. | 柔韧细嫩的树叶有各种形状，智者则将谦恭作为一切美德的根基。如果你们告诉他古人智慧的箴言，他就会立即采纳并努力付诸实践。但愚昧的人就会觉得自己被欺骗了，什么也不愿相信。每个人的心思都不相同啊。 | 荏染柔木，言缗之丝。温温恭人，维德之基。其维哲人，告之话言，顺德之行。其维愚人，覆谓我僭，民各有心。 |

续表

| 德语译文 | 德语回译 | 原文 |
|---|---|---|
| O mein Sohn! Ihr wisset nicht, wie ihr saget, was gut und böse ist. Ich will euch nicht mit Gewalt zur Tugend reissen; sondern ich will euch die deutlichsten Beweise von dem vorlegen was ich euch sage. Ihr wedet dadurch nicht weise, wenn ihr nur höret, was ich euch sage; sondern wenn ihrs auch von Herzen ausübet. Dass ihr, wie ihr wirklich thut, eure Untüchitigkeit erkennet, dass ist ein Merkmal, dass ihr bald in den Stand kommen könnet, andere zu lehren. Denn so bald man die Einbildungen von sich selbst und dem aufgeblasenen Hochmuth abgeleget hat, so ist man auch im Stande, dass, was man des Morgens gelernet, noch vor Untergang der Sonnen auszuüben. | 我的儿啊！你们说不知如何分辨善恶好坏。我并不想强制性地将你们拉扯到美德上来，我会向你们提供最清晰的证据，来证明我先前对你们说的话。你们不会因为仅仅听到我对你们的告诫就变得聪慧，你们需要发自内心地去实践。如果你们真的认识到了自己的愚昧，这表明你们很快也能教导别人了。因为人一旦克服了自负的幻想和膨胀的傲慢，就能在日落西山之前实践早上学到的东西。 | 於乎小子，未知臧否。匪手携之，言示之事。匪面命之，言提其耳。借曰未知，亦既抱子。民之靡盈，谁夙知而莫成？ |
| Der höchste Himmel unterscheidet das Gute und Böse volkommen. Er hasset die Stolzen und hat Wohlgefallen an den Demüthigen. Man kann denselben alle Augenblicke beleidigen und erzürnen. Wie kann man denn nun in diesem elenden Leben einer wahren Freude theilhaftig werden? Es gehet eilend vorbei, und der Todt kommt, ehe man recht aus dem Traum erwachet. Und dieses verursachet mir allerlei Schmerzen. Ich unterlasse nichts, euch zu unterweisen, und ihr höret mich kaum. Ihr sagt, dass ihr nicht in der Fassung wäret, ein solcher Weiser zu werden; aber wenn ihr jetzt nicht die Tugend ergreifet, wie wolt ihr euch denn dieselbe in eurem hinfälligen Alter zu eigen machen. | 至高的上天完全能明辨善恶。他憎恶傲慢的人，赞赏谦恭的人。你随时都可能冒犯和激怒他。那么，如何才能在这悲惨的生活中获得真正的快乐呢？时光匆匆，从梦中醒来之前死亡便已降临。这使我伤痛不已。我不遗余力地教导你们，而你们几乎听不进我的话。你们说自己成不了这样的圣人，但如果你们现在都不想修德，那等到年老的时候，又怎么会具备美德呢？ | 昊天孔昭，我生靡乐。视尔梦梦，我心惨惨。诲尔谆谆，听我藐藐。匪用为教，覆用为虐。借曰未知，亦聿既耄。 |

| 德语译文 | 德语回译 | 原文 |
|---|---|---|
| O mein Sohn! Ich predige euch nichts anders als Grundregeln der alten Könige. Folget ihr meinem Rath, so werdet ihrs euch nimmermehr gereuen lassen dürfen. Der Himmel ist erzürnet, und ihr fürchtet, dass sein Zorn wider euch und wider sein Volk ausbreche. Ihr habt in den abgewichenen Zeiten genung schreckhafte Exempel seines Verhaltens. Der HErr des Himmels gehet nie von seinen Wegen ab. Glaubet sicherlich, wo ihr nicht bei Zeiten den Weg der Tugend betretet, den ich euch gezeiget habe, dass ihr euch und eurem ganzen Reich das gröste Unglück zuziehen werdet. | 我的儿啊！我向你们讲授的只是古代君王的基本准则。如果你们听从我的建议，便永远不会懊悔。上天发怒，你们担心他将怒气向你们和臣民发作。在过去的时间里，他行径当中恐怖的事例你们已经见识得够多了。上帝从不会偏离它的道路。请坚信，如果不及时踏上我告知你们的美德之路，你们会给自己和整个帝国带来最大的不幸。 | 於乎小子，告尔旧止。听用我谋，庶无大悔。天方艰难，曰丧厥国。取譬不远，昊天不忒。回遹其德，俾民大棘！ |
| **5. Ode über das Verderben des menschlichen Geschlechtes**<br>Ich hebe meine Augen auf zum Himmel, aber er scheinet eifern zu sein. Unser Unglück dauert sehr lange：die Welt ist verderbet. Die Sünde breitet ihr tötliches Gift allenthalben aus. Die Falstricke der Sünde sind auf allen Seiten ausgebreitet, und man findet nicht einmal einen Schein der Genesung. | **5. 人类之毁灭**<br>我举目望天，苍天却似铁面无情。我们的不幸已经持续很久：世风败坏。罪恶像致命的毒药一样蔓延，它的罗网遍布四面八方，甚至找不到一丝恢复的迹象。 | **大雅·瞻卬**<br>瞻卬昊天，则不我惠。孔填不宁，降此大厉。邦靡有定，士民其瘵。蟊贼蟊疾，靡有夷届。罪罟不收，靡有夷瘳。 |
| Wir bewohneten eine glückselige Gegend; aber ein Weib hat uns drum gebracht. Es war uns alles untertan; ein Weib aber hat uns in die Sklaverei gestürzt. Sie hasset die Unschuld, und liebet dagegen das Laster. | 我们住在幸福的地方，但一个妇人却将其夺走。我们原本拥有万物，但那恶妇却使我们沦为奴隶。她讨厌纯良，爱慕罪恶。 | 人有土田，女反有之。人有民人，女覆夺之。此宜无罪，女反收之。彼宜有罪，女覆说之。 |

| 德语译文 | 德语回译 | 原文 |
| --- | --- | --- |
| Der weise Mann zog eine Mauer drum her; aber das Weib, welches alles wissen wolte, riss sie nieder. O wie vernünftig ist sie nun! Sie ist gleich einem Vogel, dessen Geschrei den Todt verkündiget. Sie hat zu viel geredet, und das ist die Stufe zu unserm Unglück gewesen. Unser Verderben komt nicht vom Himmel; ein Weib hat dasselbige verursachet. Alle diejenigen, die der Weisheit Stimme nicht hören, sind dieser unglückseligen gleich. Sie hat das ganze menschliche Geschlecht verderbet. Anfänglich wars ein Irthum, nun ists aber ein Laster.① | 智者在周围建造城墙，但这个想洞悉一切的妇人却把墙拆毁了。噢，她现在是多么明智啊！她就像只鸟，她的叫声预示着死亡。她说得太多，这是我们通往不幸的阶梯。我们的灾祸并非从天而降，而是出自那妇人。凡是不听从智者劝谏的人，都与那可恶的妇人一样。她已经腐蚀了整个人类。一开始是疏忽，现在却变成了罪恶。 | 哲夫成城，哲妇倾城。懿厥哲妇，为枭为鸱。妇有长舌，维厉之阶。乱匪降自天，生自妇人。匪教匪诲，时维妇寺。鞫人忮忒。谮始竟背。岂曰不极？伊胡为慝？如贾三倍，君子是识。妇无公事，休其蚕织。 |
| Woher komts, dass uns der Himmel plaget und betrübet? Warum stehen euch die himmlischen Geister nicht mehr bei? Darum, weil ihr euch dem überlassen habt, den ihr hättet sollen meiden. Es kommt allerhand Unglück über euch; es ist keine Ernsthaftigkeit und Zucht übrig geblieben. Der Mensch ist verderbet, und die ganze Welt ist ihrem völligen Verderben nahe. | 苍天为何折磨我们，使我们受尽苦难。神灵为何不再与你们同在？只因你们把自己交付给了本应该规避的人。各种各样的祸端向你们袭来，没有丝毫严肃与规矩可言。人类堕落，整个世界处于毁灭的边缘。 | 天何以刺？何神不富？舍尔介狄，维予胥忌。不吊不祥，威仪不类。人之云亡，邦国殄瘁。 |

① 笔者注：法文本此处另有一句："她不肯承认，还叫嚣道：我做什么了？聪明的人不应该让自己暴露在商业贸易的危险中，一个女人也不应该插手缝纫和纺纱之外的任何事情。"关于"商业贸易"一句还有对应注释："在这个地方，几乎所有的阐释家都认为，这段文字几乎是无法理解的。因此我们无法保证这里翻译的准确性，也许文本被破坏了，也许它掩盖了一些我们无法获悉的其他含义。"该句对应《诗经》原文"如贾三倍，君子是识。妇无公事，休其蚕织"，德文本删除该句连同注释。

续表

| 德语译文 | 德语回译 | 原文 |
|---|---|---|
| Der Himmel stricket Nesse, und breitet sie allenthalben aus. Der Mensch ist verderbet, das ist es, was mich am meisten betrübet. Der Himmel leget seine Nesse vor; es ist um den Menschen geschehen; das ist die Ursache meiner Traurigkeit. | 苍天织网，撒向各处。人类堕落，我内心悲愤至极。苍天撒下它无情的法网，对人民采取手段，这正是我悲伤的原因。 | 天之降罔，维其优矣。人之云亡，心之忧矣。天之降罔，维其几矣。人之云亡，心之悲矣！ |
| Dieser tiefe Strom hat eine Quelle daraus er entstanden. Ihm ist meine Traurigkeit gleich; sie ist tief, und hat einen weiten Ursprung; der Mensch hat nicht mehr, was er vor dem Fall besessen①, und hat alle seine Kinder in sein Unglück verstricket. O Himmel! Du kanst allein dagegen helfen. Lösche den Flecken des Vaters aus, und errette seine Nachkommen. | 深不见底的大河有其发源地，我的悲伤也是一样的，深不可测，源头广远。人们不再拥有他们堕落前所拥有的东西，也让他们的孩子陷入了父辈的绝境当中。噢，苍天啊！只有你才能施以援手！抹去父辈的污点，也拯救他的子孙后代。 | 觱沸槛泉，维其深矣。心之忧矣，宁自今矣？不自我先，不自我后。藐藐昊天，无不克巩。无忝皇祖，式救尔后。 |

---

① 原书注：Obgleich der Himmel, sagt hiebei Tchu Hi, so weit über uns ist, dass es scheinen möchte, als ob diese Unterwelt seiner Sorgfalt ganz unwürdig wäre; so sind doch seine Wege ganz unausforschlich. Er kann die Schwachheit selbst unterstützen, und die Ordnung wieder herstellen, obgleich alles verloren zu sein scheinet. Wenn Veou Vang sich wolte bessern und ein neuer Mensch werden, so würde der Himmel seinen Schluss ändern, und die Nachkommenschaft würde nicht ganz verloren sein. (朱熹在这里说道，虽然上天离我们很遥远，这个黑暗的世界也好像完全配不上他的悉心照料，但他的行事令人难以捉摸。仿佛即使失去一切，他也可以支持弱者，并恢复秩序。如果幽王想改过自新，那么上天就会改写他的结局，子孙后代也就不会完全覆没了。) 笔者注：该注释参考朱熹在《诗集传》中对《瞻卬》的诠释：惟天高远，虽若无意之物，然其功用神明不测，虽危乱之极，亦无不能巩固之者。幽王苟能改过自修，而不忝其祖，则天意可回，来着犹必可救，而子孙亦蒙其福矣。

| 德语译文 | 德语回译 | 原文 |
|---|---|---|
| **6. Eine andere Klage über das menschliche Elend**<br><br>Da zu der gegenwärtigen Jahrszeit so vieler Hagel fält①, so siehet man es billig als etwas ausserordentliches an. Ein Schmerz durchbringet meine Seele, wenn ich die Unordnungen der Sünder betrachte. Können sie auch wol weiter gehen? Betrachtet doch den betrübten Zustand, darin ich mich befinde. Mein Schmerz nimmt täglich und stündlich zu. Erweget, wie sehr ich mich darüber gräme; die Traurigkeit tödtet mich, und ich muss mich verbergen. | **6. 哀民生之多艰**<br><br>在这样的时节里下起如此大的冰雹，人们把这看成非同寻常的事情。当我沉思罪人的祸端时，一种痛苦渗入我的灵魂。他们还能更进一步么？思忖自己所处的可悲之境，我的悲痛每时每刻都在加重。我对此是多么苦恼，悲痛将我逼死，我不得不隐藏起来。 | **小雅·正月**<br><br>正月繁霜，我心忧伤。民之讹言，亦孔之将。念我独兮，忧心京京。哀我小心，癙忧以痒。 |
| Das Leben habe ich von meinen Eltern empfangen. Aber haben sie mir es nur darum ertheilet, auf dass ich unglücklich und elend würde? Ich kann weder vorwärts noch hinterwärts kommen. Die Menschen brauchen ihre Zungen, sich entweder was vorzuheucheln, oder Schaden zu thun. Und wenn ich mich darüber betrübe, so werde ich von andern verspottet. | 父母生我养我，但他们赋予我生命难道只是为了让我变得不幸和困苦么？我既无法前进也无法后退。人们用他们的舌头，要么阿谀奉承要么为非作歹。当我对此感到忧伤，我就是他们嘲笑的对象。 | 父母生我，胡俾我瘉？不自我先，不自我后。好言自口，莠言自口。忧心愈愈，是以有侮。 |
| Mein Herz ist voll Wehmuth und Traurigkeit, wenn ich ein solches Elend ansehe. Die unschuldigsten sind am meisten zu beklagen. Woher können sie | 每每看到这样的苦难，我的内心便充满忧郁和悲哀。最无辜的人最令人惋惜。他们能从哪儿 | 忧心惸惸，念我无禄。民之无辜，并其臣仆。哀我人斯，于 |

① 笔者注：法文本此处有注释："很多古诗的开篇都很像这首颂歌的开头，也像第四节和第七节的开头，风格崇高且富有诗意。这就是《诗经》的表现手法，而且这种手法至今仍在延续。"此处提到的表现手法指该诗第 1、4、7 节的"起兴"。

续表

| 德语译文 | 德语回译 | 原文 |
|---|---|---|
| Hülfe erwarten? Wo sollen sich diese Raben aufhalten? Wer soll ihnen zur Beute dienen? | 盼来援助？这些乌鸦会停在何处？谁会成为他们的猎物？ | 何从禄？瞻乌爰止？于谁之屋？ |
| Sehet an diesen grossen Wald; er ist nur mit solchen Bäumen erfüllet, die ins Feuer gehören. Das unter so vielen Trübsalen seufzende Volk schauet den Himmel an, und scheinet an seiner Vorsehung zu zweifeln①. Wenn aber die Stunde seines Schlusses wird gekommen sein, so wird sich niemand ihm widersetzen können. Er ist der Allerhöchste; wenn er straft, so ist er gerecht, und man kann ihn keines Hasses beschuldigen. | 看看这片大森林，长的都是些只能当柴烧的树。人们在如此多的磨难中呻吟，抬头仰望天空，似乎怀疑它的天意。但当结束的时刻来临，没人能够违抗它。他是至高无上的，当他惩罚的时候，他是公正的，人们不可用仇恨指责他。 | 瞻彼中林，侯薪侯蒸。民今方殆，视天梦梦。既克有定，靡人弗胜。有皇上帝，伊谁云憎？ |

---

① 原书注：Der Tchu fong ting, ein Nachkömmling des Tchu Hi, redet an diesem Orte sehr deutlich. Den Frommen wohl zu thun, schreibet er, und die Bösen ernstlich zu bestrafen, dass ist die beständige Regel des Himmels. Findet man aber nicht allemal, dass die Frommen in dieser Welt belohnet, und die Bösen bestrafet werden; so rührt es daher, weil die bestimte Stunde des Schicksals noch nicht erschienen. Ehe dieser letzte Augenblick kommt, kann der Mensch so zu reden den Himmel überwinden. Aber wenn der letzte Spruch einmal wird geschehen sein, so wird der Himmel geweiss den Sieg über alles erhalten. Derjenige, der heute Belohnungen erhält, kann morgen bestrafet werden, und wer jetzo gezüchtiget wird, soll alsdann belohnet werden. Wenn der Himmel strafet, solte man glauben, dass er zürne. Aber er beweiset darin seine Gerechtigkeit wenn er strafet; die Gerechtigkeit aber entstehet nicht aus Zorn und Hass. Strafet er die Leute nicht auf der Stelle, die er dereinst gewiss strafen wird, so geschiehet solches nicht aus einer niederträchtigen Gefälligkeit gegen sie; sondern weil das letzte Gericht noch nicht gekommen. Diesen Augenblick aber will uns der gerechte Himmel nicht wissen lassen, damit wir ihn Unterlass wachen. (朱善继，朱熹后人，在此处非常清楚地写道：善待虔诚的人，严惩邪恶的人，这是上天的恒常法则。但是如果你发现在这个世界上，虔诚的人并不总能得到奖赏，邪恶的人也并不总会受到惩罚，那是因为真正决定命运的时刻还没有来临。在最后一刻到来之前，可以说人是能够战胜上天的。但一旦最后的判决出现，上天必将战胜一切。今天得到奖赏的人可能明天就会受到惩罚，而现在被责罚的，可能马上就会得到奖赏。当上天降下惩罚时，人们应当相信上天发怒了。他在惩罚时也显示了公平与正义，正义不是从愤怒和仇恨中产生的。如果他不当场惩罚那些总有一天会遭罚的人，这并不是出于对他们微不足道的恩惠，只是因为最后的审判还没有到来。正义的上天不想让我们知道这一时刻何时到来，以促使我们不断警醒。）

| 德语译文 | 德语回译 | 原文 |
|---|---|---|
| Aber die Gottlosen sehen das Niedrige für hoch und das hohe für niedrig an. Wenn sollen nun ihre Ausschweisungen einmal ein Ende haben? Sie nennen die Weisen alte Greise, und sagen lachend zu ihnen：Erkläret uns eure Träume. Sie sind ganz und gar mit Sünden überhäuft, und meinen doch unsträflich zu sein. Wie unterscheidet man unter den Raben das weibliche und mänliche Geschlecht? | 但不敬神的人把低洼看成高地，把高地视为低洼。他们放荡的行为何时才能结束？他们将智者称为老朽，大笑着对他们说：告诉我们你做的梦。他们罪孽深重，却认为自己无可指摘。人们该如何区分乌鸦的雄雌？ | 谓山盖卑，为冈为陵。民之讹言，宁莫之惩。召彼故老，讯之占梦。具曰予圣，谁知乌之雌雄？ |
| Wenn ich an den höchsten HErrn der Welt, an seine Majestät und Gerechtigkeit gedenke, so demüthige ich mich vor ihm, und fürchte, er werde mich hinreissen. Indes kommen alle meine Worte von Grund meines Herzens, und sind vernünftig. Die Gottlosen haben Ottern und Schlangenzungen, die Frommen damit zu beschädigen, und bleiben dabei ganz ruhig und still. | 当我想到天底下最崇高的主，想到他的威严与正义，我便会在他面前谦卑，害怕他会把我带走。可是，我所有的言语都发自内心且合情合理。不敬神的人长着毒蛇的舌头，用它来伤害虔诚的人，而且还能保持镇定与平静。 | 谓天盖高，不敢不局。谓地盖厚，不敢不蹐。维号斯言，有伦有脊。哀今之人，胡为虺蜴？ |
| Sehet an jenes weite Feld; es ist mit lauter schädlichen Kräutern angefüllet, die aus dessen Schoes hervorwachsen. Der Himmel scheinet mit mir zu spielen, als ob ich ein Nichts wäre; und er hält so genaue Rechenschaft, als ob ich der Wuth meiner Feinde etwas in den Weg geworfen hätte. Bin ich aber vermögend genung mich davon los zu machen? | 环顾广袤的原野，除了长出有害的杂草，什么都没有。上苍似在戏弄我，视我如无物，而且他的记录准确无误，仿佛我在敌人的怒火中投下了什么。难道我有能力摆脱它么？ | 瞻彼阪田，有菀其特。天之杌我，如不我克。彼求我则，如不我得。执我仇仇，亦不我力。 |

续表

| 德语译文 | 德语回译 | 原文 |
|---|---|---|
| Mein Herz ist ganz voll Traurigkeit, der Schmerz hat es recht vest verschlossen. Woher kommen doch die Unordnungen, die jetzo unter den Menschen herrschen? Die Feuerflamme breitet sich immer weiter aus, und es ist unmöglich sie zu löschen. Ach! unglückselige Pao Fsee①, du bist es, du hast das Feuer angezündet, das uns verzehret. | 我的内心充满了悲伤，痛苦将它紧紧包裹。现在笼罩人们的混乱从何而来？火势不断蔓延，不可能将其扑灭。啊！可恶的褒姒，就是你，你点燃了吞噬我们的火焰。 | 心之忧矣，如或结之。今兹之正，胡然厉矣？燎之方扬，宁或灭之？赫赫宗周，褒姒灭之！ |
| Gedenket ohn Unterlass an eure letzte Stunde. Der Weg, darauf ihr wandelt, ist dunkel, schlüpfrig und gefährlich. Ihr ziehet an einem reich beladenen Wagen. Was wolt ihr tun? Ihr zerbrechet ihn auf beiden Seiten, und verlieret eure Reichtümer. Und wenn alles verloren sein wird, alsdann werdet ihr um Hülfe rufen. | 不停地回想最后时刻。你们所行之路昏暗湿滑又危险。你们正拉着一辆满载财富的马车，打算怎么做？你们损坏两侧车身，遗失自己的财富。当一切都失去时，你们就会大声呼救。 | 终其永怀，又窘阴雨。其车既载，乃弃尔辅。载输尔载："将伯助予。" |

———

① Die Chineser, die seit undenklichen Zeiten diese Bücher als lauter Denkmale von dem betrachten, was bei der ersten Gründung dieses Reichs vorgefallen, geben vor, dass dieser Pao Fsee das Weib des Veou Vang, das ist, des in die Finsterniss verstossenen Königs sei. Tchou fong tching erkläret sich also hierüber: Nicht Tching tang hat den gottlosen Tyrannen Kie verderbet; sondern sein weib, die heillose Moez, ist die wahre Ursache seines Unglücks gewesen. Nicht Zou vang hat den grausamen Ccheou vom Thron gestoffen, sondern Ta Kia, sein Weib, ist die Ursache seines Fals gewesen. Nicht der kleine König Chin, auch nicht die Abendländischen Barbaren haben den verblendeten Veou vang gestürzet, sondern Paoo fsee hat ihm das grosse Unglück zugezogen. Hat er eine Pao fsee gehabt, die ihn verderbet, so hat er doch leider keinen Cching tang oder Vou vang zum Nachfolge gehabt. Diese wenigen Worte fassen alles in sich, was man von den drei unglückseligsten Käiserlichen Familien weiß. （自古以来，中国人就把这些书看作王朝建立之初发生的事情的回忆录，他们假托褒姒是幽王的妻子，就是那个让君王陷入黑暗的妻子。朱善继在这里解释道：摧毁邪恶夏桀的并不是成汤，而是他的妻子，那位邪恶的妹喜才是灾祸真正的根源。将残暴的商纣推下王座的也不是武王，而是妲己，他的妻子才是导致灭亡的原因。推翻了幽王昏庸统治的不是小皇帝平，也不是西方的蛮夷，而是褒姒给他带来了这样巨大的灾祸。他拥有那位让他昏庸堕落的褒姒，却没有成汤或武王这样的继承人。短短的几句话概括了人们对这三个最不幸的皇室家族的所有了解。）

| 德语译文 | 德语回译 | 原文 |
| --- | --- | --- |
| Zerbrechet ja diesen Wagen nicht auf dabei Seiten. Sehet fleißig auf die Räder desselben. Lasset einen so kostbaren Schatz nicht umkommen. Hütet euch vor den Oertern, wo es für euch gefährlich ist. Allein ich rede leider! vergeblich; man denkt nicht einmal an das, was ich sage. | 不要再损坏车身两侧，注意盯着点车轮，不要让如此贵重的珍宝遗失，当心危险的地方。唉，我说了也是白说！他们甚至不会考虑我说的话。 | 无弃尔辅，员于尔辐。屡顾尔仆，不输尔载。终逾绝险，曾是不意。 |
| Die Gottlosen glauben verborgen zu sein; aber sie sind gleich den Fischen, die man in einem Teich gefangen hält. Sie mögen sich so tief verstecken als sie wollen, man sieht und merkt sie doch am Ufer. O wie betrübt bin ich, wenn ich der Menschen Elend ansehe! | 恶人以为自己隐藏得很好，其实他们就像养在池塘里的鱼。即使沉到水底，岸上的人还是可以注意到他们。噢，看到人们遭受苦难，我是多么悲痛啊。 | 鱼在于沼，亦匪克乐。潜虽伏矣，亦孔之炤。忧心惨惨，念国之为虐！ |
| Sie bringen ihr Leben in Luftbarkeiten zu. Sie überhäufen sich mit Wein und mit den kostbarsten Speisen. Ihre Ergetzlichkeiten haben kein Ende. Sie lassen sich unter ihren Saufbrüdern fleißig finden. Sie reden nur von Hochzeiten und Schmausereien. Bedenket, dass ich allein übrig bleiben, und dass ich mich zwingen muss, meine Tränen zu verbergen. | 他们在虚无中度过自己的生命。在美酒珍馐中挥霍自己光阴。享乐没有尽头。忙碌地和酒肉朋友厮混，只谈论婚礼和宴席。想到只剩下我一人了，我必须强迫自己隐藏起泪水。 | 彼有旨酒，又有嘉肴。洽比其邻，昏姻孔云。念我独兮，忧心殷殷。 |

| 德语译文 | 德语回译 | 原文 |
|---|---|---|
| Die kleinsten Würmer haben ihre Löcher; das hässlichste Ungeziefer findet seine Nahrung. Nur das Volk kommt um im Elend und Hunger. O Himmel! der du uns alle diese Leiden nach deiner Gerechtigkeit zugeschicket hast; siehe wie die Gottlosen im Ueberfluß leben, und erbarme dich der Gerechten, die in der grösten Dürftigkeit stecken. | 最小的蠕虫也有它的洞穴，最丑陋的害虫也能找到他的吃食。只有民众在苦难和饥饿中灭亡。噢，苍天啊！你按着你的公义给我们安排了这一切苦难，看那恶人活得多么滋润，也请怜悯一下困苦中的圣人吧。 | 佌佌彼有屋，蔌蔌方有谷。民今之无禄，天夭是椓。哿矣富人，哀此惸独。 |
| **7. Ode über die vorige Materie**<br>Der Allerhöchste scheinet seine Gnade in lauter Zorn verwandelt zu haben. Das Volk ist zum äussersten Unglück gebracht worden. Es ist keine Treue und Glaube mehr in ihren Worten, Man denket nur an lauter vergängliche Dinge. Auch den nicht alzugottlosen fehlet es an Aufrichtigkeit und Redlichkeit. Das bringet aber den Zorn Gottes über die Menschen; woran ich sie erinnern muss. | **7. 同一题材：哀民生之多艰**<br>至高者似乎将他的宽恕变成了暴怒。民众陷入极度不幸的境地。他们的言语里再没有了忠诚和信仰，人们在意的只是些转瞬即逝的东西。甚至那些并不邪恶的人，也变得缺乏真诚和正派。但这会引起上帝的愤怒，也是我必须提醒他们的原因。 | **大雅·板**<br>上帝板板，下民卒瘅。出话不然，为犹不远。靡圣管管，不实于亶。犹之未远，是用大谏。 |
| Der Himmel scheinet gegen unser Gebet taub zu sein; darüber muss man sich billig betrüben. Der Himmel ist zornig; man muss sich daher prüfen und ohne Verzug bessern. Lasset eure Worte holdselig sein, die Herzen der Menschen zu gewinnen; beweiset aber auch dabei den gehörigen Ernst, damit das Böse dadurch zurück gehalten werde. | 上苍似乎对我们的祷告充耳不闻，我们必须对此感到悲哀。上苍震怒，因此我们必须审视自己，毫不迟疑地改进自身。把话说得动听一些，以此来赢得人心，但也要适当表现得严厉，以此来抑制恶行。 | 天之方难，无然宪宪。天之方蹶，无然泄泄。辞之辑矣，民之洽矣。辞之怿矣，民之莫矣。 |

| 德语译文 | 德语回译 | 原文 |
|---|---|---|
| Ist gleich mein äusserlicher Beruf von dem eurigen unterschieden, so bin ich doch so wol ein Mensch als ihr. Ich bemühe mich, euer gerechtes Verlangen zu erfüllen. Höret mich demnach aufmerksam. Ich werde euch wichtige Dinge vortragen, verachtet sie nicht. Ihr wisset das alte Sprichwort, dass man die schlechtesten Kräuter, und das Holz, so nur zum brennen dienet, sammeln sol. | 尽管我们的职业各不相同，但我和你们是一样的人。我努力满足你们合理的要求。所以认真听我说，我打算告诉你们重要的事情，勿要轻视。你们也知道那句古老的谚语，哪怕最糟糕的草药和只能用于燃烧的草木，也需要去搜集。 | 我虽异事，及尔同僚。我即尔谋，听我嚣嚣。我言维服，勿以为笑。先民有言，询于刍荛。 |
| Der Himmel ist zornig; es würde also die äusserste Torheit sein, so man sich nichts daraus machen wolte. Ich rede mit euch von Grunde meines Herzens; und ihr wollet dessen spotten? Ihr sagt, ich sei ein alter versagter Mann, und ihr wolt bei der Gefahr sicher bleiben? Endlich wird dem Uebel gar nicht mehr zu helfen stehen. | 上苍震怒，若此时无所作为，那便愚蠢至极。我发自内心地劝诫你们，可你们却报以嘲笑？你们说我是个无用的老朽，却幻想自己能在危世中保持安全？最终恶果只会无法收场。 | 天之方虐，无然谑谑。老夫灌灌，小子蹻蹻。匪我言耄，尔用忧谑。多将熇熇，不可救药。 |
| Der Himmel ist zornig; und euer Pallast ist noch voll Schmeichler. Es ist keine Ernsthaftigkeit in euren Sitten, und die klugen Leute müssen jetzt schweigen. Das Volk verfällt in die abgeschmacktesten Niderträchtigkeiten, und man will die Ursache dieses Unheils nicht entdecken. Es ist leider! Fast alles verloren; und die Weisen werden nicht gehöret. | 上苍震怒，而你们的宫殿当中依旧充斥着阿谀奉承之人。你们的举止毫无威仪可言，智者这时只能保持沉默。民众陷入了最荒谬的邪恶之中，也不想发现这场灾难的根源。真是悲哀啊！几乎一切都无望了，谏言根本不被听从。 | 天之方懠。无为夸毗。威仪卒迷，善人载尸。民之方殿屎，则莫我敢葵？丧乱蔑资，曾莫惠我师。 |

| 德语译文 | 德语回译 | 原文 |
| --- | --- | --- |
| Der Himmel prüfet den innersten Grund der Herzen wie das Licht eine dunkele Kammer erleuchtet. Man muss sich bemühen, seiner Erkenntniss so gemäss zu handeln, wie zwei musikalische Instrumente mit einander überein-stimmen. Man muss mit ihm so vereinigt sein, wie zwei Körper, die nur ein Ganzes vorstellen. Man muss annehmen, was er gibt, und so bald er nur seine Hand ausstrecket zu geben. Saget ja nicht, dass ich euch vergebliche Dinge sage; es ist dem Himmel nichts leichter als euch zu erleuchten. Nur unsere Leidenschaften hindern den Eingang desselben in unsere Seelen. | 上苍审视人心最深处，如同光明照亮昏暗的小屋。我们必须努力做到知行合一，就像两种乐器彼此和鸣。我们必须与他协调一致，就像两具躯体合二为一。他一伸手，我们就必须接受他所赐予的。不要觉得我在讲废话，对上苍而言，没有什么比启迪你们更容易的了。只有我们浮躁的情绪在阻碍它进入我们的心灵。 | 天之牖民，如埙如篪，如璋如圭，如取如携。携无曰益，牖民孔易。民之多辟，无自立辟。 |
| Die Weisen vom ersten Rang sind gleich den Mauren, die uns umgeben. Die Weisen vom andern Rang sind gleich einer Mauer die uns verteidiget. Eure Nachbarn sind die Wache vor eurer Pforte. Eure Anverwandten der Pfeiler, darauf ihr ruhet; eure nächsten Freunde die Festung, so euch schützet. Aber euer Herz muss tugendhaft sein, wenn ihr diese Schätze erhalten wollet. Denn wo ihr die Weisheit nicht achtet, so werden euch alle Fremden alleine lassen. Kan auch was schrecklichers sein als dieses? | 第一等的智者就好比围墙，包围着我们。第二等的智者就像城墙，保卫着我们。邻邦是你们隘口的哨兵，亲人是你们倚靠的支柱，近友是保护你们的堡垒。但是，若想保有这些财富，你必须做到品行端正。你若不尊重智者，便会孤立无援。还有比这更可怕的事情么？ | 价人维藩，大师维垣，大邦维屏，大宗维翰，怀德维宁，宗子维城。无俾城坏，无独斯畏。 |

| 德语译文 | 德语回译 | 原文 |
|---|---|---|
| Fürchtet euch demnach, wenn ihr den Zorn Gottes sehet, der dem Ausbruch nahe ist. Lasset euch nicht von den Wollüsten des Lebens hinreissen. Sorget dafür, dass euch der Himmel nicht verlasse, und euch nichts entfahre. Man sagts, und es ist auch wahr, dass der Himmel ein höchst weises Wesen sei. Ihr möget aus oder eingehen, so weiß und sieht er alles. Man vergleichet seine Erkenntniss mit dem Morgenlicht, weil er alles durchschauet und helle macht. | 因此，当你们看到上帝的愤怒即将爆发时，要感到畏惧。不要被生活中的欲望冲昏头脑。确保上苍不会抛弃你，一切也不会逃离你。常言说得好，上苍是最智慧的所在。不论你出去还是进来，他都洞悉一切。他的智慧被比作晨曦，因为他看透了一切并使之明亮。 | 敬天之怒，无敢戏豫。敬天之渝，无敢驰驱。昊天曰明，及尔出王。昊天曰旦，及尔游衍。 |
| **8. Ode, Erinnerung an einen König**<br>Grosser und höchster Beherscher! Ihr seid der gröste Herr in der Welt. Aber wie streng regieret ihr! Wie hart sind eure Befehle. Es ist wahr, der Himmel giebt allen Menschen auf Erden das Wesen und Leben; aber man muss sich nicht gar auf seine Gnade und Freigebigkeit verlassen. Ich weiß wohl, dass er allezeit als ein Vater anfängt; aber ich weiß nicht, ob er nicht als ein Richter aufhören möchte. | **8. 告君王**<br>伟大的、至高无上的统治者啊！你是这世上最伟大的人。但你的统治如此严酷！你的政令如此无情！上苍的确赋予世间所有人生命，但人们不能完全依赖它的恩典与慷慨。我知道，他总是以父亲的身份开始，但我不知道，他是否会以法官的身份结束。 | **大雅·荡**<br>荡荡上帝，下民之辟。疾威上帝，其命多辟。天生烝民，其命匪谌。靡不有初，鲜克有终。 |
| Ven vang schreiet：Ihr Könige dieser Welt, ihr seid grausam, und eure Minister sind Tieger und Wölfe. Ihre seid geizig, und eure Minister sind gar Blutigel. Dergleichen Leute duldet ihr um euch. Ihr erhebet sie zu den ersten Würden; und weil ihr den Himmel genötigt habt, euch mit einem Schwindelgeist zu plagen, so machet ihr diese Bösewichter zu Oberhäuptern eures Volks. | 文王叹息道：你们这些世间的君主啊，你们如此残暴，臣子也尽是豺狼虎豹。你咨啬，臣子也都是嗜血之物。你们容忍这些人在身边，还把他们提拔到第一等的显职。你们迫使上苍用骗术来折磨你们，让这些恶霸成了人们的首领。 | 文王曰咨，咨女殷商！曾是强御，曾是掊克，曾是在位，曾是在服。天降滔德，女兴是力。 |

| 德语译文 | 德语回译 | 原文 |
|---|---|---|
| Ven vang rufet: Ihr Könige der Welt! Wenn weise und vernünftige Männer euch was gutes rathen wollen, so schwören ihnen die Gottlosen gleich den Todt; sie breiten tausenderlei falsche Gerichte aus, um sloche Leute bei euch verhaft zu machen. Und diese höret ihr, diese leidet ihr. Ihr beherberget in eurem Pallast eine Bande Strassenräuber. Sehet um deswillen hat das Fluchen der Unterthanen keine Gränzen. | 文王呼喊道：你们这些世间的君主啊！当智者想向你们进谏时，恶人便会诅咒他们赴死，他们编造成千上万的谎言，使这些智者锒铛入狱。而你们这些昏君却听信谗言，照做不误。你们宫殿里充斥着一帮乱臣贼子。看呐，这就是为什么臣民怨声载道无休无止。 | 文王曰咨，咨女殷商！而秉义类，强御多怼。流言以对，寇攘式内。侯作侯祝，靡届靡究。 |
| Ven vang schreiet: Ihr Könige der Welt! Ihr beweiset euch gegen eure Unterthanen als wilde und ausgehungerte Thiere. Ihr wendet alle eure Geschicklichkeit an, solche Räthe zu finden, die gottloser sind, als ihr selbst seid. Weil ihr euch um keine wahre Tugend bekümmert, so seid ihr ohne alle Stütze. Weil euer ganzes Leben lauter Lügen ist, so sind auch die Betrüger eure Gunstgenossen. | 文王叹息道：你们这些世间的君主啊！你们像穷凶极恶的野兽一样对待自己的臣民。你们用尽机敏技巧去寻找比你们自己还要邪恶的人。你们丝毫不在乎真正的美德，所以也得不到一丁点的支持。你们的生活都被谎言充斥，宠臣也都是骗子。 | 文王曰咨，咨女殷商！女炰烋于中国，敛怨以为德。不明尔德，时无背无侧。尔德不明，以无陪无卿。<br>文王曰咨，咨女殷商。天不湎尔以酒，不义从式。既愆尔止，靡明靡晦。式号式呼，俾昼作夜。 |
| Ven vang rufet: Ihr Könige der Welt, das Murren eures Volks ist wie das Geräusch der Heuschrecken; der Zorn kochet in ihren Herzen. Ihr stürzet sie ins äusserste Unglück, und ändert euch in keinem Stück. Die Pest ist mitten im Reich, und erstrecket sich schon bis zu den entferntesten Barbaren. | 文王呼喊道：你们这些世间的君主啊！民众的哀怨如同蝗虫的嘶鸣，怒气在他们心中沸腾。你们让他们陷入不幸的深渊，却依旧没有任何改变。瘟疫在帝国中心暴发，正在向最遥远的蛮夷蔓延。 | 文王曰咨，咨女殷商！如蜩如螗，如沸如羹。小大近丧，人尚乎由行。内奰于中国，覃及鬼方。 |

续表

| 德语译文 | 德语回译 | 原文 |
|---|---|---|
| Ven vang rufet: Ihr Könige der Welt! dem Herrn des Himmels könnet ihr dieses Unglück nicht zuschreiben; sondern ihr selbst seid Schuld daran. Ihr habt die alten Weisen nicht hören wollen; ihr habt sie euch alle von der Seite geschaffet. Ob ihr nun gleich diese ehrwürdigen Männer nicht um euch habt, so sind doch die Gesetze noch vorhanden. Warum folgt ihr denselben nicht, um die Plagen abzuwenden, damit ihr bedrohet werdet. | 文王呼喊道：你们这些世间的君主啊！你们不能把这些不幸归咎于天主，责任都在你自身。你们不愿听从老一辈智者的谏言，把他们全都拒之门外。即使你身边没有这些可以倚重的人，律法依然存在。你为何不遵循它们，以避免这些威胁你的祸端。 | 文王曰咨，咨女殷商！匪上帝不时，殷不用旧。虽无老成人，尚有典刑。曾是莫听，大命以倾。 |
| Ven vang rufet: Ihr Könige der Welt! Man sagts, und es ist auch alzuwahr: Davon ist der Baum nicht verdorben, dass man die Blätter abgepflücket und die Zweige abgebrochen hat; sondern die Wurzel ist vergistet und verfaulet. Wie ihr euch nach den Königen, euren Vorfahren, die euch gleich sind, abmesset; so werdet ihr andern zum Exempel dienen, die auf euch folgen. Je älter die Welt wird, desto mehr Exempel stellet sie bar; aber sie wird deswegen nicht besser. | 文王呼喊道：你们这些世间的君主啊！俗话说得好，采摘树叶折断枝桠不会让树木腐烂，根基的腐烂才会。你们要效法你们的祖宗，效法你们的君王，那你们也会成为后世的榜样。这世间年代越长，它所树立的榜样就越多，但它并没有因此变得更好。 | 文王曰咨，咨女殷商。人亦有言，颠沛之揭。枝叶未有害，本实先拨。殷鉴不远，在夏后之世。 |

## 参 考 文 献

[1] Du Halde, Jean-Baptiste. *Ausführliche Beschreibung des Chinesischen Reichs und der grossen Tartarey*[M]. Band II. Rostock: Johann Christian Koppe, 1748.

[2] Du Halde, Jean-Baptiste. *Description géographique, historique, chronologique,*

*politique*, *et physique de l'Empire de la Chine et de la Tartarie Chinoise*[M]. Vol. 2. Paris：P. G. Le Mercier，1735.

[3]程俊英，蒋见元.诗经注析[M].北京：中华书局，2017.

[4]柯卉.在华耶稣会士与后"礼仪之争"时代——以德意志耶稣会士魏继晋为例[J].德国研究，2017(2).

[5]蓝莉.请中国作证——杜赫德的《中华帝国全志》[M].许明龙，译.北京：商务印书馆，2014.

[6]苏尔，诺尔，编.中国礼仪之争西文文献一百篇(1645—1941)[C].沈保义，等译.上海：上海古籍出版社，2001.

[7]朱熹.诗集传[M].赵长征，点校.北京：中华书局，2017.

# 卫礼贤的《道德经》译本与道家思想
# 在德语世界的传播[①]

华中科技大学　谭　渊

**摘要：**本文对汉学家卫礼贤于 1911 年出版的《道德经》译本进行了研究。20 世纪初，随着资本主义制度弊端的不断暴露，西方有识之士面对资本主义发展所带来的物欲横流、环境破坏和战争威胁，开始摒弃"西方中心论"，从地球上其他文明汲取养料，以图拯救西方文明的衰落。在此背景下，1899 年来华的德国传教士卫礼贤放弃了在中国传教的初衷，转而向西方传播中国传统文化。在 1911 年出版的《道德经》德译本中，卫礼贤针对德语世界读者的"先在结构"，大量引用歌德、尼采著作和《圣经》中的经典名句，不仅将"道"一词翻译成歌德笔下的"真谛"，而且有意识地使用优美的文学语言和西方神学、哲学概念对《道德经》进行了系统的重构，从而取得了良好的传播效果，大大推动了道家思想在德国的传播。

**关键词：**卫礼贤；《道德经》；歌德；《圣经》

德国汉学家卫礼贤(Richard Wilhelm)于 1899 年以新教传教士的身份来到青岛，后来却成为中国文化在西方的积极传播者，创建了法兰克福大学汉学系。他在 1911 年发表的译本《老子道德经——真谛与生命之书》(*Laotse. Taoteking. Das Buch des Alten vom SINN und LEBEN*)在德国汉学史上具有里程碑意义。德国莱布尼茨奖获得者、哥廷根大学教授戴特宁(Heinrich Detering)曾评价道："对道家经典在德国的传播与影响而言，它就相当于路德译本之于《圣经》。"[②]该译本着眼于德语世界读者所熟悉的概念体系和东西方思想的相通之处，大量借用西方文学、神学、哲学、社会学概念阐释道家思想，从而架起了一座沟通东西方文化的桥梁，对德国在第一次世界大战后出现的"道家热"起到了重要推动作用。据统计，卫礼贤的《道德经》德译本到 2000 年至少已印发 33 次，此外还有法、英、荷等多种文字的转译本，[③] 著名作家黑塞、德布林、布莱希特等人都曾从这一译本中获得创作灵感[④]。迄今为止，卫礼贤的《道德经》译本仍然是德语世界中最为经典的中国古代典籍译本，

---

① 基金项目：本文系华中科技大学自主创新研究基金项目"《老子》对德国文学的影响与文化走出去研究"(HUST2015AB002)阶段性成果。

② Heinrich Detering, *Bertolt Brecht und Laotse*. Göttingen：Wallstein, 2008：25.

③ Oliver Grasmück, *Geschichte und Aktualität der Daoismusrezeption im deutschsprachigen Raum*. Münster：LIT, 2004：65-66.

④ Detering, *Bertolt Brecht und Laotse*, pp. 25-52.

对道家思想在德语世界的传播作出了不可磨灭的贡献。本文将着重分析卫礼贤在 1911 版《道德经》德译本中对道家思想世界的建构，并对该译本在道家思想传播史上的意义进行总结。

## 1. 对路德《圣经》的征引与对神学话语的疏离

当卫礼贤于 1899 年刚刚来到中国时，他和历史上其他欧洲传教士一样，怀有一种宗教优越感和拯救非基督教民族的使命感。他曾在名为《我们在青岛的德华神学校》（*Unser Deutsch-Chinesisches Seminar in Tschingtau*）的报道中写道："我们拥有的并能给予的最崇高的东西，当然永远是福音书。"[1]在开始翻译中国典籍之前，卫礼贤在 1903 年时也曾计划参照《论语》的形式将《圣经》翻译出来，以求吸引受过良好教育的中国人。[2] 尽管这一计划最终未能付诸实施，但却已彰显了日后贯穿卫礼贤翻译活动的文化互通原则：他试图在中西文化之间寻找最大公约数，以接受者喜闻乐见的形式来推动文化在异域的传播。与之相应，以 1902 年首次发表《三字经》的德语译文为发端，卫礼贤开始努力尝试以一种更加适应西方读者阅读习惯的形式将东方典籍呈现出来。

但要想让 20 世纪德语世界读者顺利接纳一个几乎完全陌生的东方哲学体系，卫礼贤就必须首先在东西方文化之间架起一座语言沟通的桥梁，必须充分考虑同时代德语世界接受者的"先在结构"和"期待视野"。宋健飞教授指出："在分析、总结了前人翻译《道德经》的得失后，卫礼贤认为，要让这样一本'中国的圣经'能为德国读者理解并领会字里行间的含义，必须找到一种广为目的语受众所熟悉的文化语言。身为牧师和传教士的卫礼贤，自然地将目光投向了德语世界家喻户晓的《圣经》里的语汇。"[3]因此，从语言环境考虑，卫礼贤不得不有意识地将德语读者所熟悉的基督教神学、德国哲学概念运用在《道德经》译本中，用西方思想来阐释道家思想。

但与 19 世纪汉学家将《道德经》纳入基督教神学体系的努力截然不同，卫礼贤颠覆了长久以来西方传教士和东方学家的文化殖民策略和东方主义思想，他非但没有将《道德经》纳入西方神学体系，或是将东方宗教、哲学经典视为可以由西方学者任意曲解的东方学研究对象，相反，他在译著中不断提醒读者要对自己的"先入之见"保持清醒的认识，不要因道家思想与基督教神学之间具有相似性便将二者混为一谈，而要将《道德经》视为超越时空的思想经典，将"东方之光"视为具有普世价值的救世之道。正如卫礼贤 1910 年 10 月 8 日在从青岛寄往德国出版商的一封信中所说：

> 我们这个时代的汉学家还是没有丢掉陈旧的神学思想偏见，用自己的标准去衡量非基督教的现象。而我始终坚信，现在要想真正理解一种与我们如此迥异的现

---

① Richard Wilhelm, "Unser Deutsch-Chinesisches Seminar in Tschingtau". Richard Wilhelm (ed.), *Unsere Schulen in Tsingtau*. Görlitz: Hoffmann & Reiber, 1913: 11. 德语原文：Das höchste, was wir haben und geben können, ist natürlich immer das Evangelium.

② Salome Wilhelm (ed.), *Der Mensch und das Sein*. Jena: Diederichs, 1931: 126.

③ 宋健飞：卫礼贤与德译《道德经》，《东方翻译》，2012 年第 1 期，第 53 页。

象，唯有充满爱心地沉浸其中，并具有不带成见去加以理解的诚意。①

卫礼贤与东方学家的根本性差异尤其体现在 1911 年德译本对《道德经》第 14 章的注释中。19 世纪的《道德经》译者如汉学家雷慕沙（Jean-Pierre Abel-Rémusat）、德国汉学家施特劳斯（Victor von Strauß）都将此章中的"夷—希—微"视为"上帝之名"在汉语中的音译②，并由此推断中国曾经存在过"原始基督教"或者老子曾在西行途中接触过犹太-希腊文化③。卫礼贤则在此针锋相对地写道："通过中文的发音来找出希伯来语中 I，Hi 和 Wei 对应的上帝之名的尝试，可以被视为终结了。"④他针对施特劳斯译本对《道德经》的基督教神学解读指出：

> 也许无法否认，此处所描述的关于"道"（神性）的观念，与以色列人的一些观念存在可比性。……但即便没有直接的接触，这类一致性也很容易理解。这种关于神性的观念只不过反映出人们在神性认知方面发展到了一个特定的意识阶段。此外，老子非人格化的泛神论构想和以色列人关于上帝的轮廓鲜明的历史人物形象间的根本性差异是不容忽视的。⑤

换言之，在卫礼贤眼中，《道德经》与"原始基督教"没有什么关系，也并非一部东方先知关于基督教上帝的神学著作。因此，卫礼贤诚然也要借助《圣经》中的修辞向德语世界读者介绍《道德经》，但他的借鉴和引用更多是发生在语言表层和表达形式方面，隐藏在基督教式的宣教、语录之下的依然是东方智慧，而并非一种将《道德经》纳入基督教神学体系的努力。

---

① Richard Wilhelm, "Brief an Eugen Diedrich am 8. Okt. 1910". Ulf Diederichs (ed.), *Eugen Diederichs. Selbstzeugnisse und Briefe von Zeitgenossen*. Düsseldorf, Köln: Diederichs, 1967: 179. 德语原文: Die Sinologie unserer Tage ist von dem alten theologischen Vorurteil, das außerchristliche Erscheinungen mit eignem Maßstabe misst, noch immer nicht los. Und ich bin nach wie vor überzeugt, dass wirkliches Verständnis gerade einer unserer Art so fremden Erscheinung […] gegenüber, nur auf Grund einer liebevollen Versenkung und eines vorurteilslosen Verstehenwollens möglich wird.

② Jeam Pierre Abel-Rémusat, *Mémoire sur la vie et les opinions de Lao-Tseu, philosophe Chinois du VIe siècle avant notre ère, qui a professé les opinions communément attribuées à Pythagore, à Platon et à leurs disciples*. Paris: Imprimerie Royale, 1823: 47-48.

③ Victor von Strauß, *Lao-tse's Tao Te King*. Leipzig: Friedrich Fleischer, 1870: 69ff.

④ Richard Wilhelm, *Laotse. Tao te king. Das Buch des Alten vom SINN und LEBEN*. Jena: Diederichs, 1911: 94.

⑤ Wilhelm, *Das Buch des Alten vom SINN und LEBEN*, p. 94. 德语原文: Dass die hier gezeichnete Anschauung des SINNS (der Gottheit) manche Parallelen in der israelitischen hat, sei nicht geleugnet. […] Doch sind derartige Übereinstimmungen auch ohne direkte Berührung verständlich genug. Diese Anschauung von der Gottheit bezeichnet einfach eine bestimmte Entwicklungsstufe des menschlichen Bewusstseins in seiner Erkenntnis des Göttlichen. Zudem darf der fundamentale Unterschied zwischen der unpersönlich-pantheistischen Konzeption Laotses und der scharf umrissenen historischen Persönlichkeit des israelitischen Gottes nicht außer acht gelassen werden.

卫礼贤的《道德经》译本从前言开始就使德语读者备感亲切，但这并不是因为他像施特劳斯那样将道家思想呈现为了一种犹太教及基督教神学的变体，而是因为他针对读者的"先在结构"，师法 16 世纪著名宗教改革家和德语《圣经》译者马丁·路德（Martin Luther）[①]，将路德式的修辞、概念和比喻引入《道德经》译本，并引用德语文学（尤其是歌德的作品）和同时代德国哲学中的经典名句诠释了东方哲学，从而大大降低了德国读者理解道家思想的难度，甚至使东方智慧在读者面前展现出了与同时代德国哲学、文学和文化的相通性。

这首先体现在对"道"一词的解读与翻译上。卫礼贤将《老子道德经》译为《老者的真谛与生命之书》（*Das Buch des Alten vom SINN und LEBEN*）。对于为何要将"道"翻译成"真谛"（SINN），卫礼贤在前言中解释说，要用一个欧洲语言中的单词来概括"道"这个连老子都觉得难以言表的概念是根本不可能的，只能勉强将其翻译为"上帝""道路""理性"或"逻各斯"（logos），或者干脆就采用音译来回避翻译问题。卫礼贤非常清楚，在可选项中与"道"最为接近的西方哲学概念是来自古希腊哲学的 logos，他特别强调："在中国，翻译《圣经》中的 Logos 时几乎都使用了'道'字。"[②]而卫礼贤将"道"译成德语中的

---

[①] 马丁·路德于 1517 年拉开德国宗教改革运动的序幕后，为打破罗马教会对《圣经》解释权的垄断，让德国百姓都能自己去阅读《圣经》，耗时 12 年完成了《圣经》的德语翻译工作。路德德语的实用性和生动性使得其译本具有长久的生命力，为德语走向统一奠定了坚实的基础，也为此后德语文学的语言、风格和品味奠定了基础。革命导师恩格斯曾在《自然辩证法》中盛赞路德"创造了现代德国散文"和"十六世纪的《马赛曲》"。弗里德里希·恩格斯：《自然辩证法》，中共中央马克思恩格斯列宁斯大林著作编译局译，北京：人民出版社，1971 年，第 7-8 页。同时参见本刊第 155 至 166 页的论文《路德〈圣经〉译本语言影响研究》）。

[②] Wilhelm, *Das Buch des Alten vom SINN und LEBEN*, p. XV. 这句话掩盖了一个事实：对 logos 的翻译一直是《圣经》翻译成中文时的一个争议问题。《圣经》的系统翻译工作首先是由英格兰浸信会传教士马士曼（Joshua Marshman）在 19 世纪初的印度完成的，他在 1822 年出版了第一个中文全译本。次年，又出版了伦敦传教士马礼逊（Robert Morrison）的第二个全译本。译者之间的争论也随之而来。但这场争论又很快被大家所遗忘，因为在那之后的百余年间出现的新译本超过了 100 个。第一批在中国翻译《圣经》的主要是英国、美国传教士如麦都思（Walter Henry Medhurst）等人。后来，中国译者也加入了《圣经》汉译工作。在卫礼贤来到中国的 1900 年前后有多个中文译本几乎同时问世，其中影响最广的是和合本《圣经》（*Chinese Union Version*, 1906），该译本还有北京官话本等适应中国基督徒不同语言需要的版本。但由于传教士之间的分歧和争论，例如来自中国典籍的"上帝"一词是否可以用来指代基督教的至高神。由于争论双方无法达成共识，最后《和合本》同时出版了"上帝"版和相同内容的一个"神"版。同样，译者们对 logos 的译法也存在分歧，并非一以贯之用来自中国哲学中的"道"加以翻译。1816 年的马士曼（Joshua Marshman）《新约》译本中写道："原始已有言。"而东正教主导的《圣经》译本直到今天仍然避免使用"道"一词，如《圣经》思高版（*Studium Biblicum Version*, 1968）将其译为："在起初已有圣言。"只有新教教会主导的译本才用"道"将 logos 翻译出来，如代表本（*Delegates Version*, 1852）、格里菲斯·约翰本（*Griffith Johns Version*, 1886）、和合本《圣经》（1906）中均使用了"太初有道"的说法。卫礼贤来到中国后就发现了传教士在译名方面的争议，他曾就此写道："其中一个争论焦点是神的名字，人们是否应保留旧的中文名'上帝'，因为中国对上帝的崇拜与对偶像神不同，并且皇帝还每年祭祀他。"参见 Salome Wilhelm (ed.). *Richard Wilhelm. Der geistige Vermittler zwischen China und Europa*. Düsseldorf, Köln: Diederichs, 1956: 99f. 换言之，logos 在中文《圣经》里面的翻译远非卫礼贤所声称的那样统一。卫礼贤巧妙回避了此类争议，隐瞒了发生在中国的持久争论。

"Sinn"一词虽与此有关，但这种译法却并非直接出自《圣经》，而是源于歌德名著《浮士德》(*Faust*)中的《书斋》一场。在那一场中，浮士德决心重新翻译《圣经》，但刚一动笔就被《约翰福音》首句中的希腊语词汇 logos 难倒了，为此他绞尽脑汁，先后将《约翰福音》第一句译为"太初有言(Wort)""太初有真(Sinn)""太初有力(Kraft)"和"太初有为(Tat)"，并把"有为"作为了自己的人生指南。卫礼贤对自己选择用 Sinn/logos 来翻译"道"进行了详细解释，并指出 Sinn 一词在德语中也有多重含义，原本就有"道路、方向"的意思，其引申意义也与中文的"道"多有契合，因此二者含义大致相当：

> 从根本上来讲，这与表达没有多大关系，因为它对老子本人而言充其量不过是个代数符号，用于代表某件不可言说的事物。在德译本中为其找一个对应的德语词汇，本质上讲只是因为从美学角度来看这更为符合期待。我们在本书中选择了"真谛"(SINN)的译法。其出处是：在《浮士德》第一部中，浮士德从复活节市场上散步归来后将《约翰福音》的第一句翻译成了"太初有真"(Im Anfang war der Sinn)。从"道"在中文中的各种含义来看，也只有这才是最为与之接近的译法……而德语词汇 Sinn 的本义同样是"道路"(Weg)、"方向"(Richtung)。此外还有以下几种含义：(1)一个人专注于某事的内心；(2)作为意识、感知、思想和思维核心的人的内心世界(参见"内在感知")；(3)身体上的感知体验，常用复数；(4)涉及言语、图像和行为的观点、设想、意义(参见 M. Heyne 的《德语词典》，莱比锡，1906)。在上述四个义项中，仅有第三项不适用，含义一致之处则是压倒性的。①

为了让读者注意到译文中出现的 Sinn 一词在含义上有别于通常使用的意义，卫礼贤在此特地使用了大写的 SINN②。而通过前言中的这番解读，SINN 即"道"在德语译本中就具有了源语语境之外的另外两重文化编码——马丁·路德开创的《圣经》翻译与阐释历史以及德语世界最伟大的文学作品《浮士德》。SINN 背后的独特文化编码不仅使《道德经》的翻译进入了德国文学和神学之下的叠加区域，并且将在接受过程中召唤起德语读者对《圣经》和《浮士德》的回忆。这种针对特定读者"先在结构"的潜在召唤对于"经典"的塑造和深入人心同样至关重要——它暗示读者：摆在他们面前的翻译作品具有崇高的地位，与德语世界中的《圣经》和《浮士德》相比也毫不逊色。

在对"德"字进行翻译时，卫礼贤同样在《圣经》中寻找了一条迂回前进的道路。他没有将其译成常见的"美德"，而是从《道德经》第 51 章"德畜之、长之、育之、成之、熟之、养之、覆之"一句出发，联系《圣经》中的相似喻像，将"德"译成了大写的LEBEN(生命)。对此，他在译本前言中解释道：

---

① Wilhelm, *Das Buch des Alten vom SINN und LEBEN*, pp. XV-XVI.
② Wilhelm, *Das Buch des Alten vom SINN und LEBEN*, p. XVI.

这里也须对反复出现的"德"字的译法加以说明。必须指出，中文里对它的定义是"道生之，德蓄之、长之"。因此我们参考《约翰福音》第一章第四节中所说的"生命在它（注：logos）里头，那生命就是人的光"将这个字译为生命（LEBEN）。[1]

在对《道德经》第 38 章中出现的"上德"和"下德"进行评注时，卫礼贤又写道："'高尚的生命'指的是与'真谛'和谐一体，从而在自身中就拥有了生命，它不同于'低下的生命'那种只是派生出来的方式。"[2]在同一处，卫礼贤还指引读者将"上德"与《约翰福音》第 5 章第 26 节中因"天父"而得到的永恒生命进行比较，将"下德"与《马可福音》第 8 章第 35 节里面因贪婪尘世而丧失的世俗生命进行比较，使《圣经》经文成为对《道德经》的注脚。

在 1928 年发表的《歌德与老子》（*Goethe und Laotse*）一文里，卫礼贤还再一次更为详细地论述了"道"与"德"二者之间的关系，指出《道德经》中的"德"一词既包括了生命主义以及生命伦理上的内涵，又指向一种来自宇宙本源的、不可抗拒的生命力，同时还指向"正确的生活"。因此，LEBEN（生命、生活）这一译法显得十分贴近具有多层含义的中文概念。

为了突出 LEBEN 的特定含义，卫礼贤在《道德经》译本中使用的也是大写的LEBEN。这种做法是参考了德语《圣经》中对"至高神"之名的大写。对具有基督徒背景的德语读者来说，大写的 SINN 及 LEBEN 会使其立刻联想起马丁·路德翻译的德语《圣经》，而自路德以来，德语《圣经》在涉及"主/上帝"的地方使用部分大写的 GOtt/HErr 就已成为定式。由此可见，卫礼贤实际上沿用了一套基督教术语和书写规范来建构《道德经》译本。

卫礼贤把"德"翻译成"LEBEN"（生命），使得译文的神学色彩大增。例如《道德经》第 28 章中的"常德"在卫礼贤的译文中就变成了"das ewige LEBEN"即"永恒的生命"[3]，对于德语世界读者来说，"永恒的生命"这样的措词很容易让人联想起《圣经》中耶稣对信徒的许诺："凡跟随我者必得永生"。如果不加特别说明，读者会不可避免地将《道德经》与《圣经》联系起来。对《道德经》在西方的传播而言，"永生"之类与基督教文化有密切联系的概念是一把双刃剑：一方面，在"西方读者对来自外国文化的文本的理解能

---

[1]　Wilhelm, *Das Buch des Alten vom SINN und LEBEN*, p. XVI. 德语原文：Um hier gleich die Übersetzung des andern immer wiederkehrenden Wortes TE（sprich: De）zu rechtfertigen, so sei bemerkt, daß die chinesische Definition desselben lautet: "Was die Wesen erhalten, um zu entstehen, heißt De". Wir haben das Wort daher（in Anlehnung zugleich an Joh. I, 4: "In ihm war das Leben, und das Leben war das Licht der Menschen"）mit LEBEN übersetzt.

[2]　Wilhelm, *Das Buch des Alten vom SINN und LEBEN*, p. 102. 德语原文：Das "hohe Leben" ist dasjenige, das durch seine Einheit mit dem SINN Leben in sich selbst hat, nicht wie das "niedere LEBEN" nur abgeleiteter Weise.

[3]　Wilhelm, *Das Buch des Alten vom SINN und LEBEN*, p. 30.

力较为低下"①的客观现实面前，套用西方读者所熟知的基督教概念可以促进《道德经》译本在德语世界的理解和接受。但在另一方面，西方读者也因此错过了一次了解独立于西方文化之外的东方思想体系的宝贵机会。卫礼贤本人显然也意识到了这一点，他在1911 年版译本的前言中特别说明自己已有进行修订的计划，因为"最好能让中国古人再一次发声"②。因此，他在《道德经》译本发表之后仍不断根据新的研究进展对译文进行更新，这也是 20 世纪 50 年代修订本中大量去除基督教色彩浓重的表达的主要原因。

纵观卫礼贤 1911 年发表的《道德经》德译本，类似的征引《圣经》表达方式的例子比比皆是。例如在《道德经》第 27 章的译文中出现的一段话：

> 原文：是以圣人常善救人，故无弃人。
> 译文：Also auch der Berufene: Er ist allzeit ein guter Retter der Geschöpfe, darum gibt es für ihn keine verworfenen Menschen.③
> 回译：受呼召者也是如此，任何时候他都是受造物的良好的拯救者，因此对他来说没有一个人是被遗弃的。

诚然，《道德经》中的"圣人"与上天存在着神秘的联系，但与《圣经》中受到上帝呼召(berufen)的先知、圣徒仍是相去甚远。虽然自马丁·路德宗教改革之后，"受呼召者"(der Berufene)一词的含义已经大大拓展，普通基督徒也同样可以通过事业上的成就、人生的幸福美满证明自己属于受到上帝呼召者，甚至由此产生出了"天职观"④。但是在基督教世界中，"受呼召者"一词仍显然更容易让人联想起上帝的"呼召""拣选"，而像"拯救者"和"受造物"之类的表达也同样是来源于德语读者所熟悉的《圣经》，它们固然可以降低理解难度，但如此密集地使用此类带有浓郁宗教色彩的词汇无疑会让德语读者过多地联想到基督教神学，足以令读者误认为《道德经》中的"圣人"也是上帝派遣来的"拯救者"或"救世主"。

此外，与施特劳斯类似，卫礼贤在对译文进行注释时也引用了诸多来自《圣经》的段落供读者作为参考。例如他通过注释指出《道德经》第 7 章和《马太福音》第 23 章第 12 节(凡自高的……)及《马太福音》第 10 章第 39 节(凡得着生命的……)有相似之处⑤，要理解《道德经》第 10 章(能如婴儿乎)则可参阅《马太福音》第 18 章第 3、4 节⑥，而《道德经》第 44 章(名与身孰亲？身与货孰多？得与亡孰病？)和《马太福音》第 6 章第 25

① Grasmück, *Geschichte und Aktualität der Daoismusrezeption*, p. 45.
② Wilhelm, *Das Buch des Alten vom SINN und LEBEN*, p. II.
③ Wilhelm, *Das Buch des Alten vom SINN und LEBEN*, p. 29.
④ 参见林纯洁：《马丁·路德天职观研究》，北京：人民出版社，2013 年。
⑤ Wilhelm, *Das Buch des Alten vom SINN und LEBEN*, p. 92.
⑥ Wilhelm, *Das Buch des Alten vom SINN und LEBEN*, p. 93.

节("生命不胜于饮食吗?")①也具有可比性。但卫礼贤译本在大量借用《圣经》中的术语和文本对《道德经》进行重构和诠释时,他并没有像施特劳斯那样将《道德经》变为一部具有"原始基督教"色彩的"东方《圣经》",因为在对《道德经》地位的看法方面,卫礼贤与施特劳斯有着本质性的差异。施特劳斯试图证明,道和基督教的上帝是同样的存在,他们之间的关系起源于中国先民对原始基督教的认识。而卫礼贤则指出中国思想所走的"根本是另一条道路"②。他针对施特劳斯译本的神学色彩,明确反对《道德经》译本给读者留下这样一种印象:"中国古人的想法和(德语)译者有着不同寻常的一致性。"③与施特劳斯将《道德经》纳入基督教神学体系进行阐释的思路相反,卫礼贤在译本中特地强调要小心辨析《圣经》中的"上帝""天主""天父"等概念和中国的"天子"等叫法背后所隐藏的观念上的本质差别④。例如在对《道德经》第14章的解读中,卫礼贤就明确指出:绝对不可忽略"老子非人格化的泛神论构想和以色列人关于上帝的轮廓鲜明的历史人物形象间的根本性差异"⑤。卫礼贤的这种提示正符合哲学家伽达默尔所提出的经典诠释模型,即当读者借助于"先在结构"中的某些已有概念加深对于对象的理解时,需要有意识地对那些带有预设性的概念进行处理,才能尽量减少"预设结构"的影响,从而与"成见"疏离⑥。换言之,在译本话语的建构中,卫礼贤一边利用《圣经》中的措辞和术语在德语中重构老子的思想体系,针对读者的"先在结构"建立起了一套便于其发掘《道德经》内涵的目的语文本结构,另一方面则坚定地指出老子的"泛神论"思想与基督教神学之间存在根本性差别,从而奠定了以目的语读者为指向的"召唤结构",通过召唤读者辨别哲学与神学体系之间的根本性差异,指引读者在借助自身"先在结构"去填补译文中留下的"空白"时,疏离雷慕沙、施特劳斯的神学阐释,并通过新的"视野融合"发掘出《道德经》所蕴含的潜在价值,从而产生对《道德经》价值的新理解。

可见,卫礼贤在译本中引进大量的基督教术语,将中国思想家的箴言与《圣经》中的话语进行比较,主要目的还是针对德语世界读者的"先在结构"和"期待视野",最终目的在于帮助德语读者正确理解《道德经》,使他们顺利地进入一个陌生的思想体系。他作为东方文化的传播者,努力的方向是尽力去呈现一个"新颖"的老子思想体系,而不是像雷慕沙、施特劳斯等19世纪汉学家一样试图在《道德经》中寻找"原始基督教"的印记。

而随着20世纪汉学专业研究的发展和道教研究成果的传播,《道德经》传播过程中

---

① Wilhelm, *Das Buch des Alten vom SINN und LEBEN*, p. 104.

② Wilhelm, *Das Buch des Alten vom SINN und LEBEN*, p. XVII.

③ Wilhelm, *Das Buch des Alten vom SINN und LEBEN*, p. I.

④ Hans-Georg Gadamer, *Wahrheit und Methode. Grundzüge einer philosophischen Hermeneutik*. 6. Auflage, Tübingen: Beck, p. 295.

⑤ Wilhelm, *Das Buch des Alten vom SINN und LEBEN*, p. 94.

⑥ Gadamer, *Wahrheit und Methode*, p. 274.

持续发生的"视野融合"也在不断改变着读者的"期待视野"和"先在结构"。因此，随着道家思想在德语世界日益广泛的传播和接受以及理解的加深，早期译本中这种带有神学烙印的辅助结构也越来越显得没有必要。卫礼贤 1911 年译本、1925 年评注本及 50 年代修订本中对《道德经》第 14 章"象帝之先"一句中"帝"字的不同处理正是这方面的一个典型例子。前文曾经提到，中国古籍中的"上帝"是否等同于基督教中的至高神是中西文化交流史上一个争议已久的问题。早在利玛窦（Matteo Ricci）撰写《天主实义》时，他就曾专辟一节"天主是中国古人所说的上帝"，论证《尚书》《礼记》《诗经》《中庸》等中国古籍中出现的"上帝"与基督教最高神是一回事。[1] 施特劳斯译本受此影响，在此处使用了富于神学内涵的译法——HErr"主/天主"[2]。而卫礼贤受施特劳斯影响[3]，在 1911 年译本中同样将"帝"译为了大写的"HERR（主/上帝）"：

> 原文：吾不知谁之子，象帝之先。
> 译文：Ich weiß nicht, wessen Sohn er ist.
> Er scheint früher zu sein als HERR.[4]
> 回译：我不知道，他(道)是谁的儿子。
> 他似乎存在于主之前。

尽管卫礼贤同样在此节中引入了基督教色彩浓郁的大写的"HERR（主/上帝）"一词，但这绝不意味着卫礼贤像施特劳斯一样将"道"解读为上帝化身。相反，卫礼贤并不认为这里体现的是老子关于基督教上帝的认识。他的解读是纯粹哲学性的，他在 1911 年译本中指出：这一段体现出了老子思想中"停步于超验的残余部分"（transzendent bleibenden Rest）[5]，即一种假定的主神概念，并在注释中特地提示读者注意辨析其内涵："施特劳斯用'主'翻译的'帝'这个字（在中国）一方面指向远古时代具有神灵色彩的统治者，另一方面指向被假设为上天之主的统治者、各王朝的'祖先'和至高无上的神。"[6]可见，卫礼贤在引入带有基督教神学色彩的"HERR（主/上帝）"的同时，也在通过注释让读者注意辨别基督教神学和老子的神秘主义哲学思想之间的相似和差异性。

而在 1925 年出版的《老子与道教》一书中，卫礼贤对这一段的译法又悄然出现了

---

① 利玛窦：《利玛窦中文著译集》，朱维铮主编，上海：复旦大学出版社，2007 年，第 21 页。

② Strauß, *Lao-tse's Tao Te King*, p. XXXIX.

③ Grasmück, *Geschichte und Aktualität der Daoismusrezeption*, p. 45.

④ Wilhelm, *Das Buch vom SINN und LEBEN*, p. 6.

⑤ Wilhelm, *Das Buch vom SINN und LEBEN*, p. 91.

⑥ Wilhelm, *Das Buch vom SINN und LEBEN*, p. 91. 德语原文：Das Wort "Di", von Strauß mit der HERR wiedergegeben, bedeutet einerseits die göttlichen Herrscher des höchsten Altertums, andererseits den als Herrn des Himmels hypostasierten Herrscher, den "Ahn" der jeweiligen Dynastie und höchsten Gott.

变化：

> Ich weiß nicht, wessen Sohn er ist.
> Er scheint früher zu sein als Gott.①
> 回译：我不知道，他(道)是谁的儿子。
> 　　　他似乎存在于神灵之前。

卫礼贤此处译文中使用的是小写的 Gott，以示其并非特指《圣经》中的概念，其含义应为"神、神灵"，而并非"主"或"上帝"。换言之，他将专指上帝的 HERR 修订为一般性的 Gott(神)。这一译法在卫礼贤去世 20 多年后被正式纳入迪特里希(Diederichs)出版社在 20 世纪 50 年代出版的《道德经》修订本中，并在此后各版本中得到了沿用。我们可以想见，当卫礼贤以及德语世界读者对道家思想文化的理解逐步加深之后，将基督教神学色彩浓郁的概念带入道家作品里便不再是天经地义和无可避免的选择了。无独有偶，1959 年，施特劳斯译本也被重新修订出版，修订者将 Tao 的词性从阳性的 der 改为中性的 das，同时删去了大量带有基督教神学色彩的注释。我们从这里可以看出，伴随着对中国文化认识的不断深入，卫礼贤以及其他德语世界出版者都逐渐意识到了在《道德经》译本中使用基督教色彩浓郁的专有名词的欠妥之处，同时，在这几十年中，经历过"道家热"的德语世界读者对道家思想的认知也今非昔比了，读者群体所具有的"先在结构"和个体"期待视野"的变迁无疑也都推动了译本的更新。

## 2. 对《道德经》译本的陌生化与本土化建构

戴特宁教授在《布莱希特与老子》(*Bertolt Brecht und Laotse*)一书中指出："与其他译本相比，卫礼贤笔下这本道家智慧的奠基之作更为特色鲜明，就像一部新颖的宗教诗。"②回顾 1911 年前后的德国社会可知，在尼采哲学盛行、基督教信仰式微的背景下，来自东方的道家思想典籍在许多德语读者眼中确实在某种程度上扮演着新型"救世宗教"的角色。而卫礼贤在用基督教术语翻译道家思想时，也有意识地进行了陌生化的处理，将这部道家经典以一种对欧洲读者而言既熟悉又陌生的方式展示在他们面前，使同时代德语世界的读者仿佛看到了一种堪比《圣经》的中国"圣典"。

这种带有陌生化效果的归化处理从《道德经》译本的版面设计就已经开始了。打开迪特里希出版社 1911 年出版的卫礼贤《道德经》译本，读者会马上在封二赫然看到一幅装饰繁复的图案。最吸引人的是正中那位令人感到陌生而又熟悉的老人的画面：他额头布满皱纹，脑后露出苍苍白发，胸前长须飘飘，全身裹着黑袍，似乎坐在椅上，双眼凝

---

① Richard Wilhelm, *Laotse und der Taoismus*. Stuttgart: Frommann, 1925: 73.

② Detering, *Bertolt Brecht und Laotse*, p. 27.

视左前方，右手抚膝，左手正扶住一块狭长的经版，经版上有两行弯弯曲曲的文字，在肖像周围还点缀了一系列符号。对 1911 年的德语读者而言，这位老人无疑就是译本标题中所说的"老者"，即老子。但是对于中国人来说，这位老人却与中国人毫无相似之处，与道家流传下来的老子形象也大相径庭。从他的大胡子和黑袍来看，与其说他是来自中国的一位老哲学家，倒不如说他是一位没有戴帽子的犹太拉比。而从经版的形制来看，熟悉《旧约》的德语读者一定会发现：这与上帝赐予摩西和犹太人的十诫经版是何其相像啊！差别仅在于，在基督教的宗教画（如下面这幅《摩西十诫图》）中，十诫都是刻在两块狭长并带有拱顶形状的经版上。如果不是书名叫《老子道德经》，封二上又已明确题有中文书写的"老子"二字，欧洲读者甚至可能将老人误认为摩西。对于德语世界读者而言，这幅画像指向中国，但又充满了西方所熟悉的文化信息，既暗示着老子是一位摩西式的宗教开创者，为后世留下了重要的思想传承，同时也暗示着《老子道德经》所具有的崇高地位，从而通过插图建构起了一个作为宗教哲学家的老子形象。

图 1　1911 年版卫礼贤《道德经》译本的封二　　图 2　［荷］费迪南德·波尔：摩西十诫图（局部）

戴特宁教授还指出，1911 年《道德经》译本的内封版面设计也同样采取了令读者感到陌生的印刷方式：不仅是《老子道德经》这部书名，"连编撰者和出版社的名字都被译成中文并用中国书法书写出来，德国读者需要借助注解才能读懂。"[①]在中文内封之上，又覆盖了一层薄薄的透明纸张，这张纸上不仅用德文标注出了每个汉字的发音，而且以注解的形式告诉德语读者，中文封面的上那些陌生文字的内容是："德国""迪特里希出版社""老子""道德经""青岛""卫礼贤阐述与翻译""1910 年 10 月"，出版者还特意注

---

明:"最上面一行要从右向左读。"但这些德语注解并不是以殖民主义者的方式粗暴地打印在每一个中文字上,相反,书中这唯一的一个中文页面仿佛是被特意保护了起来,罩上轻纱等待读者来虔诚膜拜。这里的每一个中文字都向 1911 年的德语世界读者散发出神圣的气息,而德语注解则被特意缩小了字号,甚至都没有资格与中文同列在内封上,只能蜷缩在用作保护层的薄纸片里,读者甚至一不小心都会忽略掉它们的存在。

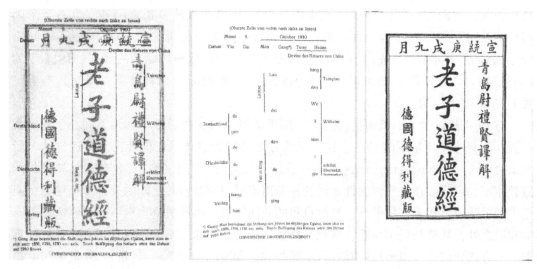

图 3　1911 年版卫礼贤《道德经》译本的中文内封及覆盖其上的德语译文页(半透明)

这一带有陌生化特色的布局不同于历史上任何一部《道德经》译本,以令人难以想象的勇气开辟了一条与文化殖民背向而驰的道路,不仅在殖民主义时代独树一帜,甚至在此后一百多年里都再未出现过比它更有创意的译本版面设计。它完全颠覆了殖民主义的原则,却隐隐契合另一个时代主题:对作为拯救之道的"东方之光"的渴望,而卫礼贤所要做的正是向西方人宣示这样一种令其耳目一新的东方宗教。戴特宁教授指出:"当一位德国读者第一次将这本……书拿到手上时,直接面对的就是陌生感。""这些页面还告诉德国读者:在这里,它的德语读者们将面临一个他们完全无法理解的世界,没有人能够在没有帮助之下看懂这些符号。第二个信息是:'青岛,卫礼贤阐述'……将让德国读者理解一切,将陌生的事物变为自己的。"①

在将读者引入一个神秘而陌生的世界的同时,卫礼贤又通过对《道德经》译文的二次建构使之显示出与德语世界读者们所熟悉的基督教观念和时代话语的相似之处来。虽然他拒绝了像施特劳斯那样将"道"塑造为人格化的至高神灵形象,也拒绝了将《道德

---

① Detering, *Bertolt Brecht und Laotse*, p. 28. 另参见 Heinrich Detering. "Andeutungen des Unaussprechlichen": Richard Wilhelms deutsches Daodejing,《德意志研究 2018》,武汉:武汉大学出版社,2019 年,第 121-142 页.

经》纳入所谓"原始基督教"的体系，然而在向德语世界读者诠释《道德经》中的刚强与柔弱、有为与无为、进取与舍弃、生存与死亡的辩证关系时，卫礼贤仍然别无选择，要想让自己的译文能够被大众所理解，就只有借助于德语世界读者所熟知的欧洲神学、哲学概念与词汇，通过引入路德式的德语表达方式，将《道德经》中蕴含的道家思想塑造成一种特殊意义上的非基督教的神学思想，唯有如此，才能方便德语读者借助"先在结构"，通过调动知识和修辞方面的储备，一步步接近《道德经》的本意。也唯有如此，才能使《道德经》既不至于因过度"陌生"而被读者拒之门外，也不至于因其被纳入"原始基督教"体系而遭到误读。也许正因为卫礼贤选择了这样一条"中间路线"，就如同译本封二上融老子与摩西形象于一身的肖像画所昭示的那样，1911 年的《道德经》译本才能既让德语世界读者感到扑面而来的陌生和神秘感，又使其产生一种似曾相识的熟悉感。

与 19 世纪汉学家们试图把《道德经》削足适履纳入基督教神学体系不同，卫礼贤在《道德经》译本中所呈现的是一个独立于西方之外的思想体系，但他同时又通过读者所熟悉的语言和文本风格传达出这样一个信息：眼前的"中国宗教"有着与基督教类似的宣教体系，但隐藏在这些相通性之后的并非道家思想与基督教之间的某种复杂渊源，而是人类对认识自我、超越平凡、解放自我的共同追求，因此道家思想不仅与儒家思想有着相通之处，甚至与托尔斯泰、歌德、斯宾诺莎的思想也都有诸多交集①，只是每种思想对于应该如何达到理想目标有各自不同的方案和道路（"道"）。这条令 20 世纪初的德语世界读者感到陌生又熟悉的新道路在 1911 年《道德经》译本的第 1 章中就已经开始呈现出来。

在 1911 年版卫礼贤译本中，《道德经》是这样开始的：

> 原文：道可道，非常道。名可名，非常名。
> 无名，天地之始；有名，万物之母。
> ……此两者，同出而异名，同谓之玄。
> 玄之又玄，众妙之门。
>
> 译文：Der SINN, den man ersinnen kann,
> ist nicht der ewige SINN.
> Der Name, den man nennen kann,
> ist nicht der ewige Name.
> Jenseits des Nennbaren liegt der Anfang der Welt.
> Diesseits des Nennbaren liegt die Geburt der Geschöpfe.
> […] Beides hat einen Ursprung,
> und nur verschiedenen Namen.

---

① Wilhelm, *Das Buch vom SINN und LEBEN*, pp. 90-91.

Diese Einheit ist das Große.

Und des Geheimnisses noch tiefes Geheimnis.

Das ist die Pforte der Offenbarwerdung aller Kräfte.①

回译：真谛(道)，如果是可以想出来的，

　　就不是永恒的真谛。

　　名字，是人们可以命名的，

　　就不是永恒的名字。

　　超越可命名者的是世界的开始，

　　造物的诞生肇始于可以命名者。

　　[……]两者同源，

　　只是名字不同。

　　两者的统一是伟大的。

　　是比奥秘更深奥的奥秘。

　　它是启示所有力量的入口。

　　德语世界读者们读到"世界的开始"也许会备感亲切，认为老子的"东方圣经"与《圣经·创世记》一样，首先讲述的是创世故事，只是这里没有出现至高的上帝，而是浮现出了没有形体的"道"。卫礼贤在第 6 句中所用的 Geschöpfe 一词本意为"受造物"，它更明确指向了"道"创造(schöpfen)万物的过程。对于欧洲读者而言，"造物的诞生"无疑让他们联想起《圣经》中关于上帝创造宇宙万物的传说，而"世界的开始"也同样指向了《圣经》中的第 1 篇《创世记》。不同点仅仅在于：《创世记》中"世界的开始"和"造物的诞生"都是源自造物主——上帝，而卫礼贤笔下的创世过程则是与"命名"(nennen)的可能性联系在一起，充满了玄学的意味。而在《圣经》的世界中，"造物的诞生"从某种程度上讲也是与"命名"相关的——上帝不仅将他所造的第一个人命名为"人"，而且还在《创世记》第 2 章中设计了一个"命名"的仪式：在伊甸园中，上帝向亚当展示了所有动物，它们那时还没有名字，于是，亚当就给动物命名，亚当称一个动物为什么，这个动物以后就叫那个名字。在哲学上，由于命名对认识世界而言具有极其重要的意义，因此德国哲学家瓦尔特·本雅明(Walter Benjamin)甚至认为亚当的意义远远超越柏拉图，他才是真正的"哲学之父"②。在 1928 年发表的学术报告《歌德和老子》(Goethe und Lau Dsi)中，卫礼贤也这样阐述道："为了去理解所有事物的实质，名字从一开始就是不能缺少

---

①　Wilhelm, *Das Buch vom SINN und LEBEN*, p. 3.

②　Walter Benjamin, *Ursprung des deutschen Trauerspiels*. Frankfurt a. M.：Suhrkamp, 1978：19. 参见 Horst Turk. *Philosophische Grenzgänge*：*Zur Cultural Turn in der Literatur*. Würzburg：Königshausen u. Neumann, 2003：174.

的。我从哪里知道每件事物是怎样的呢？正是通过它们（名字）。"①此外，上段译文第 5、第 6 句中的 jenseits（彼岸，超越）及 diesseits（此岸，这边）也充满哲学及玄学意味，它们更多的是与时间而不是与空间相联系。"可名的此岸"（Diesseits des Nennbaren…）指的是认识事物历史的开端，也意味着哲学史的开端。由此，卫礼贤通过这段简短的译文建构起了一个道家式的《创世记》，隐隐与基督教的《圣经》的开头具有诸多可比之处。

此外，对比原文我们还可以注意到，卫礼贤非常自由地将最后一行的"众妙之门"演绎为了"启示所有力量的入口"。为什么他将"众妙"译为"启示所有力量"呢？卫礼贤没有给出解释，但他很可能再次想到了《浮士德》，因为在该剧中，浮士德曾将《约翰福音》的第一句译为"Im Anfang war Kraft. /太初有力。"（《浮士德》第 1233 行）。"力量"是"逻各斯"或者说"道"一词在德语中的另一种呈现形式。当然，卫礼贤也可能再次考虑了《圣经》读者的"先在结构"，因为该句中的 Pforte 指向耶稣对门徒所说的"引到永生，那门是窄的"（《马太福音》第 7 章 14 节），而 Offenbarwerdung 则指向启示神学的核心：神启（Offenbarung），同时也指向《圣经》最后一篇《启示录》中上帝向使徒约翰显现的各种异象和预言，只不过 Offenbarung 源自及物动词 offenbaren，强调了神的主动引导，而 Offenbarwerdung 源自不及物动词 offenbarwerden，更强调真理的自我显现。因此，卫译本中"启示所有力量的入口"指的就是一条认识"真谛"或"道"的神圣道路。

同时，德语读者所熟知的《圣经·创世记》的表达形式还被运用于其他章节的翻译中。例如《道德经》德译本第 17 章中"功成事遂"被翻译成：Die Werke wurde vollbracht（事业就成就了）。这很容易让德语读者联想到《圣经》，因为在路德翻译的《约翰福音》（第 19 章 30 节）中，耶稣受难时说的最后一句话就是"成了"（Es ist vollbracht），而《创世记》第一章在描写上帝创造天地万物时也四次使用了套话"事就这样成了"（es geschah so）。

在部分译文中，卫礼贤在现代德语完全可以满足用词需要的情况下，还刻意使用 16 世纪路德版《圣经》中的措辞对译文重新进行建构，从而拉近《道德经》与德语世界读者之间的距离。如《道德经》第 5 章"天地之间，其犹橐籥乎？"一句在 1911 年《道德经》

---

① Richard Wilhelm, "Goethe und Lau Dsi". Salome Wilhelm (ed.), *Der Mensch und das Sein*. Jena: Diederichs, 1931: 112. 德语原文：Von Anbeginn bis heute sind die Namen nicht zu entbehren, um zu verstehen aller Dinge Wesen. Denn woher weiß ich aller Dinge Wesen beschaffen ist? Eben durch sie. 参考卫礼贤 1925 年发表的《老子与道教》可以知道，报告中这段话是《道德经》第 21 章末尾句（自古及今，其名不去，以阅众甫。吾何以知众甫之状哉？以此。）的翻译版。这段话在该书中被译为：Von *alters* bis heute sind *die Namen* nicht zu entbehren, / Um zu *überschauen* alle Dinge. / Woher weiß ich aller Dinge Art? / Eben durch *sie*. 但在 1911 年版《道德经》中，译文是这样的：Von Anbeginn bis heute/ist sein［SINNES］Name nicht zu entbehren, /um zu verstehen aller Dinge Entstehung. /Und woher weiß ich, /daß aller Dinge Entstehung so beschaffen ist? /Eben durch ihn. 两种版本最大的差别在于，认知的途径究竟是通过"真谛/SINN"还是通过"名字/Namen"。参见 Wilhelm, *Laotse und der Taoismus*, p. 74; Wilhelm, *Das Buch vom SINN und LEBEN*, p. 23.

译本中被卫礼贤译为：Ist nicht die Feste zwischen Himmel und Erde wie ein Blasebalg？（天地之间的空间难道不像是一个风箱吗？）卫礼贤所用"Feste"一词并非现代德语意义上的"固体"，只有熟悉马丁·路德翻译的德语《圣经》的读者才知道，这里所谈论的其实是"空间"。卫礼贤在注释中对自己的用词进行了以下说明：

> 将天地之间的空间作为生命产生的地方，这个想法与《圣经》中的"空间（Feste）"（《创世记》第一章）不谋而合。中国的风箱有一个坚固的支架，它通过一个在内部来回运作的推杆工作，其外在的形态并不改变。①

1534 年的路德版《圣经·创世记》第一章第 6—14 节中与之相对应的诗句如下：

> Und Gott sprach / Es werde eine feste zwisschen den wassern / vnd die sey ein vnterschied zwischen den Wassern / Da macht Gott die feste / vnd scheidet das wasser bunden / von dem wasser droben an der festen / Vnd es geschach also / Vnd Gott nennet die festen / Himel / Da ward aus abend vnd morgen der ander tag. […] Vnd Gott sprach / Es werden Liechter an der feste des Himels / vnd scheiden tag vnd nacht […].②
>
> 译文：上帝说，水之间要有空间，它将水分开。于是上帝就造出空间，将其下的水和空间上的水分开了，事情就这样成就了。上帝将空间命名为天，于是就产生了晚上、早晨，这是第二天。……上帝说，天上的空间要有光体，分别昼夜……

在现代德语中，用 Feste 一词来表示"空间"极为罕见，远离了德语读者的日常用语。因此，将"天地之间"的"间"翻译成路德版《圣经》中的"Feste/空间"的关键原因还是在于卫礼贤所接受的神学教育和他对基督教读者"先在结构"的考虑。从现代德语的角度来讲，这一译法或多或少偏离了原文，但是通过刻意绕行 16 世纪的路德版《圣经》

---

① Wilhelm, *Das Buch vom SINN und LEBEN*, pp. 91-92. 德语原文：Der Raum zwischen Himmel und Erde als Ort der Erzeugung des Lebens ist ein Gedanke, der mit der biblischen "Feste"（Gen. I）Berührung hat. Ein chinesischer Blasebalg ist ein festes Gestell, das durch einen im Innern hin-und hergehenden Schieber in Tätigkeit gesetzt wird, ohne seine Gestalt zu ändern.

② Martin Luther, *Biblia. Das Alte Testament. Die Luther-Bibel von* 1534. *Vollständiger Nachdruck*. Köln：Taschen 2005：I. 路德 1545 年最终修订的版本为："Und Gott sprach. Es werde eine Feste zwischen den Wassern, die da scheide zwischen den Wassern. / Da machte Gott die Feste und schied das Wasser unter der Feste von dem Wasser über der Feste. Und es geschah so. / Und Gott nannte die Feste Himmel. Da ward aus Abend und Morgen der zweite Tag. / […] Und Gott sprach：Es werden Lichter an der Feste des Himmels, die da scheiden Tag und Nacht［…］." 参见 Martin Luther, *Lutherbibel für dich*. Stuttgart：Deutsche Bibelgesellschaft, 2007：3.

这条具有丰富传统底蕴的弯路，卫礼贤却在《道德经》与《创世记》之间进一步建构起了一座沟通的桥梁。可以想见，当 1911 年的德语读者面对一个充满了他们所熟悉的表达方式的译本时，无疑会对这部令他们原本备感陌生的东方"圣典"产生一种亲切的感觉，从而拉近读者与道家思想之间的心理距离①。

由于卫礼贤精心选择术语、针对读者的"先在结构"和"期待视野"对译文进行重新建构，德语世界读者在阅读到 1911 年版《道德经》译本时，势必会对这部原本应让他们感到陌生的东方典籍不时产生似曾相识的感觉。例如在 1911 年译本中，卫礼贤依据《河上公章句》为《道德经》的每一章都添加了小标题，由于《河上公章句》为各章所加的小标题均只有言简意赅的寥寥两个字，卫礼贤在翻译标题时就有了更多驰骋想象的空间。

如第 78 章标题原为《任言》，卫礼贤将其译成了"那些全靠着信仰的"（Was man dem Glauben überlassen muss），如果不细看内容，德语读者几乎会以为他们所看到的是一篇基督教教会中的主日布道词。而在这一章中所出现的恰恰是关于"柔弱胜刚强"思想的论述："天下莫柔弱于水。而攻坚强者，莫之能胜。以其无以易之。弱之胜强。柔之胜刚。……正言若反。"如果读者将标题与文中论述联系起来，老子朴素的辩证思想就俨然成了对宗教信仰问题的阐发，德语世界读者甚至很容易联想到宗教改革家马丁·路德赫赫有名的"因信称义"学说，从而将《道德经》第 78 章的核心理解为"因信取胜"之道，即：依靠坚定信仰，柔弱者也能战胜强者。

又如在翻译《道德经》第 50 章的标题《贵生》时，卫礼贤跳出"珍视生命"这层含义，将其译为：Die enge Pforte des Lebens，即"生命的窄门"，中国读者也许会觉得摸不着头脑，但德语读者却会感到无比熟悉，因为这一译文援引的是《马太福音》第 7 章 13—14 节的内容："你们要进窄门。……引到永生，那门是窄的，路是小的，找着的人也少。"（Geht hinein durch die enge Pforte. [...] Wie eng ist die Pforte und wie schmal der Weg, der zum Leben führt, und wenige sind's, die ihn finden！）

再如卫礼贤在翻译《道德经》第 46 章时，将《河上公章句》中的标题《俭欲》译为 Mäßigung der Begierden（对各种欲望的节制），这很容易让德语世界读者联想到路德反对罗马教廷腐败堕落、出售"赎罪券"的斗争，以及《罗马书》（第 13 章 14 节）中对节制欲望的呼吁："……不要为肉体安排、去放纵私欲"（...sorgt für den Leib nicht so, daß ihr den Begierden verfallt.）。而译本正文则更是呼应了路德倡导的"廉洁"教会主张：

---

① 在卫礼贤 1925 年的翻译版本中，该句被译为"Der Zwischenraum zwischen Himmel und Erde / Ist wie eine Flöte [...] / 天与地之间的空间；就像一支长笛[……]""空间"一词消失了。在脚注中，卫礼贤解释说他参照了中国学者梁启超的解释。Wilhelm, *Laotse und der Taoismus*, p. 73. 在《歌德与老子》中卫礼贤还展示了另外一种说法："Ist nicht der Raum zwischen Himmel und Erde wie eine Flöte? Sie ist leer und doch fest. Je mehr man bläst, desto mehr kommt（an Tönen）daraus hervor [...]. / 天与地之间的空间难道不像一支长笛吗？它空旷而坚固。人们吹奏得越多样，就会从中发出越丰富的音调[……]" Wilhelm. *Goethe und Lau Dsi*, p. 107.

原文：祸莫大於不知足。咎莫大於欲得。

译文：Es gibt keine größere Sünde als viele Wünsche.

Es gibt kein größeres Übel als kein Genüge kennen.

回译：没有更大的罪孽比得上愿望太多。

没有更大的弊端比得上不知充足。

卫礼贤在此再次偏离了《道德经》原文的语境，他把在中文中表示"过错"的"咎"改为宗教意义上的"罪孽"（Sünde），将表示"满足"的"足"改为耶稣和门徒传教时常说的"丰盛、充足"（Genüge）。读到此处，德语世界读者自然而然会想到他们耳熟能详的路德版《圣经》中的表达方式，例如《约翰福音》第 10 章第 10 节"我来了，是要叫人得生命，并且得的更丰盛。"（Ich bin gekommen, damit sie das Leben und volle Genüge haben sollen.）以及《哥林多后书》第 9 章第 8 节"神能将各样的恩惠多多地加给你们，使你们凡事常常充足，能多行各样善事。"（Gott aber kann machen, daß alle Gnade unter euch reichlich sei, damit ihr in allen Dingen allezeit volle Genüge habt und noch reich seid zu jedem guten Werk.）

而在翻译《道德经》第 34 章"衣养万物而不为主"一句时，卫礼贤更是将基督教的"受造物"和"主"的概念直接套用进来，将其译为："Er kleidet und nährt alle Geschöpfe / und er spielt nicht den Herrn."（回译：他给所有受造物以衣衫和饮食，并且不扮演主的角色。）其实，卫礼贤将"衣养"翻译为"衣衫和饮食"也同样是因为《圣经》中已有类似的表述，如《路加福音》第 12 章 23 节中写道："生命胜于饮食，身体胜于衣衫"（Denn das Leben ist mehr als die Nahrung und der Leib mehr als die Kleidung.）。而对一位熟悉路德版《圣经》的读者来说，此段中所谓对"受造物"的"衣养"还足以唤起他对《提摩太前书》第 6 章第 8 节的回忆，因为那里写道："虔诚对于知足者来说是最大的得益，……当我们拥有饮食与衣物时，我们就会为此满足。"（Die Frömmigkeit aber ist ein großer Gewinn für den, der sich genügen läßt. [...] Wenn wir aber Nahrung und Kleider haben, so wollen wir uns daran genügen lassen.）显然，为拉近基督教读者与《道德经》之间的距离，卫礼贤在对译文进行建构的过程中刻意引入了大量来自路德版《圣经》的术语和修辞方式，正如戴特宁教授在《布莱希特与老子》一书中所指出："在一些段落中，它们几乎是逐字逐句从路德的《新约》中照搬而来，并且原本在那里就已常常被视为布道辞。"①

卫礼贤的这种做法无疑是双刃剑。一方面，他通过如此密集地套用《圣经》中的修辞和术语，降低了读者理解《道德经》的难度，产生良好的接受效果；但另一方面，此类对基督教神学概念的过度套用有时难免会造成误解，尤其因为德语世界读者并非都能像卫礼贤那样对中国文化和基督教文化潜心研究多年，从而对两者之间的差异具有清晰认识。这也正是多位与卫礼贤同时代的德国汉学家对其译本提出批评的重要原因。卫礼

---

① Detering, *Bertolt Brecht und Laotse*, p. 26.

贤笔下的《道德经》第 62 章的译文就是这方面的一个典型例子：

> 原文：古之所以贵此道者何？
>
> 不曰：求以得，有罪以免邪？
>
> 故为天下贵。
>
> 译文：Warum die Alten diesen SINN so wert hielten?
>
> Der Grund：Ist es nicht deshalb, daß es von ihm heißt：
>
> "Wer bittet, der empfängt;
>
> wer Sünden hat, dem werden sie vergeben"？
>
> Darum ist er das Köstlichste auf Erden.①
>
> 回译：古人为什么如此珍视真谛（道）呢？
>
> 原因难道不是像人们所说的那样：
>
> "请求者就能得到，
>
> 有罪孽者就能获得赦免吗？
>
> 这就是为何他（道）是世上最珍贵的。"

　　这段话的口吻在德语世界读者听起来是多么熟悉！卫礼贤在此处套用了多个《圣经》章节中的措辞，尤其是耶稣向门徒宣教时的表述方式："你们要不断祈求……寻找就寻见，祈求就得到。"（《马太福音》第 7 章第 7—8 节），还有耶稣对信徒所说的"你的罪得赦了"（《路加福音》第 5 章第 20 节）。同时，这里还出现了基督教色彩浓郁的"罪孽"和"宽恕"概念。《道德经》中的"罪"在中文里原本表示的是"过错"或"违法"，在那里所描述的是洗脱法律意义上的罪责而非宗教意义上的罪孽，但卫礼贤却在注解中提醒读者，此处出现的"赦罪"理念是宗教意义上的，与儒家观念并无相通之处②。而最后一句中的"世上最珍贵的"不仅曾在《圣经》中多次出现过，而且还套用了耶稣传教时关于天国的比喻，如"天国的财富"、"重价的珠子"（《马太福音》第 13 章第 46 节）等。这些西方读者所熟悉的词汇和措辞俨然使《道德经》中这一章节成为了《马太福音》一样的宣教书。

　　除通过精心选择的词汇和措辞建构起与《圣经》的互文关系外，卫礼贤还在《道德经》译本注释中引用德语读者熟悉的《圣经》段落，利用《圣经》来解释《道德经》，使其更加便于《圣经》读者理解，同时他也常常在注释中进一步追溯并强调《道德经》与《圣经》的差异，使读者通过对比研究对道家思想产生更加准确的认识。这种做法几乎贯穿了卫礼贤的整部《道德经》德译本。例如他将第十章"专气致柔，能如婴儿乎？"翻译为：Kannst du deine Kraft einheitlich machen und die Weichheit erreichen, daß du wie ein

---

① Wilhelm, *Das Buch vom SINN und LEBEN*, p. 67.

② Wilhelm, *Das Buch vom SINN und LEBEN*, p. 109.

Kindlein wirst?（你能将力量合为一体并达到柔和，使你像小孩子一样吗?）Kindlein（小孩子）是路德版德语《圣经》中常用的一个词，尤其是《马太福音》《路加福音》中记述与耶稣相关的预言和降生传说时，这一词汇更是特指耶稣，而耶稣在宣教时也常常用"孩子"作比喻。卫礼贤似乎担心德语读者不会注意到这一点，因此在注释中特意提醒道："经常反复出现的孩子形象，可以参见《马太福音》第 18 章第 3 节及后续小节。"①在解读第 7 章"后其身而身先，外其身而身存"时，他也在注解中写道："关于最后的实际应用，参见《马太福音》第 23 章 12 节：凡自高的（必降为卑）……；第 10 章 39 节：得着生命的（却要失去生命）……"②由此可见，即便《道德经》译文本身并未与《圣经》中的表述呈现出明显的互文关系，卫礼贤仍通过注释来"提醒"读者注意二者之间存在着形式及内涵的相似性，从而在《道德经》与《圣经》间构建起一座文化沟通的桥梁，使读者能够初步理解《道德经》"正言若反"的修辞特色以及其中所蕴含的哲学内涵。

同样，在本书前文所提到的关于《道德经》第 14 章的注释中，卫礼贤本人也曾提示读者将这段关于"道"的描写拿来与《创世记》第 33 章第 2 节和《列王记》第 19 章第 1 节进行比较，但他也指出《道德经》与犹太-基督教神学之间的相似性并非那么玄妙，即便没有上帝的启示也完全可以解释得通③。可见，卫礼贤引用《圣经》来诠释《道德经》是为了向读者提供一个帮助其理解道家思想的参照系，而并非要像施特劳斯那样把《道德经》完全纳入基督教神学体系。戴特宁教授在总结卫礼贤的《道德经》译文风格时也指出：

> 他的译著，特别是《道德经》的译本……颠覆了传教士的文化侵略原则，不再借用中国传统话语来表述基督教的救世福音，而是通过与基督教话语体系建立联系而使得中国传统文化在基督教文化圈中变得通俗易懂——不仅仅是作为一种希腊、犹太-基督教式思维方式的遥远而独特的变体，而且从与现代思维的兼容性来看，它甚至可能还超越了前者。因此卫礼贤故意让老子穿越语言的时空，一再使用那些路德《圣经》读者觉得格外亲切的概念和比喻。④

不过，需要指出的是，随着德语世界读者对《道德经》理解的加深以及基督教影响力在西方的衰落，卫礼贤版《道德经》译本也在悄然发生着变化。前文已提到，20 世纪50 年代，卫礼贤的遗孀在修订《道德经》德译本时将注释中此类指导读者借助《圣经》来理解《道德经》的提示语全部删去了。对此，我们也可以这样理解：随着德语世界读者的成熟和对东方哲学领会能力的提高，针对改变之后的读者的"先在结构"，作为卫礼

---

① Wilhelm, *Das Buch vom SINN und LEBEN*, p. 93.

② Wilhelm, *Das Buch vom SINN und LEBEN*, pp. 7, 92.

③ Wilhelm, *Das Buch vom SINN und LEBEN*, p. 94.

④ Detering, *Bertolt Brecht und Laotse*, p. 26.

贤遗稿整理者的卫美懿已经意识到，再让德语世界读者去求助于一个神学色彩过于浓郁的参照系统已经没有必要了。

综合来看，卫礼贤在翻译过程中偏爱使用源自《圣经》，尤其是《福音书》的表达方式，尽管他明确拒绝了一个人格化的基督教上帝形象，但却有意识地在译文标题、措辞和注释中吸收了基督教布道辞的形式，甚至在译文中直接引用了《福音书》中的措辞和比喻，并通过注释进一步构建起沟通两部作品内涵的桥梁，从而建立起一个推动跨文化理解的参照坐标系，最终使得原本"陌生"的东方哲学经典以一种西方读者所熟悉的面貌呈现在德语世界大众读者面前。

## 3. 用德语文学与哲学打开《道德经》阐释之门

为将陌生的道家文献转化为德语世界读者备感亲切、易于理解的表述系统，卫礼贤一方面针对欧洲知识分子的"先在结构"，用他们所熟悉的基督教概念体系作为译文的参照系，推动德语读者对陌生概念的理解，另一方面也尝试借助德语文学、哲学传统来更好地阐释《道德经》。在这一过程中，卫礼贤的德语文学修养对其译本的成功产生了重要作用。令德语世界读者备感亲切的尤其是他对歌德、席勒作品的引用。在此，我们不妨首先从歌德作品在此译本中所扮演的角色来进行审视。

歌德是卫礼贤最喜欢的作家。当卫礼贤还是大学生时，他就已经对"歌德著作了如指掌"，在其晚期作品中，"证明歌德的基本思想与中国的基本思想之间的内在关联对他来说几乎成了生死攸关的大事"①。例如在对《道德经》第 29 章的评注中，卫礼贤将老子富有韵律的格言与歌德的诗歌进行了比较："这里同样是押韵的格言，值得注意的是，它的思想内涵与歌德《科夫特歌谣之二》相一致，尽管两者从实际运用来看截然不同。"②

而歌德的《浮士德》始终是卫礼贤最喜爱的作品，在卫礼贤的《道德经》译本中出现过多次。不仅是"道"（SINN）的翻译与《浮士德》息息相关，卫礼贤还将第 25 章标题《象元》译为 Des unzulänglichen Gleichnis（不可企及的虚影）。中国人看到这个标题时肯定会一头雾水，而受过良好教育的德语世界读者却会立刻想到《浮士德》中的著名片段——全剧结尾处"神秘主义者"合唱队所咏唱的著名闭幕词③：

---

① Walter F. Otto, "Einleitung". S. Wilhelm (ed.), *Richard Wilhelm. Der geistiger Mittler zwischen China und Europa*, p. 8.

② Wilhelm, *Das Buch vom SINN und LEBEN*, p. 100. 德语原文：Auch hier wieder Reimsprüche, deren Inhalt merkwürdig mit dem Kophtischen Lied, Nr. II, von Goethe übereinstimmt, wenn auch die gezogene Nutzanwendung hier und dort diametral entgegengesetzt ist.

③ Detering, "Andeutungen des Unaussprechlichen", p. 132.

Alles Vergängliche

Ist nur ein Gleichnis;

Das Unzulängliche

Hier wird's Ereignis;

Das Unbeschreibliche

Hier ist es getan;

Das Ewig-Weibliche

Zieht uns hinan.

译文：一切无常者，

　　　只是一虚影；

　　　不可企及者，

　　　在此事已成；

　　　不可名状者，

　　　在此已实有；

　　　永恒之女性，

　　　领导我们走。①

卫礼贤用《浮士德》中的语言来翻译《道德经》，这既是一种归化翻译，又体现了他对歌德作品的推崇，同时还暗示着老子与歌德思想的相通性。而最为明显地指向《浮士德》的还当属第 6 章的译文：

原文：谷神不死，

　　　是谓玄牝，

　　　玄牝之门，

　　　是谓天地根。

译文：Der Geist des Tals stirbt nicht,

　　　das ist das Ewig-Weibliche.

　　　Des Ewig-Weiblichen Ausgangspforte

　　　Ist die Wurzel von Himmel und Erde.

回译：山谷的神灵不会死去，

　　　那是永恒之女性。

　　　永恒之女性的出口，

　　　是天和地的根。

---

① 歌德：《浮士德》，郭沫若译，上海：群益出版社，1947 年，第 433 页。

此处出现的"玄牝"被译为 das Ewig-Weibliche(永恒之女性),很明显也是出自《浮士德》结尾段倒数第二行中的"永恒之女性"。正是通过引用这些在德国脍炙人口的著名章句,1911 年版的《道德经》明显带有了《浮士德》的印记,其文学气息也变得愈加浓郁。

用《浮士德》阐释《道德经》也是卫礼贤最为喜爱的一个策略。在《道德经》第 50 章中,老子感叹人类生命的短暂,同时批评那些不珍惜简朴生活、拿自己生命冒险的人:"出生入死。生之徒,十有三。死之徒,十有三。人之生,动之于死地,亦十有三。"老子笔下的"动之于死地(之徒)"被卫礼贤翻译为"那些追求生命,同时奔向死亡之地的人"(Menschen, die leben und dabei sich auf den Ort des Todes zubewegen),这段话使卫礼贤想起了为追求对世界的认识与体验而不惜赌上灵魂的浮士德。于是,他将《道德经》第 50 章拿来与歌德笔下浮士德至死追求幸福的一刻相互印证:

> "那些追求生命,同时奔向死亡之地的人"是那些在对生命的追求中寻找"一刻停留"的人(参见《浮士德》:"我要对那一刻说:请停留一下!"……),而恰是这一刻的停留为死亡提供了可乘之机。①

又如老子推崇"无为而治",认为政府只会给百姓带来更多的不幸,因此在第 58 章中写道:"其政闷闷,其民淳淳;其政察察,其民缺缺。"这一评论使卫礼贤想起了浮士德在宫廷中的遭遇:

> 目前看起来是优点的东西(即一个坚决有力的政府会给人民带来荣誉和尊重)随着时间的推移会带来不幸。最高的境界是不去统治;因为否则法律会随着时间的推移让人厌烦:"理智会变得荒谬,善行会变成折磨。"人民会陷入持续的迷惘中(参见《浮士德》第一章)。②

卫礼贤有时也会想到歌德的挚友席勒。《道德经》第 62 章中写道:"道者万物之奥。善人之宝,不善人之所保。美言可以市尊。美行可以加人。人之不善,何弃之有。"卫礼贤在注释中如此评论道:

---

① Wilhelm, *Das Buch vom SINN und LEBEN*, pp. 104-105. 德语原文:» Menschen, die leben und dabei sich auf den Ort des Todes zubewegen « sind die, die in ihrem Streben nach Leben das » Verweilende «(vgl. Faust: » Werd' ich zum Augenblicke sagen: verweile doch «(…) suchen und durch dieses Verweilen dem Tod den Angriffspunkt bieten.

② Wilhelm, *Das Buch vom SINN und LEBEN*, p. 107. 德语原文:Was zunächst als Vorzug erscheint(nämlich eine energische und zufassende Regierung, die das Volk zu Ruhm und Ehren führt), bringt mit der Zeit Unglück. Darum ist es das Höchste, nicht zu regieren; denn sonst wird das Gesetz mit der Zeit lästig: » Vernunft wird Unsinn, Wohltat Plage «. Und das Volk bleibt in beständiger Verblendung(vgl. Faust I).

通过把家族中不可见的保护神的性质拓展到更广意义的"道"上，老子获得了一个极其独特的形象。这一形象将在后面两行中继续得到阐释。值得注意的是，他的影响范围也延伸到不善之人身上。参见席勒的《欢乐颂》：

"所有的好人，所有的坏人

都走在自己的玫瑰路上。"①

而在解读《道德经》第73章中"天网恢恢，疏而不失"一句时，卫礼贤则引用了古罗马诗人、哲学家卡鲁斯(Titus Lucretius Carus，约公元前99年—约前55年)的诗句"上帝之磨虽然缓慢，但绝对精细"②。卫礼贤援引这些文学作品进行比较，这同样服务于其翻译活动的核心目标，即通过文学文本的对比，使中国哲学思想借助目标读者喜闻乐见的德语文学文本以更为鲜明生动的形式在德语世界中呈现出来。

德国哲学在卫礼贤版《道德经》译本中同样具有重要地位。在1911年译本导言的结尾，卫礼贤曾试图从哲学出发来解释《道德经》第42章中的"道生一，一生二，二生三，三生万物"。自17世纪以来，《道德经》中的这段话就被西方传教士纳入了基督教神学体系中的所谓"三位一体"思想。而卫礼贤从新柏拉图主义出发，认为老子是坚定的一元论者，"道"是所有对立的统一体，也就是"太一"(Uranfang)之前的"无极"(Nichtanfang)，从"一"这个命题(These)又引申出一个反命题(Antithese)作为"二"，阴阳、雌雄、正反等均属于此类，二者的对立统一又产生出新的综合体(Synthese)"三"，这个统一体再继续前进，发展出多种多样的事物即"万物"(zur Mannigfaltigkeit fortschreiten)③。很明显，卫礼贤解读《道德经》"三生万物"思想的哲学基础是黑格尔的辩证法，即从正题、反题再到辩证统一的合题，如此一来就将"三生万物"从基督教神学话语中解放出来，将老子思想与同时代德国的一元论哲学联结在了一起。卫礼贤在此还特地提醒读者："值得注意的是，老子是如何走到同一条理性主义哲学道路上，正如两千五百年后的黑格尔所走的一样。"④《道德经》由此被纳入同时代德国哲学的相关体系中：一元论、神秘的统一、黑格尔辩证法。这三个概念彼此相似，但又不能

---

① Wilhelm, *Das Buch vom SINN und LEBEN*, p. 108. 德语原文：Indem Laotse die Art dieser Gottheit, die in den dunklen Verborgenheiten des Hauses unsichtbar schützend thront, in erweitertem Maßstab auf den SINN anwendet, gewinnt er ein überaus bezeichnendes Bild für ihn, das in den beiden nächsten Zeilen noch weiter erklärt ist. Bemerkenswert ist die Ausdehnung seiner Wirksamkeit auch auf die Nichtguten, vgl. Schillers Lied an die Freude：Alle Guten, alle Bösen/ Folgen ihrer Rosenspur.

② Wilhelm, *Das Buch vom SINN und LEBEN*, p. 111.

③ Wilhelm, *Das Buch vom SINN und LEBEN*, p. XXIII.

④ Wilhelm, *Das Buch vom SINN und LEBEN*, p. XXIII. 德语原文：Es verdient bemerkt zu werden, wie die rationale Philosophie bei Laotse genau dieselben Bahnen wandelt, wie zweieinhalb Jahrhunderte später bei Hegel. 但在20世纪50年代的修订本中，这句话被删去了。

相互涵盖。显然，它们都是来自德国哲学、用于帮助德语读者接近另一陌生思想体系的参照坐标。

在对《道德经》第2章中"天下皆知美之为美，斯恶已；皆知善之为善，斯不善已"的评注中，卫礼贤联想到了尼采哲学中对善与恶等传统价值观念的批判。尼采在其著作《论道德的谱系》（*Zur Genealogie der Moral*）、《善恶之彼岸》（*Jenseits von Gut und Böse*）中将基督教关于道德观念归结为犹太人受到的奴役，认为受奴役者出于"怨恨"（Ressentiment）将与其对立的奴隶主价值观念称为"恶"，将自己的一套价值观念称为"善"，以"道德"一词来表现，并发展出虚无的禁欲主义理念。尼采认为基督教的这套"奴隶道德"是虚伪和违背自然的，导致了对生命意志的否定，因而提出要超越这套善恶观念，发展代表生命冲动的权力意志。而老子则是将回归自然和与道和谐看作超越善恶观念以及维持秩序的唯一正确道路，同时将儒家式的善恶教育视为本末倒置，因此在《道德经》第19章中写道："绝圣弃智，民利百倍；绝仁弃义，民复孝慈；绝巧弃利，盗贼无有……故令有所属，见素抱朴少私寡欲。"在老子看来，儒家区分善恶就已经落了下乘，因为"善之与恶，相去若何"（第20章），最好的办法是让人民保持淳朴，根本就不知道什么是恶的事情，那样一来也就无从作恶，即所谓"常使民无知、无欲，使夫智者不敢为也。为无为，则无不治"（《道德经》第3章）。但很明显，这里缺少了尼采哲学中所歌颂的生命冲动。因此，卫礼贤将老子的善恶观与尼采思想进行比较后，指出"老子所说的'超然善恶之外'（Jenseits von Gut und Böse）与尼采学说有着本质的区别"①。在此，卫礼贤特地将20世纪初在德语世界影响最大的尼采哲学拿来与道家思想进行比较，使《道德经》的观点显得更加清晰，同样也为德语世界读者提供了把握道家哲学思想的切入点。这是一种既包含着本土化，也包含着陌生化的"双重策略"②，势必引起德语世界知识分子进行比较研究的兴趣。例如研究者戴特宁教授就在卫礼贤注释的指引下对德文版《道德经》与尼采的著作进行了对比阅读，结果他不仅注意到"善之与恶，相去若何"与尼采哲学的相通之处，而且还发现卫礼贤版《道德经》的语录体风格与尼采的诗歌《自由精神》（*Der Freigeist*）和《酒神赞歌》（*Dionysos-Dithyramben*）有诸多相似，并由此入手对二者的思想内涵进行了更为深入的比较研究：

> 正如某些章节有歌德的语言风格、有路德版《圣经》般的表述一样，卫礼贤的《道德经》也引用了尼采1888年出版的《敌基督者》（*Der Antichrist*）中的语言与比喻。但（卫礼贤）对二者在观念上恰恰相反的强调又将这种帮助理解的互文重新打破，使之相对化了——例如第41章对"生命"（德）概念的使用恰好与尼采的生命哲

---

① Wilhelm, "Goethe und Lau Dsi", p. 90.

② Detering, "Andeutungen des Unaussprechlichen", p. 139.

学截然相反……①

  同时，为了模仿尼采哲学著作中那种语录体风格，卫礼贤还在不改变《道德经》内涵的原则下不动声色地对老子平实的论述风格进行了重新建构，使《道德经》呈现为一部甚至在语言风格上也同样能与尼采著作分庭抗礼的东方哲学经典。例如在戴特宁教授关注到的《道德经》第 41 章的译文中就有多个句子是在经过卫礼贤的重构之后才呈现出慷慨激昂的尼采式语录风格：

> 原文：傫傫兮若无所归。
>
>    众人皆有余，而我独若遗。
>
>    我愚人之心也哉！沌沌兮！
>
>    ……我独闷闷。
>
>    澹兮其若海，飂兮若无止。
>
> 译文：Ein müder Wanderer, der keine Heimat hat!
>
>    Die Menschen der Menge leben alle im Überfluß；
>
>    Ich allein bin wie verlassen!
>
>    Wahrlich, ich habe das Herz eines Toren!
>
>    Chaos, ach Chaos! [...]
>
>    Ich allein bin traurig, so traurig!
>
>    Unruhig, ach, als das Meer!
>
>    Umhergetrieben, ach, als einer der nirgends weilt!
>
> 回译：一个疲惫的漫游者，他没有故乡！
>
>    大群的人们生活饱足，
>
>    而我却孤独得像遭到了抛弃！
>
>    真的，我有一颗愚人的心！
>
>    混乱，混乱啊！……
>
>    我独自伤心，如此的伤心！
>
>    难以平静，哎，就如同大海！
>
>    漂泊不定，哎，如同无处可歇的人！

---

①  Detering, "Andeutungen des Unaussprechlichen", p. 139. 德语原文：Wie er in manchen Passagen, goethisch', in anderen biblisch-lutherisch gesprochen hat, so spricht Richard Wilhelms Laotse hier in den Worten und Bildern jenes Nietzsche, der sich in seinem 1888 erschienenen Buch selbst als *Der Antichrist* ausgegeben hat. Aber auch diese Kontextualisierung, diese Verstehenshinweise werden durch die Betonung genau entgegengesetzter Vorstellungen wieder gebrochen und relativiert—etwa durch Verwendungen des "Lebens"-Begriffs, die zu Nietzsches Vitalismus in einem so radikalen Gegensatz stehen wie diese, im 41. Kapitel [...].

对比原文可以发现，卫礼贤在译文中不仅增加了许多原文所没有的惊叹号，而且他所呈现的哲学家内心活动也要比原文中激昂得多。而他将"大群的人们"（Die Menschen der Menge）与孤独的"我"对立起来，也足以使同时代德语读者联想到尼采的名著《查拉图斯特拉如是说》（*Also sprach Zarathustra*）中那位独居山中的传道者。在这样一种"召唤结构"的诱导之下，德语世界知识分子从《道德经》中看到尼采的影子也就不足为奇了。

除此之外，卫礼贤还常常跳出德国哲学，从欧洲各国的哲学、文学中寻找例证，旁征博引。例如，他将《道德经》第 80 章所描写的小国寡民社会诠释为法国启蒙思想家卢梭提出的著名命题"回归自然"，并在译本最后附上来自中国的千古名篇《桃花源记》译文加以印证。① 而在更多的时候，卫礼贤是通过对同时代文化名著的征引使《道德经》与时代话语产生共鸣。例如他将《道德经》第 30 章的标题《俭武》译为"对战争的警告"（Warnung vor Krieg），将第 31 章的标题《偃武》译为"放下武器"（Die Waffen nieder）都带有时代精神的烙印。《放下武器！》（*Die Waffen nieder*！）还是奥地利女作家贝塔·冯·苏特纳男爵夫人（Bertha von Suttner，1843—1914）于 1889 年发表的一部小说的名字，此外，她编辑的一本期刊也使用了此名②。1905 年苏特纳男爵夫人获得诺贝尔和平奖后，这一书名更成为德语世界读者耳熟能详的口号。可见，卫礼贤有意识地结合时代话语建构了《道德经》的和平主义倾向，也使得这部来自东方的古老作品对"一战"前后的欧洲社会具有了更大的现实意义和更强的思想感召力。

综合来看，通过征引西方文学、哲学名篇，卫礼贤在译本中有针对性地强化了东西文化间的相似性及可比性，从而构建起一个与欧洲同时代话语息息相关的道家思想体系，在欧洲深陷精神危机、战争阴云密布之际，用"东方之光"为德语世界读者带来了一线曙光。与施特劳斯充满犹太教神学气息的译本相比，卫礼贤的译本就像是出自同时代的某位德国哲人笔下，虽然它的语言带有 16 世纪路德版德语《圣经》的色彩，但却是一部可以为现代社会指点迷津的作品。读者越是关注译本中所呈现的文化相通性，就越会倾向于一种充满活力的东西文化的沟通与融合，而那正是卫礼贤作为文化使者所热烈期待的。

顺便一提的是，在卫礼贤同时期的重要译著《庄子南华真经》（1912）中，我们也能在译文中观察到类似的翻译策略③，例如他指出道家哲人庄子与莎士比亚、米开朗基罗和尼采在思想上具有相似性，甚至将"南华真经"这一专有名词译为所谓"南方繁荣国度

① Wilhelm, *Das Buch vom SINN und LEBEN*, pp. 112-113.

② Detering, "Andeutungen des Unaussprechlichen", p. 139.

③ 参见 Reinhard Breymayer, "Die Bibel der Chinesen. Zum Problem verwestlichender Übersetzung in der württembergisch-schwäbischen Chinakunde bis zu Richard Wilhelm（1873-1930）". Rainer Reuter, Wolfgang Schenk（eds.）, *Semiotica Biblica. Eine Freundesgabe für Erhardt Güttgemanns*. Hamburg：Kovač, 1999：181-217.

之书"(Das wahre Buch vom südlichen Blütenland)。但此类译文有时也有过度偏离中文语境之嫌。例如"南方繁荣国度"这个标题只会让 20 世纪初的德语读者联想到南太平洋上的美丽小岛——欧洲人眼中的人间天堂和世外桃源，而这种联想在中文语境中是根本不存在的，因为南华山其实只是庄子隐居的一座普通小山①。在对《庄子》的注释中，卫礼贤也同样出现了过度强调中西方文化相似性的倾向，即努力证明"东亚哲学体系和同时期西方希腊的世界智慧之间有显著的一致性"②。最终，这种对比得出的结论只是"中国思想并不比西方思想缺乏奔放的想象力，只要它还没有被钉死在儒教僵硬的岩石中"③。而这种过度强调相通性的阐释正是严肃的学者应极力避免的，这也是卫礼贤的译著在魏玛共和国时期受到批评的主要原因。

## 4. 卫礼贤《道德经》译本对道家思想传播的贡献

纵观 1870 年以来的《道德经》德译史，没有一部《道德经》译本的影响力能与卫礼贤译本匹敌。但卫礼贤的同时代人却对这一译本却有着截然不同的反应。其中，最尖锐的批评来自汉学家圈子，他们尤其认为卫礼贤审视中国文化的视角存在问题。著名汉学家福尔克(Alfred Forke)批评卫礼贤"几乎中国化"了，并"由于他被中国人同化"而失去了批判意识④。卫礼贤对中国思想家毫无保留的赞扬也惹恼了保守派，例如德国首位职业汉学教授——汉堡殖民学院的福兰阁(Otto Franke)对于卫礼贤竟然把孔子置于耶稣基督之上就十分愤慨⑤。同时代的文化名人潘维茨(Rudolf Pannwitz)在《欧洲文化危机》(*Die Krisis der europäischen Kultur*, 1917)一书中对卫礼贤译本大加斥责："卫礼贤博士的译作如《论语》和《道德经》是在拿所有的概念开玩笑，应受到最严厉的谴责。这位德国牧师兼候补文员把最精美的意象、真理搅合在胡言乱语之中，其粗鄙与狂妄程度简直难以言表。"⑥这些严厉的批评诚然与同时代德国文化界的苛评风气有关，但在另一方面也说

---

① 参见 Erich Hauer, "Rezension zu Richard Wilhelm, Die chinesische Geschichte". *Orientalistische Literaturzeitung*, 1927(30)：810.

② W. Strzoda. "Rezension zu Dschuang Dsi. Das wahre Buch vom südlichen Blütenland". *Orientalische Literaturzeitung*, 1925(28：2)：105.

③ Strzoda, "Rezension zu Dschuang Dsi. Das wahre Buch vom südlichen Blütenland", p. 105.

④ Alfred Forke, "Rezension zu Kungtse—Leben und Werk". *Logos*, 1926 (15)：242. 参见 Michael Lackner, "Richard Wilhelm, a , sinisized' German translator". Viviane Alleton, Michael Lackner (eds.), *De l'un au multiple*. Paris：Éditions de la Maison des sciences de l'homme, 1999：86-97.

⑤ Otto Franke, "Rezension zu Kungtse-Leben und Werk". *Deutsche Literaturzeitung*, 1926(47)：701.

⑥ Rudolf Pannwitz, *Die Krisis der europäischen Kultur*. Nürnberg：Carl, 1917：228. 德语原文：Übertragungen wie die der gespräche des kungfutse oder des werks des laotse von dr. richard wilhelm spotten jedes begriffs und verdienen die härteste verdammung. Es ist unbeschreiblich mit welcher rohheit und frechheit die letzten zartesten bilder und sinne da in ein deutsches pastoren und assessoren tohuwabbohu zusammengerührt werden.

明卫礼贤的译作挑战了德语世界部分知识分子的"期待视野",超出了保守派对中国文化所能接受的限度。然而从更广范围内的读者反应来看,表示难以接受卫礼贤译本及其对中国文化阐释的德语读者仅仅只是少数,许多研究者也仗义执言,运用汉学知识反驳了那些不客观的批评。① 同时,随着中德文化交流走向深入和东西方文化相互了解的加深,德语世界对卫礼贤译本的接受程度也在不断提高,不仅批评之声越来越少,而且卫礼贤的声望也与日俱增,直至今日,卫礼贤翻译的《道德经》《庄子》仍然在德国亚马逊网站的东亚文化类畅销书中稳居前十名之列②。

在德语世界知识分子中,一百多年来,卫礼贤的《道德经》译本产生了深远的影响。著名作家如黑塞(Hermann Hesse)、德布林(Alfred Döblin)、克拉朋特(Alfred Henschke)和布莱希特(Bertolt Brecht)不仅是他的忠实读者,而且还从他的译作中找到了文学创作的新思路③。事实上,卫礼贤翻译的《道德经》不仅在汉籍德译历史上,甚至在整个西方道家思想接受史上都是最成功的译本之一。我们只需要关注这个事实:该译本还被翻译家们从德语转译成了法、英、荷等欧洲其他语言,并且直到今天仍然是德语图书市场上重印次数最多的《道德经》译本④。

从对译文的接受来看,虽然卫礼贤"偏爱使用《圣经》和歌德作品中的词汇"⑤,但这丝毫也没有妨碍到其译本的接受,文化界的人士通常毫无异议地接受了卫礼贤的"艺术再创造"⑥。正如黑塞所指出:与其他汉学家的译本相比,"卫礼贤译本以更强劲有力、更确切和更富个性化的语言而见长,因此也更为通俗易懂"⑦。由此可见,卫礼贤在翻译过程中针对受过良好教育的德语读者的"先在结构"所进行的译语选择和译文重构是非常成功的。

在德语知识分子的圈子里,卫礼贤富于创造性的《道德经》译本掀起了一场令施特劳斯等前辈黯然失色的"文化传教"。戴特宁教授指出,这一方面要归功于他卓有成效地颠覆了基督教神学对道家思想的解读,另一方面则要归功于他在《圣经》和歌德的语言艺术之间取得巧妙平衡的诗学创作能力,这深深吸引了同时代德语作家,例如在卫礼贤的影响下,奥地利诗人、剧作家卡尔·达拉果(Carl Dallago)1915 年也出版了他的《道

---

① Ingrid Schuster, *China und Japan in der deutschen Literatur*:1890-1925. Bern, München:Peter Lang, 1977:164.

② 谭渊:德国图书市场上的中国形象. 张昆、张明新主编:《中国国家形象传播报告(2019)》,北京:社会科学文献出版社,2020 年,第 120 页。

③ Schuster, *China und Japan in der deutschen Literatur* 1890-1925, p. 164.

④ Grasmück, *Geschichte und Aktualität der Daoismusrezeption*, pp. 65-66.

⑤ Hauer, "Rezension zu Richard Wilhelm, Laotse. Taoteking", p. 540.

⑥ Wilhelm Schüler, "Richard Wilhelms wissenschaftliche Arbeit". *Sinica*, 1930(5):59.

⑦ Hermann Hesse, "Weisheit des Ostens". Adrian Hsia(ed.), *Hermann Hesse und China*. Frankfurt a. M.:Suhrkamp, 1981:97.

德经》译本①。而卡夫卡（Franz Kafka）、海德格尔（Martin Heidegger）、荣格（Carl Gustav Jung）、布洛赫（Ernst Bloch）以及一大批学者都在此时开始了对道家学说的研究，推动"寻道"在20世纪20年代的德语世界成为一种风尚。著名华裔学者夏瑞春教授曾对此给予高度评价："德国整整几代人对中国思想的了解都归功于卫礼贤。开始时，他在中国为基督教信仰传教，然后，他在德国成为了中国文化的传播者。"②也正因为卫礼贤的不懈努力，"东方朝圣"才会在20世纪二三十年代的德语世界成为一种风尚。黑塞在纪念卫礼贤时写道："没有什么比卫礼贤在近二十年里译成德文的中国经典更重要、更珍贵。是卫礼贤翻译的中国经典给我和其他许多人打开了一个新世界，没有这个世界，我们真不愿再活下去。"③1930年5月10日，瑞士著名心理学家荣格在追悼会上的演讲《悼念卫礼贤》中也说道："东方的精神就在我们的门口。因此我觉得在生活中实践人生的意义，实践对道的探索，已经成为一种普遍现象，其普遍程度比我们意识到的还要深得多。"④可以说，仅仅就卫礼贤对道家思想西传所作出的巨大贡献而言，他也无愧于"文化使者"的伟大称号。

卫礼贤的《道德经》译本能产生如此之大的影响在很大程度上也与同时代欧洲文化中的悲观倾向密切相关，这种倾向首先从尼采开始，在奥斯瓦尔德·斯宾格勒（Oswald Sprengler）的著作《西方的没落》（*Der Untergang des Abendlandes*，1919）中达到顶峰⑤。正如卫礼贤在报告《东方之光》中所说，这种悲观倾向使得在德语世界"有许多人出于不满回避自己的过去，而在东方思想中寻求幸福，也使得这些东方思想潮流在我们整个精

---

① 达拉果不懂中文，他直接在卫礼贤译本基础上进行了改译。他同样试图从东方思想中寻找神秘主义的解救良方，但其观点与卫礼贤不同，他认为"道"与《圣经》中的"圣言（Wort/logos）"近似，是具有统一性力量的（das Einigende），因此强调"得道"是"与法相衔接"（ANSCHLUSS an das GESETZ），并据此从字面上将《道德经》理解为"衔接与见效"之书（vom Anschluß und vom Wirken），人通过这种"衔接"而获得自身的独立性和完全自由。从单词的大写也可以看出卫礼贤对其译本的巨大的影响。Wilhelm Kühlmann, "Car Dallago und Laotse——Fernöstliche Projektionen moderner Kulturkritik im *Brenner-Kreis*". 卫茂平编：《中德文学关系研究文集》，上海：上海外语教育出版社，2004年，第41-59页。

② Adrian Hsia, "Nachwort". Adrian Hsia (ed.), *Deutsche Denker über China*. Frankfurt a. M.: Insel, 1985：388.

③ 引自 Adrian Hsia, "Herman Hesse und Richard Wilhelm". Adrian Hsia (ed.), *Hermann Hesse und China*. Frankfurt a. M.: Suhrkamp, 1981：341.

④ Hsia, "Herman Hesse und Richard Wilhelm", p. 341. 德语原文：Der Geist des Ostens ist wirklich ante portas. Darum scheint es mir, daß die Verwirklichung des Sinnes, das Suchen des Tao, bei uns in weit stärkerem Maße bereits kollektive Erscheinung geworden ist, als man allgemein denkt. 译文引自卫礼贤、荣格：《金花的秘密》，邓小松译，合肥：黄山出版社，2003年，第95页。

⑤ Karl-Heinz Pohl, "Spielzeug des Zeitgeistes. Zwischen Anverwandlung und Verwurstung-Kritische Bestandsaufnahme der Daoismus-Rezeption im Westen". Josef Thesing, Thomas Awe (ed.), *Dao in China und im Westen. Impulse für die moderne Gesellschaft aus der chinesischen Philosophie*, Bonn：Bouvier, 1999：28.

神生活中变得引人注目"①。而受他的中国朋友辜鸿铭的影响，卫礼贤把中国视为了具有"高度文化和所谓的永恒精神与道德价值观"②的国家，认为中国对于西方的意义首先在于"告诉我们如何找到平静和自我肯定，并从平静与自我肯定中得到力量。从内部作用于事物，而不是在追求成功的道路中将自我遗失于外部世界"③。这正是《道德经》的核心论点——与道、与外部的自然力量协调一致是道家的最高目标。与之相反，西方文化对自然则有完全不同的看法：

> 人们将自己与它（自然）相对立。人们尝试去认知它、去统治它，同样，也对它的力量表示敬意。因此人疏远（自然）母亲而走上自己的道路。这裂痕越清晰，生活就变得越机械化。人越寻求辅助去征服自然，就越处于这种外部力量之下。④

因此，在卫礼贤等知识分子看来，西方文化虽然偏好"对自主的人进行最终强化，由此使他能够应付整个外部世界"⑤，但是在寻求对抗"当代欧洲人的仇恨与狂热"⑥的工具时，西方恰恰需要东方的思想（如道家思想）来抵抗斯宾格勒所预言的"西方的没落"。

同时，卫礼贤所开辟的双向文化对话也向西方展示出《道德经》中的元素与《圣经》、歌德、卢梭的思想有诸多一致之处⑦。在这层意义上，德语世界知识分子在面对卫礼贤版《道德经》译本时，他们对东方文化和"新信仰"⑧的寻求最终又回到了欧洲文化的出发点。事实上，由于与东方思想的一致性，当传统"欧洲人"的"永恒的"价值⑨通过《道德经》再次获得证实后，他们又披着一件东方外衣重新登场了。其实早在魏玛共和国时期，黑塞就已经指出：《道德经》相当于一本"中国的《圣经》"，而且成了黑塞"最重要的启示录"⑩。这也许就是卫礼贤版的《道德经》直到今天还如此受欢迎的最重要的原因。

---

① Richard Wilhelm, "Licht aus Osten". Salome Wilhelm (ed.), *Der Mensch und das Sein*. Jena: Diederichs, 1931: 141.

② Mechthild Leutner, "Kontroversen in der Sinologie: Richard Wilhelms kulturkritische und wissenschaftliche Positionen in der Weimarer Republik". Hirsch, Klaus (ed.), *Botschafter zweier Welten*. Frankfurt a. M., London: IKO, 2003: 49.

③ Richard Wilhelm, "Ost und West". Richard Wilhelm, *Der Mensch und das Sein*. Jena: Diederichs, 1931: 137.

④ Wilhelm, "Ost und West", p. 137.

⑤ Wilhelm, "Ost und West", p. 140.

⑥ Wilhelm, "Licht aus Osten", p. 141.

⑦ Leutner, "Kontroverse in der Sinologie", p. 50.

⑧ Grasmück, *Geschichte und Aktualität der Daoismusrezeption*, p. 47.

⑨ Wilhelm, "Licht aus Osten", p. 141.

⑩ Herman Hesse, "Meine Begegnung mit dem Buddhismus und Taoismus". Adrian Hsia (ed.), *Hermann Hesse und China*. Frankfurt a. M.: Suhrkamp, 1981: 304.

综上所述，卫礼贤的《道德经》译本在德国汉学研究史上具有里程碑的意义，它对德语世界在第一次世界大战后出现的"道家热"起到了重要推动作用。总体而言，卫礼贤在翻译《道德经》时着眼于选用德语世界读者所熟悉的概念体系，利用东西方思想的诸多相通之处，借助德语读者所熟悉的《圣经》和文学、哲学作品将老子思想介绍给本国读者。就读者实际接受程度来看，卫礼贤译本在德语世界受欢迎程度远远超过其他任何一个译本。这证明译入语中的神学、哲学、文学传统的介入固然对正确认识原文面貌不无损害，但是在降低阅读难度，帮助读者理解和接受《道德经》这样深奥难懂的哲学经典方面仍有积极意义。正如戴特宁教授指出的那样，当卫礼贤同时代的传教士还在努力向中国传播基督教福音时，卫礼贤已经在中德文化之间架起一座新的沟通桥梁，开辟了一条"生机勃勃的逆向车道"①。

## 参 考 文 献

［1］Abel-Rémusat, Jean Pierre. *Mémoire sur la vie et les opinions de Lao-Tseu, philosophe Chinois du VIe siècle avant notre ère, qui a professé les opinions communément attribuées à Pythagore, à Platon et à leurs disciples*［M］. Paris：Imprimerie Royale, 1823.

［2］Benjamin, Walter. *Ursprung des deutschen Trauerspiels*［M］. Frankfurt a. M.：Suhrkamp, 1978.

［3］Breymayer, Reinhard. "Die Bibel der Chinesen. Zum Problem , verwestlichender Übersetzung' in der württembergisch-schwäbischen Chinakunde bis zu Richard Wilhelm (1873-1930)"［A］. Reuter, Rainer & Schenk, Wolfgang (eds.). *Semiotica Biblica. Eine Freundesgabe für Erhardt Güttgemanns*［C］. Hamburg：Kovač, 1999.

［4］Detering, Heinrich. "'Andeutungen des Unaussprechlichen': Richard Wilhelms deutsches Daodejing"［A］.《德意志研究》(2018). 武汉：武汉大学出版社, 2019.

［5］Detering, Heinrich. *Bertolt Brecht und Laotse*［M］. Göttingen：Wallstein, 2008.

［6］Forke, Alfred. "Rezension zu Kungtse—Leben und Werk"［J］. *Logos*, 1926 (15).

［7］Franke, Otto. "Rezension zu Kungtse—Leben und Werk"［J］. *Deutsche Literaturzeitung*, 1926(47).

［8］Gadamer, Hans-Georg. *Wahrheit und Methode. Grundzüge einer philosophischen Hermeneutik*［M］. 6. Auflage. Tübingen：Beck, 1990.

［9］Grasmück, Oliver. *Geschichte und Aktualität der Daoismusrezeption im deutschsprachigen Raum*［M］. Münster：LIT, 2004.

［10］Hauer, Erich. "Rezension zu Richard Wilhelm, Die chinesische Geschichte"［J］.

---

① Detering, *Bertolt Brecht und Laotse*, p. 32.

*Orientalistische Literaturzeitung*, 1927(30).

[11]Hsia, Adrian (ed.). *Deutsche Denker über China* [C]. Frankfurt a. M.: Insel, 1985.

[12]Hesse, Hermann. "Weisheit des Ostens"[A]. Hsia, Adrian (ed.). *Hermann Hesse und China* [C]. Frankfurt a. M.: Suhrkamp, 1981.

[13]Hesse, Hermann. "Meine Begegnung mit dem Buddhismus und Taoismus"[A]. Adrian Hsia (ed.). *Hermann Hesse und China* [C]. Frankfurt a. M.: Suhrkamp, 1981.

[14]Wilhelm Kühlmann, "Car Dallago und Laotse—Fernöstliche Projektionen moderner Kulturkritik im *Brenner*-Kreis"[A]. 卫茂平, 编. 中德文学关系研究文集[C]. 上海: 上海外语教育出版社, 2004.

[15]Lackner, Michael. "Richard Wilhelm, a, sinisized' German translator"[A]. Alleton, Viviane & Lackner, Michael (eds.). *De l'un au multiple* [C]. Paris: Éditions de la Maison des sciences de l'homme, 1999.

[16]Luther, Martin. *Biblia. Das Alte Testament. Die Luther-Bibel von 1534. Vollständiger Nachdruck* [M]. Köln: Taschen, 2005.

[17]Luther, Martin. *Lutherbibel für dich* [M]. Stuttgart: Deutsche Bibelgesellschaft, 2007.

[18]Pannwitz, Rudolf. *Die Krisis der europäischen Kultur* [M]. Nürnberg: Carl, 1917.

[19]Pohl, Karl-Heinz. "Spielzeug des Zeitgeistes. Zwischen Anverwandlung und Verwurstung-Kritische Bestandsaufnahme der Daoismus-Rezeption im Westen" [A]. Thesing, Josef & Awe, Thomas (ed.). *Dao in China und im Westen. Impulse für die moderne Gesellschaft aus der chinesischen Philosophie* [C]. Bonn: Bouvier, 1999.

[20]Schüler, Wilhelm. "Richard Wilhelms wissenschaftliche Arbeit"[J]. *Sinica*, 1930 (5).

[21]Schuster, Ingrid. *China und Japan in der deutschen Literatur: 1890-1925* [M]. Bern, München: Peter Lang, 1977.

[22]Strauß, Victor von. *Lao-tse's Tao Te King* [M]. Leipzig: Friedrich Fleischer, 1870.

[23]Strzoda, W. "Rezension zu Dschuang Dsi. Das wahre Buch vom südlichen Blütenland" [J]. *Orientalische Literaturzeitung*, 1925(28: 2).

[24]Wilhelm, Richard. "Brief an Eugen Diedrich am 8. Okt. 1910"[A]. Diederichs, Ulf (ed.). *Eugen Diederichs. Selbstzeugnisse und Briefe von Zeitgenossen* [C]. Düsseldorf, Köln: Diederichs, 1967.

[25]Wilhelm, Richard. *Laotse. Tao te king. Das Buch des Alten vom SINN und LEBEN* [M]. Jena: Diederichs, 1911.

[26]Wilhelm, Richard. *Laotse und der Taoismus* [M]. Stuttgart: Frommann, 1925.

[27]Wilhelm, Richard. "Licht aus Osten"[A]. Wilhelm, Salome (ed.). *Der Mensch und das Sein* [C]. Jena: Diederichs, 1931,

[28]Wilhelm, Richard (ed.). *Unsere Schulen in Tsingtau* [C]. Görlitz: Hoffmann & Reiber, 1913.

［29］Wilhelm，Salome（ed.）. *Der Mensch und das Sein*［C］. Jena：Diederichs，1931.

［30］Wilhelm，Salome（ed.）. *Richard Wilhelm. Der geistige Vermittler zwischen China und Europa*［C］. Düsseldorf，Köln：Diederichs，1956.

［31］弗里德里希·恩格斯. 自然辩证法［M］. 中共中央马克思恩格斯列宁斯大林著作编译局，译. 北京：人民出版社，1971.

［32］利玛窦. 利玛窦中文著译集［M］. 朱维铮，主编. 上海：复旦大学出版社，2007.

［33］林纯洁. 马丁·路德天职观研究［M］. 北京：人民出版社，2013.

［34］宋健飞. 卫礼贤与德译《道德经》［J］. 《东方翻译》，2012（1）.

［35］谭渊. 德国图书市场上的中国形象［A］. 张昆，张明新，主编. 中国国家形象传播报告（2019）. 北京：社会科学文献出版社，2020.

［36］卫礼贤，荣格. 金花的秘密［C］. 邓小松，译. 合肥：黄山出版社，2003.

# 《大地之歌》与古斯塔夫·马勒的中国幻想①

华中科技大学　冯翰轩

**摘要**：古斯塔夫·马勒是杰出的奥地利作曲家及指挥家，是19世纪末晚期浪漫主义音乐的代表人物之一。他的代表作《大地之歌》的歌词是根据汉斯·贝特格翻译的唐代诗集《中国之笛》改编创作而成。《大地之歌》中有许多中国意象吸引着中外学者进行研究。本文将《大地之歌》与其中介译本《中国之笛》进行对比，再将其与对应的唐诗原文进行比较，找出马勒的改编之处，并对其原因进行分析，从而通过《大地之歌》探索马勒所想表达的心境和他对中国社会的理解。

**关键词**：古斯塔夫·马勒；《大地之歌》；汉斯·贝特格；《中国之笛》

## 1. 引语

奥地利作曲家、指挥家古斯塔夫·马勒(Gustav Mahler)的创作领域主要是艺术歌曲和交响曲。在这两个方面，他的创作水准极高，尤其是他晚期的作品，无论从规模、形式还是情感表达上都具有很高的艺术水准。马勒的众多作品之中，《大地之歌》(*Das Lied von der Erde*)尤其受到国内外学者的关注。其中一个原因是其形式独树一帜，与以往的作品不同，颇具新鲜感；另一个原因则是马勒不同于同时期的其他作曲家，他对中国文化怀有浓厚的兴趣，身为一名奥地利作曲家，却选择改写中国唐代诗人的诗歌，以此作为《大地之歌》的歌词，并通过他自己的实践，创造出一个幻想的"中国"。

《大地之歌》与中国唐诗息息相关，可马勒一生从未踏足中国，他对中国的历史和文化也一无所知，因此，关于"中国"的一切其实都不过是他脑海中的幻想，此幻想基于汉斯·贝特格(Hans Bethge)翻译的中国唐诗集《中国之笛》(*Die chinesische Flöte*)。但值得注意的是，贝特格没有直接把诗歌从中文译成德文，也没有把这些诗歌叫作诗歌(Dichtungen)，而是把这些诗歌的德文版叫作"自由改译"(Nachdichtungen)。这些不是诗歌而是对中文原作的改写，带有无关的插入句，也有很多错误。② 马勒根据贝特格的

---

① 基金项目：本文系国家社科基金一般项目"中国文学在17—18世纪德国的传播与'中国故事'的多元建构研究"(项目编号18BWW069)阶段性成果。

② 苏珊·菲勒，余志刚译：《古斯塔夫·马勒的歌曲——交响曲〈大地之歌〉》，《中央音乐学院学报》，2008年第2期，第71页。

7 首"仿作"改写了《大地之歌》的歌词，前人已经找出了《大地之歌》的歌词源头。《大地之歌》共分为六个乐章：第一乐章"人间饮酒悲歌"对应李白的《悲歌行》；第二乐章"秋日孤客"，关于它的出处有两种说法，其一是钱起的《效古秋夜长》①，其二是张继的《枫桥夜泊》②；第三乐章"青春"对应李白的《宴陶家亭子》③；第四乐章"佳人"出自李白的《采莲曲》；第五乐章"醉春"则起于李白的《春日醉起言志》；第六乐章"送别"对应的是孟浩然的《宿业师山房待丁大不至》和王维的《送别》。因此将马勒的歌词同贝特格的中介译本以及原唐诗一起进行比较，便有了更多价值。找出马勒在哪些地方进行了演绎，探索其为什么进行这些演绎，是源于他自身对中国诗歌的仰望还是因为受哲学家尼采的影响，抑或马勒抒发的其实是"19 世纪末西方知识分子的'世纪末情绪'，而与唐诗意境无关"呢？④ 通过解决这些问题，我们将更深刻地理解马勒《大地之歌》中的精神内涵。

## 2. 笼罩在《大地之歌》里的忧伤和哀愁

马勒的《大地之歌》并没有直接使用汉斯·贝特格的中介译本。他斟酌语境，根据所要表达的意象增添和删减字词，从而使得诗歌具有更强烈的情感。但相较于原唐诗，贝特格的"仿诗歌"和马勒的改写所含的内容已大大缩短，德译诗更像是原诗歌的节选，贝特格将原诗歌中的许多词句省去，马勒虽在此基础上进行了增色，但依旧还是省去了很多意象。不过马勒的目的也不在于尽数将原文展现给德语读者，因为即使将原诗剩余部分全部表达出来，他们可能也无法了解其中含义，所以马勒只好将自己的忧伤和哀愁分享给读者。

原唐诗：

悲来不吟还不笑，
天下无人知我心。

中介译本⑤及回译：

Das Lied vom Kummer soll euch in die Seele auflachend klingen.

① 严宝瑜：《马勒〈大地之歌〉德文歌词汉译以及与原唐诗的比较》，《中央音乐学院学报》，2000 年第 3 期，第 21 页。
② 张玲：《〈大地之歌〉中声乐艺术形象及所含"中国元素"分析》，湖南师范大学硕士论文，2010 年，第 28 页。
③ 钱仁康：《〈大地之歌〉词、曲纵横谈》，《音乐研究》，2001 年第 1 期，第 28 页。
④ 严宝瑜：《是"世纪末情绪"还是唐诗意境》，《音乐研究》，2000 年第 2 期，第 17 页。
⑤ Hans Bethge, *Die chinesische Flöte：Nachdichtungen chinesischer Lyrik*. Leipzig：Insel-Verlag, 1907：16-44. 本文中所注"中介译本"均出自此书，以下不再一一注明。

Wenn der Kummer naht, so tribt die Freude, der Gesang erstirbt,

Wüst liegen die Gemächer meiner Seele.

这首忧愁之歌就像在讥笑你们的灵魂

忧愁渐近，欢愉便消逝了，歌声也沉寂了，我的灵魂空空荡荡

马勒的德文①歌词及回译：

Das Lied vom Kummer soll auflachend in die Seele euch klingen.

Wenn der Kummer naht, liegen wüst die Gärten der Seele, welkt hin und stirbt die Freude, der Gesang

这首忧愁之歌就像在讥笑你们的灵魂

忧愁渐近，欢愉便消逝了，歌声也沉寂了，灵魂的花园一片荒凉。

原诗中一曲《悲来吟》直接唱出了李白的孤独与寂寞。于是这位享誉中外的诗仙发出感慨"悲来不吟还不笑，天下无人知我心"。此时的李白已步入晚年生活，自己曾经的胸怀抱负，曾经的豪气凌云，连同那曾经的开元盛世都一起埋葬在往昔的时光中。李白曾在明皇左右，更有贵妃为自己研墨，可如今这最后一抹大唐风流也因为"安史之乱"而荡然无存，此等寂寥普天之下又有谁能明白？

贝特格此时年仅 31 岁，正值人生壮年，他所翻译的东方经典诗歌获得了广泛的认可，因此他并不能完全体会到诗仙李白的心境。但此时的马勒却完全不同，他正值事业的低谷。他读到这首"自由改译"时已经年近半百（47 岁），又因为自身的犹太血统，遭到维也纳音乐界的排挤。而且当时维也纳上流社会崇尚靡靡之音，这也与马勒的音乐追求背道而驰，于是他不得不辞去皇家歌剧院的职务。马勒曾经的风光无限变成了如今的赋闲在家，这种遭遇让他对于李白的孤寂更能感同身受，因此，在他的《大地之歌》中，灵魂的花园变得一片荒凉，没有欢愉，也没有歌声。

除去事业上的变故之外，马勒的长女玛丽亚因白喉病去世，他自己也同样被诊断出患有心脏病。这一系列的打击大大改变了马勒的思想和生活，这也是为什么《大地之歌》中处处流露出忧伤和哀愁之感。

原唐诗：

但去莫复问，

白云无尽时。

中介译本及回译：

① Gustav Mahler, *Das Lied von der Erde*. Wien: Universal Edition, 1911: 2. 本文中所引用的马勒歌词均出自此书，以下不再一一注明。

Und ewig, ewig sind die weißen Wolken…

永恒的，永恒的是白云……

马勒的德文歌词及回译：

Allüberall und ewig blauen licht die Fernen！Ewig… ewig…

到处皆是，永远湛蓝的天空！

直到永远……永远……

"但去莫复问，白云无尽时"是原诗《送别》的中心句：你尽管放心地走吧！我也不必再向你详细追问究竟要到那里去。你只要知道那要去的地方，正有绵延不尽的白云，在天空中飘荡就可以了。在这首诗中，主人公的内心极其复杂，既有对友人的安慰，又有自己对隐居生活的心向往之；既有对人世间荣华富贵的不屑与洒脱，又有对自己不尽如人意的生活的无可奈何。贝特格的"自由改译"在意义上尽量向原诗靠拢，马勒将白云这个意象换成了广阔湛蓝的天空，体现出他更宏大的胸襟和眼界。然而，译文中的主人公还是因自己的生活与理想不符而暗自与现实生活告别，此句中"永远"一词在结尾处重复了七次，隐喻了天国的钟声，这是对死亡的暗示。

马勒为什么会在此处暗示死亡？其主要原因肯定是自己长女玛丽亚的离世。他在女儿病逝后几周开始写《大地之歌》，此刻他正经历着一场情感上的危机，这首《大地之歌》有为纪念孩子而创作的可能性。在这方面，《大地之歌》可以和《亡儿之歌》(Kindertotenlied) 相比，那是马勒和阿尔玛结婚之前开始创作的，几乎可以肯定是来自对他兄弟姐妹不断死亡的记忆。[①] 还有一种可能是马勒自己被查出患有心脏瓣膜缺失，预料到自己的未来可能也会有厄运降临，进而创作出这首《大地之歌》。因为这首作品本应是第九交响曲，但却只拥有标题，并未进行编号，或许是因为有很多音乐家在创作出第九首交响曲之后不久，就不幸离世，像贝多芬、德沃夏克和布鲁克纳都是如此。

《大地之歌》的第一、三、五乐章歌词相对比较欢快激动，而第二、四、六乐章的歌词就带有更多的感伤和哀怨。[②] 这反映出马勒的内心充满了矛盾，他一直在思考自己应如何生活，应该如何死亡以及死后的状态。在混乱的现实面前，马勒对生活的意义进行了深入思考，但无法找到确切的答案。女儿的去世使他突然意识到生命的短暂，他明白人们应更加热爱生活。可是现实生活却让他失望，马勒追求现代音乐的认真态度引发

---

① 苏珊·菲勒，余志刚译：《古斯塔夫·马勒的歌曲——交响曲〈大地之歌〉》，《中央音乐学院学报》，2008 年第 2 期，第 70-71 页。

② 叶潇奕：《人生的悲壮——马勒的〈大地之歌〉》，《市场周刊（理论研究）》，2010 年第 1 期，第 123 页。

了维也纳音乐界的不满。他的一生都在流浪，他在奥地利人心目中是波西米亚人，在德国人看来是奥地利人，在世界上则是没有祖国的犹太人，始终找不到归属感，这也使得《大地之歌》中出现如此多的彷徨和无助。在生死方面，马勒显得尤为悲痛，更无能为力。对于长女的离世，他手足无措；对于自己的先天性心脏病，他也毫无办法。但是在唐诗的世界，马勒找寻到了一线希望，《大地之歌》中"大地"的内涵就受到唐诗启发，马勒顿悟出：大地是万物之母，是一切价值之源。[①] 因为人们生活在大地上，是大自然的一部分，所以人类的生死与四季里的花开花落并无区别。人的出生、衰老和死亡也是自然的安排，在这种情况下，人们根本就无须介意个人的生老病死！因此他也将自己对世界的美好希冀放入《大地之歌》的歌词中。

### 3. 隐藏在《大地之歌》里的甜蜜和希冀

由于中西文化的巨大差异，唐诗中出现的许多意象都有特殊的含义，可是在西方文化中缺少与之对应的词汇，这就使得译者必须依靠自己的理解或想象去寻找西方文化中相似的词，来补充自己文化中表现中国文化以及习俗词汇的缺失，译者会对这些意象进行演绎，以便抒发自己的情绪和表明自己的心境。

马勒根据上下文，利用他的想象力对贝特格的中介译本进行了二度创作。他结合诗歌的内容将《中国之笛》中原先的诗题"在岸边""瓷亭"和"春天里的饮酒人"修改成"佳人""青春"和"醉春"。马勒歌词的题目就是题眼，将这首歌的主题表述得更为明确。"青春"为读者描绘了一幅充满朝气的画面：穿着华丽的友人们相邀结伴踏青，他们在小池中央的凉亭内饮酒作赋，挥斥方遒，谈天阔地，何等的书生意气。"佳人"讲述了一个美丽的采莲女对一个俊俏的骑马少年一见钟情的故事。这个骑马少年疾驰而去，只留下少女充满爱意地望着他的背影，那眼神深邃又炙热，可以窥见她内心似火一般渴望爱情。这个故事可以唤醒读者对初恋的回忆，少女的这份娇羞令人感同身受，这些都源自马勒对中国少男少女之间青涩爱情的幻想。"醉春"讲述了一个醉客借助酒劲抒发自己的情绪，这里非常像马勒自己的现状。他无法在现实生活中这么大声地歌唱和宣泄，于是将他歌词的主人公变成一个随性的醉客，以天为被，以地为床，酒醒便接着饮酒高歌。

原唐诗：

拭泪相思寒漏长

中介译本及回译：

---

① 叶潇奕：《人生的悲壮——马勒的〈大地之歌〉》，《市场周刊（理论研究）》，2010 年第 1 期，第 123 页。

Sonne der Liebe, willst du nie mehr scheinen,
Um meine bittern Tränen aufzutrocknen?
爱情的太阳，你是否不再愿意为我闪耀，
为我拭干苦涩的相思泪？

马勒的德文歌词及回译：

Sonne der Liebe, willst du nie mehr scheinen,
um meine bittern Tränen mild aufzutrocknen?
爱情的太阳，你是否不再愿意为我闪耀，
为我轻轻拭干苦涩的相思泪？

在原诗《效古秋夜长》中，这位织女所惦念的并非她的爱人，而是自己的家人，然后希望富人能够怜悯天下那些尚未解决温饱的苦寒穷人，能施舍他们一些衣物。贝特格在"自由改译"中将后面这些含义一并抹去，仅仅让诗中的主人公为思念情人而流泪。要是贝特格的"自由改译"完全忠于李白，或许就无法如此强烈地吸引马勒，正是"自由改译"中有这些阴郁和难过的气息，它们才能触碰到马勒内心的深处，引起他的共鸣，迸发出创作的火花。

原唐诗：

紫骝嘶入落花去
见此踟蹰空断肠

中介译本及回译：

Das Roß des einen wiehert auf und scheut und saust dahin
Und zerstampft die hingesunkenen Blüten.
一位少年的骏马长嘶一声，奔跑着，跳跃着，
将低垂的花朵踩得粉碎。

马勒的德文歌词前两句同中介译本一致，后两句为：

Und die schönste von den Jungfrauen
sendet lange Blicke ihm der Sehnsucht nach.
In dem Funkeln ihrer großen Augen, in dem Dunkel ihre heißen Blicks

schwingt klagend noch die Erregung ihres Herzens nach

采莲女中最美的少女，对这位少年投去缱绻的目光

那双大眼睛里闪烁着火花，

透过她深邃又炙热的目光，可以窥见她悸动的心灵。

原诗"紫骝嘶入落花去，见此踟蹰空断肠"表述的是诗人的马突然受到惊吓，将花踩碎了，进而诗人抱怨美丽的事物总是那么短暂，并没有直接表达男女之情。但原诗的首联中，溪边的采莲少女与颈联中岸上的骑马公子形象给贝特格留下了很大的创作空间。贝特格将骑马者变成踏青游玩的少年，采花女对其一见钟情，这情节与西方故事中一位欧洲公主爱上英勇骑士很相似。在此基础上，马勒继续发挥自己的想象力，对采莲少女的目光和内心进行了更为细致的描写："少女缱绻的目光，内心深陷爱情无法自拔，燃烧着热情的火焰。"

马勒在谈及爱情这个主题时补充如此多华丽的词句，对这个情节进行了非常细致的刻画，其原因与他个人的生活经历有关。马勒一生大部分时间都与不幸相伴，纵使有过幸福，也是稍纵即逝。他拥有一个不幸的童年，父母对于他的教育规划意见相左，常常因此发生争吵，彼此之间还长期保持无爱的婚姻，这就导致家中常常笼罩着沮丧和悲伤的气氛，使得马勒自己也变得十分忧郁。而比他小一岁的弟弟艾伦斯特也在 13 岁时患心脏水肿死去。心疼弟弟的马勒"紧守在病人身边，眼看着病情不断地变化，满心恐惧地陪着他病苦煎熬、直到最后一刻"①。而马勒与妻子阿尔玛之间的感情也不是很好，她在马勒死后还有两任丈夫和许多情人（其中一些和她同时有性关系）。② 因此，马勒自己也渴望那种至纯至真的爱情。在看到贝特格的"自由改译"后，他豁然开朗，原来在遥远的东方国度就有这样令人向往的爱情。于是他将这份渴望转投给了这位在溪边的采莲少女，把她内心的爱情之火点燃，对自己的情郎投去柔情炙热的目光。

原唐诗：

樵人归欲尽

中介译本及回译：

Die arbeitsamen Menschen gehn heimwärts,

① 粟津则雄、李宇光：《马勒的交响曲与中国的诗人们——〈大地之歌〉的歌词》，《中国音乐》，1987 年第 3 期，第 18 页。

② 苏珊·菲勒：《古斯塔夫·马勒的歌曲——交响曲〈大地之歌〉》，余志刚译，《中央音乐学院学报》，2008 年第 2 期，第 70 页。

voller Sehnsucht nach dem Schlaf.

辛劳的人们回到家中，渴望着进入梦乡。

马勒的德文歌词及回译：

Alle Sehnsucht will nun träumen, die müden Menschen gehen heimwärts,
und im Schlaf vergessenes Glück und Jugend neu zu lernen.
所有的期盼都成为梦幻，疲倦的人们踏上回家的路途，
试着在睡梦中重拾遗忘的幸福和青春。

原诗"樵人归欲尽"是诗人在等候朋友赴约时看见的景象，经过贝特格在中介译本的发挥后，变成了辛劳的人们渴望进入梦乡。而马勒通过幻想将这些辛劳的人们换成了那些因追逐利益而疲惫不堪的人们，他们也不再只是渴望睡眠，马勒希望他们每个人都能在睡眠中找到遗失的青春和幸福。马勒必然也是其中的一员，他自然渴望能找到那曾经拥有但又失去的幸福。

## 4.《大地之歌》里的中国特色意象

唐诗中代表中国文化习俗类的物品是切实存在的，并且具有很浓的中国色彩，很难在西方世界找到对等的意义，所以无法完全达到对等。贝特格的中介译本都尽量将这些意象转换成德国人可以理解的或日常生活中常用的对象。此外，唐诗中会有很多的留白，诗人不会把话说得那么明白，这就给马勒的《大地之歌》提供了发挥空间，运用他自己的理解和情绪为这片空白画上图案，添上色彩。如下面这段，贝特格增添如下词句，马勒没有进行更改，全部收入了《大地之歌》。

中介译本和马勒的德文歌词及回译：

Ihre seidnen Ärmel gleiten rückwärts,
ihre seidnen Mützen, hocken lustig tief im Nacken.
他们高挽绸袖，
他们的丝帽轻盈地滑落颈上。

早在公元前 5 世纪，中国丝绸就已经传入欧洲，成为贵族才能享受的奢侈品，古希腊人由此将生产这种华丽织物的东方民族称为"赛里斯"，即丝绸之意。受古代希腊、罗

马文献的影响，德国人最早将出产丝绸的遥远的东方民族称为"丝人"——赛里斯 (Sêres)。[1] 由于过去西方人对中国的幻想和印象，所以贝特格为诗中的人物穿上丝质衣服，马勒也接受这个幻想，并没有对它进行删减。东方的青年人们相邀踏青，而此时的西方社会正值资本主义经济高速发展的黄金时期，人们都忙于追求财富和提高物质水平，却忽略了内心的空虚和躁动。两者之间形成了鲜明的对比，遥远的东方人们生活平静，内心安宁，这也让马勒心向往之。

原唐诗：

> 君言不得意，
> 归卧南山陲。

中介译本及回译：

> Er Sprach mit umflorter Stimme：Du mein Freund,
> mir war das Glück in dieser Welt nicht hold. Wohin ich geh？
> Ich geh, ich wandre in die Berge. Ich suche Ruhe für mein einsam Herz.
> 他用咽哑的声音回答：你是我的朋友啊，
> 这个世界的快乐与我无缘，我要往何处去？
> 我在深山中游荡。我为自己孤独的心灵谋求安宁。

马勒的德文歌词及回译：

> Er sprach, seine Stimme war umflort. Du, mein Freund,
> mir war auf dieser Welt das Glück nicht hold！Wohin ich gehe？
> Ich gehe, ich wandere in die Berge. Ich suche Ruhe für mein einsam Herz.
> Ich wandle nach der Heimat！Meiner Stätte.
> 他回答的声音很咽哑：你是我的朋友啊，
> 这个世界的快乐与我无缘，我要往何处去？
> 我在深山中游荡。我为自己孤独的心灵谋求安宁。
> 我要回我的家园！寻找归宿。

原诗"君言不得意，归卧南山陲"的作者王维本身就是一个隐士，诗中的朋友也因现实不得意而选择归隐，但贝特格的"自由改译"只表达出主人公打算回到家中寻求内

---

① 谭渊：《丝绸之国与希望之乡——中世纪德国文学中的中国形象探析》，《德国研究》，2014年第 2 期，第 114-115 页。

心的愿景。其中一个原因是为了衔接上下文，另一个则是贝特格无法理解"南山"一词（指代隐居）的真正含义。陶渊明的诗句"悠然见南山"就表达出自己那种恬淡闲适、对生活无所求的心境。而这种典型的东方田园生活恰好让如今赋闲在家的马勒找到了理想的生活方式，是一条解决他精神危机的出路。

在西方传统文化中，追求精神宽慰，人们终将走上信教这条道路。但尼采在他的《查拉图斯特拉如是说》中说道，上帝的存在是人们逃避现实的谎言，这就使得马勒追求精神宽慰之所的愿望直接落空。尼采曾经说过："那么怎么才能根除西方人心灵上的这种精神生活或精神质量的贫乏状态呢，一种方案是把中国人请到欧洲，带来东方的思想方式和生活方式。"①中国的"隐士"每日与山水为伴，感受大自然的馈赠，他们没有宗教信仰，不需要进行苦修和行善来获得上天堂的殊荣，他们所追求的仅仅是内心的平静。而西方人此刻正享受着两次工业革命的便利，对大自然进行改造和破坏来发展经济，物质水平虽然提升，但内心却更加空虚和寂寞。正是因为对现状感到不满，马勒才会失望甚至是绝望，而遥远东方的古代诗人却为马勒带来了一些曙光。因此，马勒从西方人与自然对立的观点中走出来，接受了东方人与自然相融合的人生观。

在混乱的现实面前，马勒对生活的意义进行了深入思考，他认为还是应该珍惜当下，热爱生命。虽然他热爱生命，但他已意识到西方社会中生活本身的空虚和绝望，他向往的是一个更美好的世界，于是他决定与自己热爱的大地告别，创造出这首《大地之歌》。马勒使用中国唐诗作为自己的歌词与他否认现实、追求美丽理想世界的美好愿望密切相关，中国诗人所描绘的景象说出了他的心声。他的现实生活并不遂愿，但遥远的东方为马勒带来了新的希望，照亮了他内心的黑暗。于是马勒才会在《大地之歌》中说出："亲爱的大地，待春天降临仍将是处处鲜花处处绿茵。"东方的美丽画面使马勒感到，西方社会总有一天也能够像东方一样美丽。

## 5. 结语

《大地之歌》在诗歌韵律上的特色完全归功于贝特格的"自由改译"。贝特格在译作中运用的是抑扬格，能让德语读者以最熟悉的方式领略"东方诗歌"的魅力。而马勒只是在此基础上，将它们调整成更适合音律的节奏，以便德国听众接受和欣赏。马勒还通过自己的幻想，联系自己的心情，又给贝特格的"自由改译"添加了许多意象，给环境和事物配上符合心情的颜色，让德国读者能从歌词中感受到马勒所想要表达出的情感。

从中国文学在欧洲的传播史来看，在 19 世纪末 20 世纪初，中国诗歌开始作为歌词进入西方音乐家的创作视野。在中国代代相传的伟大诗歌以其独特的艺术魅力吸引着西方音乐家。据马勒的妻子阿尔玛在《回忆录》中记载，她过世的父亲有一位患肺结核病

---

① 转引自李秀军：《马勒〈大地之歌〉音乐学研究中的几个问题》，《中国音乐》，2007 年第 2 期，第 69 页。

的朋友，此人把对故人的友情完全转移到马勒身上，"他为这个他所欣赏的年轻人找出许多诗。借种种手段来激发他的创作欲，而以此为乐"。促使马勒品读由汉斯·贝特格所译唐诗《中国笛》诗集的也正是这位老人。① 马勒也受此影响，在阅读完贝特格的"自由改译"之后，利用散步时的闲暇冥想，很快就完成了《大地之歌》这首交响曲。贝特格翻译唐诗主要是源于西方资产阶级知识分子的"世纪末情绪"，这就是为什么整部译诗集《中国之笛》总是显得如此消极和凄凉。马勒阅读了贝特格的译诗，根据自己的生活经历和幻想完成了第二次创作。虽然他的生活总是充满坎坷，但他认为东方诗人描绘的美景终将会出现在西方社会，西方人的生活最终也会变得如此美好。马勒借着这个文本进行他自己的创作，他所呈现给德语读者和听众的是经过他自己内化后幻想的"中国"。

# 参 考 文 献

［1］Bethge, Hans. *Die chinesische Flöte*：*Nachdichtungen chinesischer Lyrik*［M］. Leipzig：Insel-Verlag, 1907.

［2］Mahler, Gustav. *Das Lied von der Erde*［M］. Wien：Universal Edition, 1911.

［3］李秀军. 生与死的交响曲［M］. 北京：生活·读书·新知三联书店, 2005.

［4］李秀军. 马勒《大地之歌》音乐学研究中的几个问题［J］. 中国音乐, 2007(2).

［5］钱仁康.《大地之歌》词、曲纵横谈［J］. 音乐研究, 2001(1).

［6］苏珊·菲勒. 古斯塔夫·马勒的歌曲——交响曲《大地之歌》［J］. 余志刚, 译. 中央音乐学院学报, 2008(2).

［7］粟津则雄, 李宇光. 马勒的交响曲与中国的诗人们——《大地之歌》的歌词［J］. 中国音乐, 1987(3).

［8］谭渊. 丝绸之国与希望之乡——中世纪德国文学中的中国形象探析［J］. 德国研究, 2014(2).

［9］严宝瑜. 马勒《大地之歌》德文歌词汉译以及与原唐诗的比较［J］. 中央音乐学院学报, 2000(3).

［10］严宝瑜. 是"世纪末情绪"还是唐诗意境［J］. 音乐研究, 2000(2).

［11］叶潇奕. 人生的悲壮——马勒的《大地之歌》［J］. 市场周刊(理论研究), 2010(1).

［12］张玲.《大地之歌》中声乐艺术形象及所含"中国元素"分析［D］. 长沙：湖南师范大学硕士论文, 2010.

---

① 粟津则雄、李宇光：《马勒的交响曲与中国的诗人们——〈大地之歌〉的歌词》，《中国音乐》，1987年第3期，第18页。

# 《中国之笛》《大地之歌》与唐诗原文的对照

## 第一章 "人间饮酒悲歌"（Das Trinklied vom Jammer der Erde）
### 原诗：《悲歌行》（李白；仅上半段）

悲来乎，悲来乎。  
主人有酒且莫斟，听我一曲悲来吟。  
悲来不吟还不笑，天下无人知我心。  
君有数斗酒，我有三尺琴。  
琴鸣酒乐两相得，一杯不啻千钧金。

悲来乎，悲来乎。  
天虽长，地虽久，金玉满堂应不守。  
富贵百年能几何，死生一度人皆有。  
孤猿坐啼坟上月，且须一尽杯中酒。

| 《中国之笛》① | 《大地之歌》② | 《大地之歌》回译 |
| --- | --- | --- |
| Schon winkt der Wein in goldenen Pokalen, Doch trinkt noch nicht! Erst sing ich euch ein Lied! | Schon winkt der Wein im goldnen Pokale, Doch trinkt noch nicht, erst sing ich euch ein Lied! | 酒荡漾在 金樽之中， 不过请先别喝， 我先给你唱首歌！ |
| Das Lied vom Kummer soll euch in die Seele Auflachend klingen! Wenn der Kummer naht, So tribt die Freude, der Gesang erstirbt, Wüst liegen die Gemächer meiner Seele. Dunkel ist das Leben, ist der Tod. | Das Lied vom Kummer soll auflachend in die Seele euch klingen. Wenn der Kummer naht, liegen wüst die Gärten der Seele, Welkt hin und stirbt die Freude, der Gesang. Dunkel ist das Leben, ist der Tod. | 这首忧愁之歌 听上去发自 你们灵魂的笑声。 忧愁渐近， 欢愉便消逝了， 歌声也沉寂了。 生和死一样黑暗， 一片黑暗！ |
| Dein Keller birgt des goldnen Weins die Fülle, Herr dieses Hauses, -ich besitze andres: | Herr dieses Hauses! Dein Keller birgt die Fülle des goldenen Weins! | 这间屋子的主人呀！ 你的酒窖里 全是金色的酒！ |

---

① Hans, Bethge, *Die chinesische Flöte*：*Nachdichtungen chinesischer Lyrik*. Leipzig：Insel-Verlag, 1907：16-44. 以下不再一一注明。

② Gustav, Mahler, *Das Lied von der Erde*. Wien：Universal Edition, 1911：2. 以下不再一一注明。

| 《中国之笛》 | 《大地之歌》 | 《大地之歌》回译 |
|---|---|---|
| Hier diese lange Laute<br>nenn ich mein!<br>Die Laute schlagen und<br>die Gläser leeren,<br>Das sind zwei Dinge, die<br>zusammenpassen!<br>Ein voller Becher Weins<br>zur rechten Zeit<br>Ist mehr wert als die<br>Reiche dieser Erde.<br>Dunkel ist das Leben, ist der Tod. | Hier, diese lange Laute<br>nenn' ich mein!<br>Die Laute schlagen und<br>die Gläser leeren,<br>Das sind die Dinge, die<br>zusammen passen.<br>Ein voller Becher Weins<br>zur rechten Zeit<br>Ist mehr wert, als alle<br>Reiche dieser Erde!<br>Dunkel is das Leben, ist der Tod. | 我的怀中<br>倚着琉特琴!<br>弹琴喝酒,<br>这两件事,<br>极为相称。<br>在适当的时候<br>喝上满满一杯酒,<br>那就比这世上<br>所有的国度都富足!<br>生和死一样黑暗,<br>一片黑暗! |
| Das Firmament blaut<br>ewig, und die Erde<br>Wird lange feststehn auf<br>den alten Füßen, -<br>Du, aber, Mensch, wie<br>lange lebst denn du?<br>Nicht hundert Jahre darfst<br>du dich ergötzen<br>An all dem morschen<br>Tande dieser Erde,<br>Nur Ein Besitztum ist<br>dir ganz gewiß:<br>Das ist das Grab, das<br>grinsende, am Ende.<br>Dunkel ist das Leben,<br>ist der Tod. | Das Firmament blaut<br>ewig und die Erde<br>Wird lange fest stehen<br>und aufblühn im Lenz.<br>Du aber, Mensch, wie<br>lang lebst denn du?<br>Nicht hundert Jahre darfst<br>du dich ergötzen<br>An all dem morschen Tande<br>dieser Erde,<br>Nur ein Besitztum ist dir<br>ganz gewiss:<br>Das ist das Grab, das<br>grinsende, am Erde.<br>Dunkel ist das Leben,<br>ist der Tod. | 天空蔚蓝依旧,<br>大地也会长久存在,<br>春天到来,<br>鲜花遍地。<br>但你,你还能<br>活多久啊?<br>你在这世上所享受的,<br>过了百年之后,<br>全都会变成不值钱的<br>小玩意儿!<br>对你来说,只有一种<br>财富是确定的:<br>那就是在大地上<br>笑着的坟墓。<br>生和死一样黑暗,<br>一片黑暗! |
| Seht dort hinab!<br>Im Mondschein auf<br>den Gräbern<br>Hockt eine wild-<br>gespenstische Gestalt.<br>Ein Affe ist es!<br>Hört ihr, wie sein Heulen | Seht dort hinab!<br>Im Mondschein auf<br>den Gräbern hockt<br>eine wildgespenstische<br>Gestalt-Ein Aff ist's!<br>Hört ihr, wie sein<br>Heulen hinausgellt | 放眼望去!<br>在月下的坟地上蹲着<br>一个面目狰狞的鬼影,<br>——原来那是一只猿猴!<br>你们听到它的哀嚎吗?<br>这哀鸣搅乱了<br>生活的甜蜜! |

| 《中国之笛》 | 《大地之歌》 | 《大地之歌》回译 |
| --- | --- | --- |
| Hinausgellt in den süßen<br>Duft des Abends?<br>Jetzt nehmt den Wein!<br>Jetzt ist es Zeit, Genossen!<br>Leert eure goldnen<br>Becher bis zum Grund.<br>Dunkel is das Leben, ist der Tod. | in den süßen Duft des Lebens!<br>Jetzt nehm den Wein!<br>Jetzt ist es Zeit, Genossen!<br>Leert eure goldnen<br>Becher zu Grund!<br>Dunkel ist das Leben,<br>ist der Tod! | 现在请举起酒杯,<br>同伴们!<br>把金杯里的<br>酒清空!<br>生和死一样黑暗,<br>一片黑暗! |

# 第二章 "秋日孤客"(Der Einsame im Herbst)

## 原诗:《效古秋夜长》(钱起;仅前四句)

秋汉飞玉霜, 北风扫荷香。
含情纺织孤灯尽, 拭泪相思寒漏长。

| 《中国之笛》 | 《大地之歌》 | 《大地之歌》回译 |
| --- | --- | --- |
| Herbstnebel wallen<br>bläulich überm Strom,<br>Vom Reif bezogen<br>stehen alle Gräser,<br>Man meint, ein Künstler<br>habe Staub von Jade<br>Über die feinen Halme<br>ausgestreut. | Herbstnebel wallen bläulich<br>überm See;<br>Vom Reif bezogen stehen<br>alle Gräser;<br>Man meint', ein Künstler<br>habe Staub vom Jade<br>Über die feinen Blüten<br>ausgestreut. | 秋天的湖面上<br>泛起了雾,<br>远近的绿草<br>披上了白霜,<br>人们还以为,<br>是一位艺术家,<br>将玉粉洒满了<br>美丽的花瓣。 |
| Der süße Duft der<br>Blumen ist verflogen,<br>Ein kalter Wind beugt<br>ihre Stengel nieder;<br>Bald werden die verwelkten<br>goldnen Blätter<br>Der Lotosblüten auf dem<br>Wasser ziehn. | Der süße Duft der Blumen<br>is verflogen;<br>Ein kalter Wind beugt ihre<br>Stengel nieder.<br>Bald werden die verwelkten,<br>goldnen Blätter<br>Der Lotosblüten auf dem<br>Wasser ziehn. | 然而花香<br>早已不在,<br>阵阵寒风<br>将花枝压倒。<br>荷花渐渐凋零,<br>流水载着片片<br>金色的花瓣<br>飘去。 |

续表

| 《中国之笛》 | 《大地之歌》 | 《大地之歌》回译 |
|---|---|---|
| Mein Herz ist müde,<br>Meine kleine Lampe<br>Erlosch mit Knistern, an<br>den Schlaf gemahnend,<br>Ich komme zu dir, traute<br>Ruhestätte, -<br>Ja, gib mir Schlaf, ich<br>hab Erquickung not! | Mein Herz ist müde.<br>Meine kleine Lampe<br>Erlosch mit Knistern;<br>es gemahnt mich an<br>den Schlaf.<br>Ich komm zu dir, traute<br>Ruhestätte!<br>Ja, gib mir Ruh, ich hab<br>Erquickung not! | 我的心很疲惫。<br>我的小灯，<br>噗的一声熄灭了，<br>这一切都在<br>催我入睡。<br>我来到你的身边，<br>最亲爱的安息地。<br>是啊，让我休息，<br>我亟需慰藉！ |
| Ich weine viel in meinen<br>Einsamkeiten,<br>Der Herbst in meinem Herzen<br>währt zu lange;<br>Sonne der Liebe, willst du nie<br>mehr scheinen,<br>Um meine bittern Tränen<br>aufzutrocknen? | Ich weine viel in meinen<br>Einsamkeiten.<br>Der Herbst in meinem Herzen<br>währt zu lange.<br>Sonne der Liebe, willst du nie<br>mehr scheinen,<br>Um meine bittern Tränen mild<br>aufzutrocknen? | 我常常在<br>寂寞中哭泣。<br>我心中的秋天<br>持续了太久。<br>爱情的太阳，你是否<br>不再愿意为我闪耀，<br>为我轻轻拭干<br>苦涩的相思泪？ |

# 第三章 "青春"（Von der Jugend）

## 原诗：《宴陶家亭子》（李白）

曲巷幽人宅，高门大士家。 绿水藏春日，青轩秘晚霞。
池开照胆镜，林吐破颜花。 若闻弦管妙，金谷不能夸。

| 《中国之笛》 | 《大地之歌》 | 《大地之歌》回译 |
|---|---|---|
| Mitten in dem kleinen Teiche<br>Steht ein Pavillon aus grünem<br>Und aus weißem Porzellan. | Mitten in dem kleinen Teiche<br>Steht ein Pavillon aus grünem<br>Und aus weißem Porzellan. | 一座白绿相间的<br>瓷砖制成的亭子，<br>坐落在小池的中央。 |

续表

| 《中国之笛》 | 《大地之歌》 | 《大地之歌》回译 |
|---|---|---|
| Wie der Rücken eines Tigers<br>Wölbt die Brücke sich aus Jade<br>Zu dem Pavillon hinüber | Wie der Rücken eines Tigers<br>Wölbt die Brücke sich aus Jade<br>Zu dem Pavillon hinüber | 一顶白玉拱桥，<br>形如高耸的虎背<br>通向那瓷亭。 |
| In dem Häuschen sitzen Freunde,<br>Schön gekleidet, trinken,<br>plaudern, -<br>Manche schreiben Verse nieder. | In dem Häuschen sitzen Freunde,<br>Schön gekleidet, trinken,<br>plaudern,<br>Manche schreiben Verse nieder. | 亭子里的友人们<br>衣着华丽，<br>饮酒作赋，<br>谈天阔地。 |
| Ihre seidnen Ärmel gleiten<br>Rückwärts, ihre seidnen Mützen<br>Hocken lustig tief im Nacken. | Ihre seidnen Ärmel gleiten<br>Rückwärts, ihre seidnen Mützen<br>Hocken lustig tief im Nacken. | 他们高挽绸袖，<br>他们的丝帽<br>轻盈地<br>滑落颈上。 |
| Auf des kleinen Teiches stiller<br>Oberfläche zeigt sich alles<br>Wunderlich im Spiegelbilde： | Auf des kleinen Teiches stiller<br>Wasserfläche zeigt sich alles<br>Wunderlich im Spiegelbilde. | 池面宁澈如镜，<br>清晰地照映出<br>这一切美好的景象。 |
| Wie ein Halbmond scheint der Brücke<br>Umgekehrter Bogen. Freunde,<br>Schön gekleidet, trinken, plaudern,<br>Alle auf dem Kopfe stehend,<br>In dem Pavillon aus grünem<br>Und aus weßem Porzellan. | Alles auf dem Kopfe stehend<br>In dem Pavillon aus grünem<br>Und aus weißem Porzellan；<br>Wie ein Halbmond steht die Brücke,<br>Umgekehrt der Bogen. Freunde,<br>Schön gekleidet, trinken, plaudern. | 白绿相间的瓷亭内的<br>一切景物，<br>都静静地映在水面，<br>拱桥像一轮明月，<br>倒影中弧形下的友人们，<br>衣着华丽，饮酒作赋，<br>谈天阔地。 |

## 第四章 "佳人"（Von der Schönheit）

### 原诗：《采莲曲》（李白）

若耶溪傍采莲女，　　　岸上谁家游冶郎，
笑隔荷花共人语。　　　三三五五映垂杨。
日照新妆水底明，　　　紫骝嘶入落花去，
风飘香袂空中举。　　　见此踟蹰空断肠。

| 《中国之笛》 | 《大地之歌》 | 《大地之歌》回译 |
|---|---|---|
| Junge Mädchen pflücken<br>Lotosblumen<br>An dem Uferrande.<br>Zwischen Büschen,<br>Zwischen Blättern sitzen<br>sie und sammeln<br>Blüten, Blüten in den<br>Schoß und rufen<br>Sich einander Neckereien zu. | Junge Mädchen pflücken<br>Blumen,<br>Pflücken Lotosblumen an<br>dem Uferrande.<br>Zwischen Büschen und<br>Blättern sitzen sie,<br>Sammeln Blüten in den<br>Schoß und rufen<br>Sich einander Neckereien zu. | 年轻的姑娘们<br>在采摘花朵,<br>在岸边采摘着荷花。<br>她们坐在<br>灌木丛和<br>荷叶间,<br>她们将<br>采集的荷花<br>放进怀里。 |
| Goldne Sonne webt um<br>die Gestalten,<br>Spiegelt sie im blanken<br>Wasser wider,<br>Ihre Kleider, ihre süßen Augen,<br>Und der Wind hebt kosend<br>das Gewebe<br>Ihrer Ärmel auf und führt<br>den Zauber<br>Ihrer Wohlgerüche durch<br>die Luft. | Goldne Sonne webt um<br>die Gestalten,<br>Spiegelt sie im blanken<br>Wasser wider.<br>Sonne spiegelt ihre<br>schlanken Glieder,<br>Ihre süßen Augen wider,<br>Und der Zephir hebt mit<br>Schmeichelkosen das Gewebe<br>Ihrer Ärmel auf, führt<br>den Zauber<br>Ihrer Wohlgerüche<br>durch die Luft. | 金色的阳光围绕着<br>她们的身影,<br>阳光在<br>澄澈的溪水上,<br>映出她们<br>纤细的倩影,<br>她们甜蜜的眼眸,<br>和风爱抚着吹起<br>她们的衣袖,<br>将她们<br>迷人的香味<br>挥散在空气中。 |
| Sieh, was tummeln sich für<br>schöne Knaben<br>An dem Uferrand auf<br>mutigen Rossen?<br>Zwischen dem Geäst<br>der Trauerweiden<br>Traben sie einher.<br>Das Roß des einen<br>Wiehert auf und scheut<br>und saust dahin | O sieh, was tummeln sich<br>für schöne Knaben<br>Dort an dem Uferrand auf<br>mut'gen Rossen,<br>Weithin glänzend wie<br>die Sonnenstrahlen;<br>Schon zwischen dem<br>Geäst der grünen Weiden<br>Trabt das jungfrische Volk einher!<br>Das Roß des einen<br>wiehert fröhlich auf | 看! 那边一群<br>俊美的少年骑着<br>高头骏马,<br>从岸边走过。<br>他们光彩照人,<br>仿佛阳光一般,<br>那些年轻活泼<br>的少年们骑着马,<br>穿过绿色的柳枝!<br>一位少年的骏马<br>兴奋地长嘶, |

| 《中国之笛》 | 《大地之歌》 | 《大地之歌》回译 |
|---|---|---|
| Und zerstampft die hingesunkenen Blüten. | Und scheut und saust dahin；<br>Über Blumen, Gräser,<br>wanken hin die Hufe,<br>Sie zerstampfen jäh im<br>Sturm die hingesunkenen Blüten.<br>Hei! Wie flattern im Taumel<br>seine Mähnen,<br>Dampfen heiß die Nüstern!<br>Goldne Sonne webt um<br>die Gestalten，<br>Spiegelt sie im blanken Wasser wider. | 像一阵旋风疾驰,<br>马蹄越过花草,<br>将低垂的花朵<br>踩得粉碎。<br>嘿!马的鬃毛<br>在疯狂地飘动<br>马鼻冒着热气<br>金色的阳光<br>编织她们的身影,<br>澄澈的溪水,<br>映照她们的身形。 |
| Und die schönste von dem Jungfraun sendet<br>Lange Blicke ihm der Sorge nach.<br>Ihre stolze Haltung ist nur Lüge；<br>In dem Funkeln ihrer großen Augen<br>Wehklagt die Erregung ihres Herzens. | Und die schönste von den Jungfraun sendet<br>Lange Blicke ihm der Sehnsucht nach.<br>Ihre stolze Haltung is nur Verstellung.<br>In dem Funkeln ihrer großen Augen,<br>In dem Dunkel ihres heißen Blicks<br>Schwingt klagend noch die Erregung ihres Herzens nach. | 采莲女中最美的少女,<br>对这位少年送去<br>长长的秋波。<br>那双大眼睛里<br>闪烁着火花。<br>透过她<br>深邃又炙热<br>的目光,<br>可以发现她<br>悸动的心灵。 |

## 第五章　"醉春"(Der Trunkene im Frühling)

### 原诗:《春日醉起言志》(李白)

处世若大梦,胡为劳其生?　　借问此何时?春风语流莺。

所以终日醉,颓然卧前楹。　　感之欲叹息,对酒还自倾。

觉来眄庭前,一鸟花间鸣。　　浩歌待明月,曲尽已忘情。

| 《中国之笛》 | 《大地之歌》 | 《大地之歌》回译 |
|---|---|---|
| Wenn nur ein Traum das Dasein ist, Warum dann Müh und Plag? Ich trinke, bis ich nicht mehr kann, Den ganzen lieben Tag. | Wenn nur ein Traum das Dasein ist, Warum denn Müh und Plag? Ich trinke, bis ich nicht mehr kann, Den ganzen, lieben Tag! | 既然人生如梦，为何还要为此辛劳呢？我终日饮酒，直至不能再饮。日复一日！ |
| Und wenn ich nicht mehr trinken kann, Weil Leib und Kehle voll, So tauml ich hin vor meiner Tür Und schlafe wundervoll! | Und wenn ich nicht mehr trinken kann, Weil Leib und Kehle voll, So tauml' ich hin vor meiner Tür Und schlafe wundervoll! | 只有我酩酊大醉，不能再饮时，喉咙和心才会满足，我摇摇晃晃走到门前，舒舒服服地睡了个好觉！ |
| Was hör ich beim Erwachen? Horch, Ein Vogel singt im Baum. Ich frag ihn, ob schon Frühling sei, - Mir ist als wie im Traum. | Was hör ich beim Erwachen? Horch! Ein Vogel singt im Baum. Ich frag ihn, ob schon Frühling sei, Mir ist als wie im Traum | 醒来后我听到了什么？听！鸟儿在枝头歌唱。我问它，是春天来了吗？我仿佛置身梦中。 |
| Der Vogel zwitschert: ja, der Lenz Sei kommen über Nacht, - Ich seufzte tief ergriffen auf, Der Vogel singt und lacht. | Der Vogel zwitschert: "Ja! Der Lenz Ist da, sei kommen über Nacht!" Ich seufze tief ergriffen auf Der Vogel singt und lacht! | 鸟儿啼叫："是啊！春天前一晚才来到！"我倾耳听鸟儿，唱着，笑着。 |
| Ich fülle mir den Becher neu Und leer ihn bis zum Grund Und singe, bis der Mond erglänzt Am schwarzen Himmelsrund. | Ich fülle mir den Becher neu Und leer ihn bis zum Grund Und singe, bis der Mond erglänzt Am schwarzen Firmament! | 我重新斟满酒杯一饮而尽，我放声歌唱，直到明月高悬在黑幕之中！ |

| 《中国之笛》 | 《大地之歌》 | 《大地之歌》回译 |
|---|---|---|
| Und wenn ich nicht mehr singen kann,<br>So schlaf ich wieder ein.<br>Was geht denn mich<br>der Frühling an!<br>Laßt mich betrunken sein! | Und wenn ich nicht mehr singen kann,<br>So schlaf ich wieder ein,<br>Was geht denn mich<br>der Frühling an!?<br>Laßt mich betrunken sein! | 而当我再也<br>唱不动的时候，<br>我又沉沉睡去，<br>春天与我有何关系呢?!<br>还是让我<br>继续醉吧! |

# 第六章 "送别"(Der Abschied)

### 原诗:《宿业师山房待丁大不至》(孟浩然)

夕阳度西岭，群壑倏已暝。
松月生夜凉，风泉满清听。
樵人归欲尽，烟鸟栖初定。
之子期宿来，孤琴候萝径。

### 原诗:《送别》(王维)

下马饮君酒，问君何所之。
君言不得意，归卧南山陲。
但去莫复问，白云无尽时。

| 《中国之笛》 | 《大地之歌》 | 《大地之歌》回译 |
|---|---|---|
| Die Sonne scheidet hinter<br>dem Gebirg.<br>In alle Täler steigt der<br>Abend nieder<br>Mit seinen Schatten, die<br>voll Kühlung sind.<br>O sieh! Wie eine<br>Silberbarke schwebt<br>Der Mond herauf hinter<br>den dunkeln Fichten,<br>Ich spüre eines feinen<br>Windes Wehn. | Die Sonne scheidet hinter<br>dem Gebirge.<br>In alle Täler steigt der<br>Abend nieder<br>Mit seinen Schatten, die<br>voll Kühlung sind.<br>O sieh! Wie eine<br>Silberbarke schwebt<br>Der Mond am blauen<br>Himmelssee herauf.<br>Ich spüre eines feinen<br>Windes Wehn<br>Hinter den dunklen Fichten! | 夕阳沉没于<br>山岭之后。<br>夜幕降临在<br>山谷之间，<br>山谷的影子下<br>透着逼人的凉意。<br>看啊!月亮犹如<br>一弯银色扁舟，<br>悠游于<br>蓝色的天池中。<br>我感觉到一阵<br>凉爽的微风吹过<br>幽暗的杉树林! |

| 《中国之笛》 | 《大地之歌》 | 《大地之歌》回译 |
|---|---|---|
| Der Bach singt voller Wohllaut durch das Dunkel.<br><br>Von Ruh und Schlaf…<br><br>Die arbeitsamen Menschen Gehn heimwärts, voller Sehnsucht nach dem Schlaf. | Der Bach singt voller Wohllaut durch das Dunkel. Die Blumen blassen im Dämmerschein. Die Erde atmet voll von Ruh und Schlaf, Alle Sehnsucht will nun träumen. Die müden Menschen gehn heimwärts, Um im Schlaf vergeßnes Glück Und Jugend neu zu lernen! | 小溪流淌在幽静的夜中，传来悦耳的歌声。昏暗中花儿摇曳着淡淡月光。大地在万物安详熟睡时深呼吸，所有的期盼都成为梦幻。疲倦的人们踏上回家的路途，试着在睡梦中重拾遗忘的幸福和青春！ |
| Die Vögel hocken müde in den Zweigen, Die Welt schläft ein… Ich stehe hier und harre Des Freundes, der zu kommen mir versprach. | Die Vögel hocken still in ihren Zweigen. Die Welt schläft ein! Es wehet kühl im Schatten meiner Fichten. Ich stehe hier und harre meines Freundes; Ich harre sein zum letzten Lebewohl. | 鸟儿静静地蹲在枝头。全世界都睡着了！杉树荫下飘来阵阵寒意。我伫立在此等候我的朋友，等着和他作最后的告别。 |
| Ich sehne mich, o Freund, an deiner Seite Die Schönheit dieses Abends zu genießen. Wo bleibst du? Du läßt mich lang allein! | Ich sehne mich, o Freund, an deiner Seite Die Schönheit dieses Abends zu genießen. Wo bleibst du? Du läßt mich lang allein! | 朋友啊，我等你来到我身边，一同欣赏夜色。你在哪里？你让我一个人等了这么久！ |

续表

| 《中国之笛》 | 《大地之歌》 | 《大地之歌》回译 |
| --- | --- | --- |
| Ich wandle auf und nieder<br>mit meiner Laute<br>Auf Wegen, die vom weichen<br>Grase schwellen, -<br>O kämst du,<br>kämst du, ungetreuer Freund! | Ich wandle auf und nieder<br>mit meiner Laute<br>Auf Wegen, die vom weichen<br>Grase schwellen.<br>O Schönheit! O ewigen<br>Liebens-Lebenstrunkne Welt! | 我抱着我的琉特琴<br>来回踱步,<br>我在长满软草的<br>路上徘徊。<br>美丽的世界啊!<br>请永远沉醉在<br>爱与生命之中! |
| Ich stieg vom Pferd und reichte<br>ihm den Trunk<br>Des Abschieds dar. Ich fragte<br>ihn, wohin<br>Und auch warum er reisen wolle.<br>Er Sprach mit umflorter Stimme:<br>Du mein Freund,<br>Mir war das Glück in dieser<br>Welt nicht hold. | Er stieg vom Pferd und reichte<br>ihm den Trunk<br>Des Abschieds dar. Er fragte<br>ihn, wohin<br>Er führe und auch warum es müßte sein.<br>Er sprach, seine Stimme war umflort:<br>Du, mein Freund,<br>Mir war auf dieser Welt das<br>Glück nicht hold! | 他下马,递给友人<br>一杯饯行酒。<br>他问友人<br>将去何方,<br>为何一定要离开。<br>友人用咽哑的声音<br>回答:你是我的朋友,<br>但在这个世界<br>快乐与我无缘! |
| Wohin ich geh? Ich geh, ich<br>wandre in die Berge.<br>Ich suche Ruhe für mein<br>einsam Herz.<br>Ich werde nie mehr in die<br>Ferne schweifen, - | Wohin ich geh? Ich geh, ich<br>wandre in die Berge.<br>Ich suche Ruhe für mein<br>einsam Herz.<br>Ich wandle nach der Heimat,<br>meiner Stätte.<br>Ich werde niemals in die<br>Ferne schweifen. | 要往何处去?<br>我在深山中游荡。<br>我为自己孤独的<br>心灵谋求安宁。<br>这次我要回我的家园,<br>我的归宿。<br>我再也不会<br>浪迹远方。 |
| Müd ist mein Fuß, und<br>müd ist meine Seele, -<br>Die Erde ist die gleiche überall,<br>Und ewig, ewig sind die<br>weißen Wolken... | Still ist mein Herz und harret<br>seiner Stunde!<br>Die liebe Erde allüberall<br>Blüht auf im Lenz und grünt<br>Aufs neu!<br>Allüberall und ewig<br>Blauen licht die Fernen!<br>Ewig... ewig... | 我的心已枯槁,<br>只等它的<br>时刻到来!<br>亲爱的大地,<br>待到春天来临<br>仍将是处处鲜花<br>处处绿茵!<br>到处皆是,<br>永远湛蓝的天空!<br>直到永远……永远…… |

学术资讯

# 2021 年国家社科、教育部社科基金
# 德语国家研究项目盘点

2021 年，国家社科基金年度项目评审结果直到 9 月 3 日才进入公示阶段，相比往年可谓姗姗来迟，因此也引起了更多关注和猜测。今年，全国哲学社会科学办对年度项目继续采取适度限额申报的办法，最后正式受理有效申报 32714 项，其中申报重点项目 3518 项，一般项目 21746 项，青年项目 7450 项。最终年度项目立项 5150 项，其中重点项目 370 项，一般项目 3175 项，青年项目 1105 项，西部项目 500 项，平均立项率为 15.74%。立项总数较前几年略有提高。

而在此前一个月，教育部社科司也在 8 月 3 日对 2021 年度教育部人文社会科学研究年度项目评审结果进行了公示，共 2530 项课题获得立项。其中规划基金、青年基金、自筹经费项目共 2362 项，西部和边疆地区项目 152 项，新疆项目 15 项，西藏项目 1 项。回顾教育部社科司此前公布的 2021 年度项目申报情况可知，当年共有 31183 项合格申报，也就是说，进入评审环节的项目仅有 8.11% 获得立项，而 2018—2020 年的年度项目（不含中特和辅导员项目）立项数分别为 3341、3302、2811，立项率分别为 14.09%、10.29%、9.85%。数据表明，教育部项目立项总数下滑明显，平均立项率也呈连续下降势头。

再从评审结果来看，2021 年与德语国家研究相关的国社科年度项目共计 32 项，较去年出现了大约 20% 的降幅。在这 32 个项目中，哲学类占据半壁江山，多达 17 项，其中与康德、黑格尔研究相关项目又占据了大半，这与德国古典哲学的巨大影响力密不可分。立项数居于第二位的是外国文学类项目，达到 7 项，但涉及的领域非常分散，并且还出现了非常冷门的意第绪语文学研究课题。值得注意的是，80 后青年学者如李双志、王彦会、刘冬瑶等任职于国内高校的德语教师成为主力，其中，复旦大学青年研究员李双志是第二次获得国家社科基金项目。

在教育部社科基金项目评审中，与德语国家研究相关的课题共有 15 项获得立项，较去年略有增加。其中，青年项目多达 11 项，显示了教育部项目对青年研究人员的扶持。从项目分布来看，德语文学相关课题有 5 项，其中涉及犹太裔作家的项目有两项，与去年获得立项的"上海犹太流亡报刊中的德语文学研究（1939—1949）"有一定重合度。涉及海外汉学及中国形象研究的课题也有 5 项，从中不难看出文化走出去战略对相关研究的引领作用。从项目主持人的分布来看，西部高校在教育部社科基金项目申报方面表

现抢眼，获得了 8 项课题，其中，西安高校获得 4 项，川渝高校获得 3 项，而东北、中南地区高校却没有获得任何课题立项。

另一值得关注的趋势是有本年度中有多位青年学者第二次获得了教育部社科基金项目资助。如 2013 年因"德语世界的《论语》研究"课题获得立项支持的解藜（四川师范大学）再次因"德语世界'《论语》学'文献整理与研究"项目获得立项；而同样是在 2013 年获得"当代批评视界中的卡夫卡学术"项目资助的赵山奎（现任职于浙江工商大学）也凭借"卡夫卡传记与传记批评研究"项目再次获得立项。两次立项之间间隔最短的则当属 2019 年因"德国应用型大学创新化项目模式推动人才培养机制研究"获得资助的陈志伟（中央民族大学），仅隔 1 年，他就再次成功申报"德国高校在线教学联盟的制度构建及运行机制研究"课题。从选题还可以看出，这三个"连中两元"的范例具有共同特征——其研究课题具有很大连续性，基本上没有更换研究对象，且第二次申报的课题大多是对前一课题的细化或升华。这些成功申报经验很值得学界同仁借鉴。

特别值得一提的是，在 2021 年国家社科基金重大项目招标中，中国人民大学德语系赵蕾莲教授投标的"《西格蒙德·弗洛伊德全集》德译汉与研究"项目获得立项，这也是 2014 年以来中国德语界获得的第三个国社科重大项目。根据中国人民大学外国语学院网页介绍，该课题"选定德国费舍尔（Fischer）出版社的全 19 卷德文版《弗洛伊德全集》（Gesammelte Werke）为翻译蓝本，直接由德文原著汉译弗洛伊德除书信外的全部著述。同时，依据法兰克福 12 卷本的研究版《弗洛伊德文集》（Studienausgabe）、24 卷英语《弗洛伊德心理学著作标准版全集》和《弗洛伊德手册》等精当注释，为弗洛伊德的重要著述撰写导读，介绍其产生背景、主要内容和影响及接受情况，力求打造国内首套德汉直译《弗洛伊德全集》精品。全部译著加注释、导读和译者序或后记合计大约七百万字"①。而赵蕾莲教授此前也已经两度获得国家社科基金年度项目。

此外，在 2021 年公示的国家社科基金后期资助项目（共 1044 项）中有 13 个项目与德语国家研究相关，主要分布在哲学、法学、史学三个学科。同期获得教育部社科基金后期资助的课题数量较少（共 100 项），其中与德语国家研究相关的仅有 4 个课题，分布在哲学、法学、教育学领域。

附录 1　2021 年国家社科基金德语国家研究方向年度项目汇总

| 序号 | 课题名称 | 负责人 | 所属院校 | 学科 |
|---|---|---|---|---|
| 1 | 法兰克福学派批判理论的伦理嬗变研究 | 丁乃顺 | 山东理工大学 | 马列·科学社会主义 |
| 2 | 《资本论》及其手稿中的社会哲学思想研究 | 付文军 | 浙江大学 | 马列·科学社会主义 |

① http://fl.ruc.edu.cn/sy/xwtz/xwdt_s/3b9193a5441c4434ae571ec404f50b3e.htm，最后访问日期：2022 年 4 月 2 日。

续表

| 序号 | 课题名称 | 负责人 | 所属院校 | 学科 |
|------|----------|--------|----------|------|
| 3 | 奥古斯丁与康德自由意志理论的比较研究及其当代意义 | 张荣 | 南京大学 | 哲学 |
| 4 | 尼采哲学、现象学与后形而上学语境中的主体性问题研究 | 吴增定 | 北京大学 | 哲学 |
| 5 | 胡塞尔对近代认识论传统的现象学批判研究 | 李云飞 | 广东外语外贸大学 | 哲学 |
| 6 | 《资本论》及其手稿中的工艺学思想及当代价值研究 | 田江太 | 洛阳师范学院 | 哲学 |
| 7 | 基于时间问题的康德"批判的形而上学"研究 | 王咏诗 | 武汉大学 | 哲学 |
| 8 | 康德的本体论证明批判及其思想效应研究 | 胡好 | 西北师范大学 | 哲学 |
| 9 | 海德格尔与中国哲学：一种哲学诠释学的比较研究 | 李红霞 | 苏州大学 | 哲学 |
| 10 | 海德格尔存在论现象学中的规范性问题研究 | 贺念 | 武汉大学 | 哲学 |
| 11 | 康德的元伦理学思想研究 | 张会永 | 厦门大学 | 哲学 |
| 12 | 康德的非形而上的政治哲学研究 | 方博 | 北京大学 | 哲学 |
| 13 | 马克思"机器与技术笔记"与历史唯物主义创新研究 | 张福公 | 南京师范大学 | 哲学 |
| 14 | 《资本论》及其手稿中的自由观研究 | 王益 | 中南财经政法大学 | 哲学 |
| 15 | 西方马克思主义进程中的德国观念论：从卢卡奇到齐泽克 | 陆凯华 | 华东师范大学 | 哲学 |
| 16 | 以《柏林笔记》为核心文本的马克思早期哲学思想研究 | 杨偲劢 | 武汉大学 | 哲学 |
| 17 | 财产权批判谱系中马克思与黑格尔的关系问题研究 | 吴鹏 | 西安交通大学 | 哲学 |
| 18 | 青年马克思政治哲学中的"黑格尔因素"研究 | 梁燕晓 | 中共中央党校（国家行政学院） | 哲学 |
| 19 | 康德《杜伊斯堡遗稿》译注及思想价值研究 | 刘萌 | 延安大学 | 哲学 |
| 20 | 德国古典社会学中的共同体思想研究 | 张巍卓 | 中国人民大学 | 社会学 |
| 21 | 作为文化记忆的德国工业遗产研究 | 王涛 | 南京大学 | 世界历史 |

续表

| 序号 | 课题名称 | 负责人 | 所属院校 | 学科 |
|---|---|---|---|---|
| 22 | 魏玛德国的第一次世界大战记忆研究 | 孟钟捷 | 华东师范大学 | 世界历史 |
| 23 | 德意志联邦共和国极右翼政党研究（1949—2020） | 高中杭 | 武汉大学 | 世界历史 |
| 24 | 胡塞尔现象学史学理论研究 | 卓立 | 西南政法大学 | 世界历史 |
| 25 | 中国现代主义诗学的德国美学渊源研究（1900—1949） | 张慧佳 | 湘潭大学 | 中国文学 |
| 26 | 柏林现代派与维也纳现代派城市书写研究 | 王彦会 | 北京理工大学 | 外国文学 |
| 27 | 当代德语文学中的全球化叙事研究 | 李双志 | 复旦大学 | 外国文学 |
| 28 | 跨学科视域中的里尔克研究 | 陈芸 | 浙江外国语学院 | 外国文学 |
| 29 | 意第绪语文学史研究 | 陈红梅 | 南京林业大学 | 外国文学 |
| 30 | 瓦尔特·本雅明的思想图像写作研究 | 姜雪 | 中国社会科学院外国文学研究所 | 外国文学 |
| 31 | 德国表现主义疾病书写研究 | 刘冬瑶 | 北京科技大学 | 外国文学 |
| 32 | 魏玛共和国时期德语中国游记与民族国家想象研究 | 陈雨田 | 宁波大学 | 外国文学 |

### 附录2　2021年国家社科基金德语国家研究后期资助、重大招标课题汇总

| 序号 | 课题名称 | 负责人 | 所属院校 | 学科 |
|---|---|---|---|---|
| 1 | 《西格蒙德·弗洛伊德全集》德译汉与研究 | 赵蕾莲 | 中国人民大学 | 重大招标项目 |
| 2 | 康德晚期实践哲学研究 | 陈永庆 | 河南师范大学 | 哲学 |
| 3 | 海德格尔《哲学论稿（从本有而来）》研究 | 罗益民 | 宜春学院 | 哲学 |
| 4 | 康德自我理论研究 | 余天放 | 扬州大学 | 哲学 |
| 5 | 莱布尼茨技术哲学研究 | 张涛 | 华南师范大学 | 哲学 |
| 6 | 黑格尔自由思想的生态意蕴及马克思的超越 | 王萌 | 南京财经大学 | 哲学 |
| 7 | 德国物法体系的历史形成与发展 | 王伟伟 | 北京市社会科学院 | 法学 |
| 8 | 德日法益说的"四维改良"及实践贯彻研究 | 牛忠志 | 河北大学 | 法学 |
| 9 | 魏玛宪法社会权的中国转译（1919—1949） | 李富鹏 | 中国政法大学 | 法学 |
| 10 | 德国地方自治研究 | 汤葆青 | 苏州大学 | 政治学 |

续表

| 序号 | 课题名称 | 负责人 | 所属院校 | 学科 |
|---|---|---|---|---|
| 11 | 德国近代历史观念史研究 | 张骏 | 四川大学 | 世界历史 |
| 12 | 早期中德语言文化交流史(1600—1800) | 柯卉 | 凯里学院 | 世界历史 |
| 13 | 郭实猎与"开放中国" | 李骛哲 | 中山大学 | 中国历史 |
| 14 | 德国人眼中的中国形象研究 | 王异虹 | 北京大学 | 新闻学与传播学 |

**附录 3    2021 年教育部社科基金德语国家研究方向年度课题汇总**

| 序号 | 课题名称 | 负责人 | 所属院校 | 学科 |
|---|---|---|---|---|
| 1 | 德国浪漫派宗教美学思想研究 | 刘阿斯 | 西南大学 | 哲学 |
| 2 | 哲学《胡塞尔全集第 40 卷》的翻译与研究 | 师庭雄 | 西北师范大学 | 哲学 |
| 3 | 形象学视野下的中国现当代文学德译研究 | 冯小冰 | 西安外国语大学 | 语言学 |
| 4 | 德国汉学家顾彬的文学翻译思想及其影响研究 | 周奕珺 | 中国海洋大学 | 语言学 |
| 5 | 德语世界"《论语》学"文献整理与研究 | 解蓁 | 四川师范大学 | 中国文学 |
| 6 | 当代德语文学中的灾难书写研究 | 张培 | 北京理工大学 | 外国文学 |
| 7 | 20 世纪来华犹太裔德语作家中国书写研究 | 唐洁 | 西安外国语大学 | 外国文学 |
| 8 | 格奥尔格·毕希纳文学的身体论研究 | 谢敏 | 厦门大学 | 外国文学 |
| 9 | 后疫情时代德语国家的"中国叙事"话语研究 | 陆娇娇 | 北京外国语大学 | 新闻学与传播学 |
| 10 | 当代德国"二战"题材电影的历史叙事以及集体记忆建构研究 | 穆童 | 四川师范大学 | 艺术学 |
| 11 | 德国高校在线教学联盟的制度构建及运行机制研究 | 陈志伟 | 中央民族大学 | 教育学 |
| 12 | 在华德语犹太流亡报刊中的中国形象研究 | 徐冠群 | 上海应用技术大学 | 交叉学科/综合研究 |
| 13 | 卡夫卡传记与传记批评研究 | 赵山奎 | 浙江工商大学 | 交叉学科/综合研究 |
| 14 | 德国医学人文教育经验及启发研究 | 李乐 | 西安医学院 | 交叉学科/综合研究 |
| 15 | 20 世纪德国思想界的多元中国观及历史转向研究 | 温馨 | 西安外国语大学 | 交叉学科/综合研究 |

**附录 4　2021 年教育部社科基金德语国家研究方向后期资助课题汇总**

| 序号 | 课题名称 | 负责人 | 所属院校 | 学科 |
|---|---|---|---|---|
| 1 | 恩斯特·卡西尔《符号形式哲学》翻译研究 | 李彬彬 | 北京大学 | 哲学/重大项目 |
| 2 | 《舍勒对康德伦理学的批判》(译著) 哲学 | 钟汉川 | 南开大学 | 哲学 |
| 3 | 刑事诉讼原理与当代变迁——《德国刑事诉讼法学》(2020 年第 15 版)的翻译与评释 | 程捷 | 中国社会科学院大学 | 法学 |
| 4 | 现代职业教育治理模式研究——基于德、英、美、日比较视角 | 贾旻 | 山西大学 | 教育学 |

# 《歌德与中国才女》简介

作者：谭渊　[德]海因里希·戴特宁

出版社：武汉大学出版社 出版时间：2020 年 12 月

ISBN：9787307214583　页数：242　定价：52.00 元

德文版姊妹篇：*Goethe und die chinesischen Fräulein*

作者：Heinrich Detering，Yuan Tan

出版社：Wallstein Verlag Göttingen 出版时间：2018 年 3 月

ISBN：9783835330801，页数：164，定价：18.00 欧元

《歌德与中国才女》及德文版姊妹篇 *Goethe und die chinesischen Fräulein* 聚焦于德国文豪歌德 1827 年 1 至 2 月翻译改编的一组"中国作品"。这组作品由四篇配有诗歌的中国轶事组成，其特别之处在于它们全部以中国女性为核心，表现了女性对自由和爱情的追求。歌德为何会对中国文学产生如此浓厚的兴趣？又为何会在日记中对中国诗歌和"中国女诗人们"念念不忘？本书采取微观与宏观研究视角相结合的方法，一方面，对魏玛歌德席勒档案馆收藏的 12 份歌德手稿加以精确比对，对歌德塑造"中国才女"的过程进行最大限度的还原，揭示出四位"才女"身上所体现的愈来愈强的通过艺术手段主张自我、冲破等级制度、追求自由的倾向；另一方面，本书将歌德与中国文化关系这一话题重新放入同时代"中国学"发展的历史画卷中进行审视，通过审读歌德所接触到的《百美新咏》《花笺记》《好逑传》《玉娇梨》等作品，尽力还原歌德时代的中国学"知识场"，勾勒出歌德的文学创作与东学西传的深厚渊源。同时，本书将视线延伸至歌德在 1827 年 1 月 31 日与友人艾克曼谈话时提出的"世界文学时代"概念，从作为实践方案的"世界文学"角度对歌德在"中国才女"形象上的创造性发挥进行重新审视，揭示出《西东合集》《艺术与古代》乃至《浮士德》与歌德"中国作品"之间千丝万缕的联系。而歌德同年创作并发表的组诗《中德四季晨昏杂咏》则被本书视为《中国作品》的姊妹篇以及歌德在"世界文学"理念下的又一次伟大远航。在这里，"世界文学"并非展现为一个概念，而是一种文学创作方法上的革新。在两部作品中，歌德都通过陌生化处理使人们重新认识到：个人对爱与幸福的渴望都要面对与社会习俗的抗争，而这种抗争无论在中国宫廷还是魏玛宫廷中都同样存在。最终，在《中德四季晨昏杂咏》中化身为中国官员的歌德完成了他第一次真正意义上的"中国之旅"，他不再是为了躲避烦恼而"逃向东方"，而是在东西方文化的琴瑟和鸣中找到了属于世界文学的精神家园。

本书是中、德两国翻译研究者共同合作完成的翻译研究成果，同时以中德两种语言写成，分别在中国和德国正式出版。德方合作者戴特宁教授（Heinrich Detering）是华中科技大学客座教授，德国哥廷根大学终身教授，德国著名翻译家、文学评论家，德国和丹麦科学院院士，翻译有《安徒生文集》，出版有《鲍勃·迪伦》《托马斯·曼文集》等多部著作，2011—2017 年曾担任德意志语言文学科学院院长、德国最高文学奖毕希纳奖评委会主席。

国际学术界对此成果评价积极。有百年历史的国际歌德学会会刊《歌德年刊》（*Goethe Jahrbuch*，A & HCI 收录）2018 卷（2019 年出版）刊登了主编冯·阿蒙（F. von Ammon）教授亲自撰写的书评，称赞此成果"产生于中、德两国歌德研究者的紧密合作"，弥补了德国"本土日耳曼学"模式的缺陷，彰显了一种跨越国界、合作共赢的"世界文学研究"范式。2021 年，德国文学期刊 *Weimarer Beiträge*、*Arbitrium* 也刊载书评进行了推介。在国内，中国人民大学曾艳兵教授在《中国图书评论》2021 年第 8 期上发表读书报告，称赞成果专著长于"精微叙事"，"细致爬梳和分析了"中国才女与歌德世界文学理念来源的关系。

# 《德国〈明镜〉周刊中国形象生成实证研究
## ——涉华报道背后的话语策略分析》简介

作者：谭渊、张小燕、胡清韵、宣瑾

出版社：华中科技大学出版社 出版时间：2020 年 12 月

ISBN：9787568067355　页数：274　定价：89.00 元

本书为国家社科基金重大项目《跨文化传播中的中国国家形象建构研究》(11 & ZD024)的结题成果之一，也是张昆教授主编的《国家形象建构研究丛书》之一。

《明镜》周刊是德国最具影响力的平面媒体之一，随着中国的崛起，该周刊近年发表了大量涉华报道，在德国社会产生了广泛影响。本书聚焦于《明镜》周刊 2000—2015

年间的各类涉华报道，采用定量与定性分析相结合的研究方法，分别从经济、外交、政治、社会、文化、环境、科技七个维度分析了《明镜》周刊中所呈现的中国形象，此外还对封面上的中国图像符号、奥运系列报道、"黄色间谍"案例、《觉醒的巨人》等专题和文本进行了重点剖析，力求揭示《明镜》周刊涉华报道背后的话语操控机制和新闻框架策略。在总结进入21世纪以来《明镜》周刊涉华报道变化轨迹的基础上，全书最后针锋相对地提出了对国外媒体话语操控手段进行反制的思路。

# 《德意志之名：德国国名国号及其汉译研究》简介

作者：林纯洁

出版社：武汉大学出版社　出版时间：2022 年 2 月

ISBN：9787307224513　页数：202　定价：53.00 元

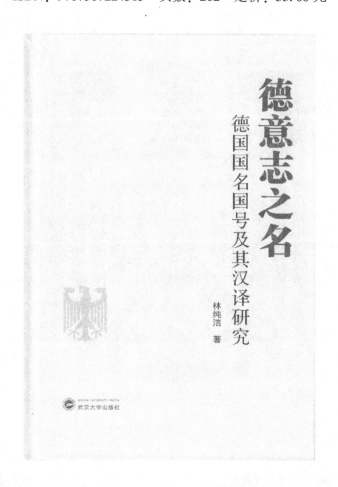

国名和国号是一个国家最重要的名称。该书系统研究了德国国名 Deutschland 的起源与中世纪以来德国历代国号的演变以及这些国家名称被翻译为汉语的过程。

　　"德国"这个国名起源于中世纪早期日耳曼民族语言和民族的名称，具有语言、民族、地理、文化和政治等多个层面的含义。中世纪以来，德国特殊的政治体制和政治形态导致了中世纪时期大部分德国国号与自身的地理和民族名称分离的现象。直到 19 世纪，Deutsch 才成为德国国号的主要部分。德国复杂的国名起源与国号演变，体现了德国历史的特殊性和延续性。

　　从通过传教士了解到的译自拉丁语和英语的简单音译"日耳曼"，到与德国人直接交往后译自德语的褒义词音译"德意志"，从 19 世纪末西学东渐潮流下"民主""共和""联邦""帝国"等西方政治学术语进入中国，到中国人将这些政治词汇用于翻译德国历代国号，德国国名和国号汉译的过程反映了中国人对德国认识的加深，是中德文化交流史的重要见证。

# 《德国职业教育缘起与发展路径研究》简介

作者：李超

出版社：线装书局 出版时间：2022 年 1 月

ISBN：9787512048812 页数：185 售价：59.80 元

　　德国职业教育作为当今世界各国推崇备至的教育模式之一，往往因其孕育、诞生、发展、传播、革新的过程悠久而被神化。从学术发展过程看，国内外对德国职业教育发展进程的研究十分丰富，但关于德国职业教育起源的界定问题——德国职业教育的起源究竟是从传统手工业学徒训练制开始，还是从近代义务制职业教育的确立算起——始终未能达到统一。一方面，国内对德国职业教育研究的学术历史悠久，自民国时代实业救国潮兴起之际，便有不少先贤将目光放在了彼时实业兴旺、教育发达的德国，德国职业教育让广大实业教育家们看到了曙光，尽管如此，彼时的他们并未阐明德国职业教育的起源。改革开放至今，国内德国教育史和子学科德国职业教育史的研究者们则大多对德国职业教育的源起予以过阐明，但他们的观点并不统一，导致今人难以对德国职业教育的具体起源时间进行界定。除此之外，还有许多研究者试图从各种角度来阐释这一特殊的教育机制，来为德国职业教育去神秘化，继而为我国职业教育发展镌刻上本民族的色彩。他们中的多数或从教育制度史的角度打量德国职业教育的发展，或从教育思想史的发展来研究德国职业教育的异变，各种方面可谓硕果累累。同时，也有不少研究者并不放弃从其他角度审视这一教育现象，他们试图把德国职业教育当作一种德意志社会发展现象来进行解构，这方面的硕果也不落下风。可以说，国内外对德国职业教育的解读不一而足，异彩纷呈。相较而言，本作之视角亦不能脱离前人著述之藩篱，难免有疏漏之处，惟希冀在前人基础之上开阔后人之研究视野，对德国职业教育的发展模式作出再思考。

从微观历史的角度看，德国职业教育的源起点可以从四个细节处着眼。从人口经济发展节点来看，19世纪末期，德国完成经济现代化，农业人口已经不占国家人口主导，现代工业和服务业人口则急剧上涨，为现代职业教育奠定了训练人口的基础。从教育哲学演变进程来看，从马丁·路德的职业启蒙思想，到威廉·洪堡职业等级教育思想，再到乔治·凯兴斯泰纳的劳作学校教育和国家公民教育思想，无一不播撒着实用主义的种子。从德国国家法制化进程来看，法律明确义务制职业教育出现在20世纪20年代的魏玛宪法，步步为营的国家法律对职业教育的助力，是客观现实的一种写照，为现代职业教育奠定了法理基础。从职业教育机构的演进过程来看，进修学校这一职业教育前身，其实现真正意义上的性质突变，也发生在19世纪末，经过义务制教育化的改造，这一学校组织也初步具有了职业学校的雏形。而企业实训工场，则经过国家主导，逐步扩展到民企，并达到规模化的程度，德国职业教育的二元制结构在此刻初步形成。

从宏观历史演进来看，德国职业教育的诞生具有德意志特殊性，其兴起与发展既是19世纪以来两次工业革命的直接产物，又是德意志国家主义不断间接推动的结果。相较之前的年代，德国现代化进程在整个19世纪发生着激烈变化，德意志既有政治上的陆续革新和国家大一统，又有经济上的连续工业化改造。正是在这个时期，德意志社会从传统农业社会转向现代工业社会，德意志封建社会逐渐瓦解，资产阶级和工人阶级登上德意志历史舞台，工业化的经济对大量工业技术劳动力的渴求得到极大释放。19世纪又是德意志大转折的时代。与此同时，德意志教育也脱离教会的蒙昧而不断世俗化、大众化，教育哲学不断继承与创新，与时代相匹配的职业教育思想得以孕育和萌发。其次，德意志诸国尤其是普鲁士工商业法律制度的革新，使其国家意志能够不断调控传统工商业的学徒训练体制，并不断为新兴的工业职业教育的义务制开辟道路。最后，职业教育机构和场所不断从单一向二元化发展，为现代双元制职业教育奠定了雏形。诸多因素的综合作用，促成德国近现代意义的职业教育的诞生。从经济角度看，有着悠久历史的传统手工业学徒培训制度对现代意义上的职业教育仅仅起到借鉴作用，而非现代职业教育的前身。因此，德国职业教育现代化的培养基就是整个 19 世纪。也因此，界定德国职业教育的起源时间理应着眼于整个 19 世纪。

# 《重复与转化：克尔凯郭尔与里尔克对生存现实的叙事性沟通》简介

作者：朱可佳

德语原名：*Wiederholung und Verwandlung：Narrative Mitteilung der Existenzwirklichkeit bei Kierkegaard und Rilke*

出版社：Königshausen & Neumann　　出版时间：2020 年 12 月
ISBN：9783826071881　页数：256　定价：39.80 欧元

在《重复与转化：克尔凯郭尔与里尔克对生存现实的叙事性沟通》一书中，作者将里尔克的长篇小说《马尔特·劳里茨·布里格手记》作为克尔凯郭尔所谓的"间接沟通"的范例性文本进行了阐释。作为克氏哲学的一个边界概念，"间接沟通"这一写作问题既是理论反思的对象，又是文学阐释的对象。本书在第一部分中勾画了克氏生存哲学中的间接沟通思想，通过对《非此即彼》和《重复》两部重要作品的分析，阐明克氏对真理及现实概念的极端主观化如何使审美作品取代普遍性的理论阐述，成为沟通生存真理的有效媒介。以此为基础，在本书的第二部分中，作者对《马尔特·劳里茨·布里格手记》进行了精细的解读，认为该部小说乃是克氏在其诸多假名作品中所揭示的人之真相的对应物，呈现出了克氏认定的那个唯以文学为媒方可沟通的现实维度。

# 《跨文化交际能力的培养与发展：商务德语教学法模型——以引入教学视频为例》简介

作者：杨　元

德语原名：*Entwicklung interkultureller Handlungskompetenz：Ein didaktisches Konzept für den Wirtschaftsdeutschunterricht in China am Beispiel des Einsatzes von Lernvideos*

出版社：iudicium　　出版时间：2019 年 10 月

ISBN：9783862056330　页数：155　定价：24.00 欧元

在全球化的时代背景下，中德两国经济交流紧密、文化融合推进，德语人才在文化传播和贸易交往方面的作用显著提升。为提高 21 世纪德语人才的国际竞争力，不少学者就德语教育规划及大纲等问题进行了有益的思考。在《跨文化交际能力的培养与发展：商务德语教学法模型——以引入教学视频为例》一书中，作者从全球化时代我国德语专业现阶段的不足及原因入手，阐述了职业市场需求变化和我国德语教育发展趋势，尝试以视频教学方法完成教学模式从理论基础到课堂实践的有效过渡。在此基础上，将理论方法和教学实践有效衔接，以培养学生的跨文化交际能力为主要目标，为注重实践和职业导向的商务德语课程制定了符合中德跨文化背景需求的一系列视听说教学活动，并对其课堂教学可行性和不足以及改进对策进行探究。